推销技术与策略

田春来 李昂 主编

北京理工大学出版社
BEIJING INSTITUTE OF TECHNOLOGY PRESS

内容简介

推销技术是一门实践性和艺术性都较强的课程。本书以国务院印发的《国家职业教育改革实施方案》文件精神为指导，贯彻全面推进习近平新时代中国特色社会主义思想和党的二十大精神进教材的精神，立足高职，以"适用、够用、实用"为原则，以培养应用复合型人才为目标，注重提升学生的创新创业能力，在编撰体系上采用完整的任务分析、任务学习、任务实施、任务考核的任务驱动模块设计，强调行动导向理论在推销技术课程中的具体应用。本书用任务情景剧取代传统的文字章前导读，二维码立体化学习包更能激发学生主动学习的兴趣。

本书在编写体例上划分为基础篇、实务篇、实战篇、管理篇。根据推销岗位的核心能力要求，教材分为认识推销、推销职业素养、寻找识别顾客、接近顾客、推销洽谈、处理顾客异议、推销成交、推销实战、推销职业管理九个项目，每个项目下设有若干具体子任务，在项目结束阶段还新设置项目综合验收，环环相扣的验收体系设置，更能检验学生知识、技能的掌握情况，也方便教师教学中查缺补漏，进一步提高课堂教学成效，实现讲练同步、理技并重。

本书可作为高等院校的推销技术相关课程的教学用书，也可以作为企业管理人员专业培训和自学用书，对渴望提高推销技能的读者也非常适用。

版权专有　侵权必究

图书在版编目（CIP）数据

推销技术与策略／田春来，李昂主编. －－北京：北京理工大学出版社，2023.9
ISBN 978-7-5763-2484-6

Ⅰ.①推… Ⅱ.①田… ②李… Ⅲ.①推销-职业教育-教材　Ⅳ.①F713.3

中国国家版本馆 CIP 数据核字（2023）第 106793 号

责任编辑：李慧智	**文案编辑**：李慧智
责任校对：周瑞红	**责任印制**：施胜娟

出版发行／	北京理工大学出版社有限责任公司
社　　址／	北京市丰台区四合庄路6号
邮　　编／	100070
电　　话／	（010）68914026（教材售后服务热线）
	（010）68944437（课件资源服务热线）
网　　址／	http://www.bitpress.com.cn

版 印 次／	2023年9月第1版第1次印刷
印　　刷／	涿州市新华印刷有限公司
开　　本／	787 mm×1092 mm　1/16
印　　张／	19.75
字　　数／	508千字
定　　价／	92.00元

图书出现印装质量问题，请拨打售后服务热线，负责调换

前　言

"推销技术"是高职高专市场营销专业的核心专业课程，本书以国务院印发的《国家职业教育改革实施方案》文件精神为指导，深入贯彻全面推进习近平新时代中国特色社会主义思想和党的二十大精神进教材的精神，立足高职，以"适用、够用、实用"为原则，以培养应用复合型人才为目标，注重提升学生的创新创业能力，依据高职高专教学的培养目标和人才培养模式，以提高学生实际操作技能、强化学生综合素质为指导方针。本书遵循"零距离职场化"的人才培养模式教学要求，进行了精心设计，使得教学体系更加完善。

本书编写分为四个篇章：基础篇（项目一、二）、实务篇（项目三~七）、实战篇（项目八）、管理篇（项目九）。本书主要具有以下特点：

1. 任务案例情境化，把角色扮演（话术）作为课堂教具

推销教学秉承着先模仿再创新，先仿真再实战的原则，为进一步提升学生的自学能力和创新能力，以适合学生表演的项目任务情景剧剧本代替传统文字项目导读，学生在表演中一方面可以锻炼能力，另一方面可以检验自己课前是否做好充分预习。演出剧本也可以由学生根据知识点自行编撰、分角色扮演。教材的剧本仅可以作为参考。

2. 理论知识与技能实训同步

教材在讲透理论的同时，另单独开辟课堂内同步实训版块，使理论在实践中得以检验，考核结果组与组之间可以PK，更有利于激发学生的学习动力和团队合作精神。

3. 以校企合作为主基调，岗位技能考核为主线

教材应用是以方便学生"零距离"上岗为核心，最短时间、最大程度促使学生实现准职场人士的身份转变。教材编写框架以校企合作为基调订立主体框架，以推销岗位技能要求为主线，密切关联企业，密切关注供需变化，为提升学生就业竞争力做铺垫。

4. 企业案例素材丰富

丰富的案例素材可以增加理论知识的理解力，更方便广大推销爱好者自学，案例取材来源于企业实例，每个案例都配有案例解读，方便学生理解。

5. 配备立体化学习包

再好的教材也只是理论的教科书，学好这门课必须关注商场实战，二维码立体化学习包涵盖各行各业实战视频，更真实地体现推销的实用性和艺术性。

6. 提高文化素养，强化课程思政

遵从二十大精神进高校教材宗旨，强调文化强国，增强学生文化素质，教材增加成语典故、党史百年等小栏目，便于课程思政融入教学。

本书是一本校企合作编写的教材，由丽水职业技术学院田春来副教授担任第一主编，宁波东方理工大学（宁波市东方理工高等研究院）李昂担任第二主编，西安大才网络科技有限公司多位优秀销售精英编写大量案例。全书由田春来负责设计框架和规范体例要求。

本书在编撰中，参考了大量的推销技术相关著作，参阅、引用、浏览了很多网络资源，感谢泰康人寿有限责任公司浙江丽水中心支公司、浙江巅源农业开发有限公司、西安大才网络科技有限公司等很多企业提供了内部培训资料。由于篇幅有限未能一一列出，望请见谅，在此特向以上所有专家、学者、同行、朋友表示由衷的感谢。

本书前后耗时3年时间，尽管再三修改完善，但由于编者水平有限，书中难免出现疏漏和差错之处，敬请专家、学者、同行、读者给予批评指正，在此也表示衷心感谢。选用教材教师授课交流QQ群：949354547。

田春来

目　录

基础篇

项目一　认识推销 ·· 003
　任务一　推销与推销活动内涵 ·· 004
　任务二　推销方格理论 ··· 014
　任务三　推销模式 ·· 025
　知识点概要 ·· 036
　客观题自测 ·· 036
　项目综合验收 ··· 037

项目二　推销职业素养 ··· 039
　任务一　推销员岗位要求 ·· 040
　任务二　推销员素质与能力 ··· 047
　知识点概要 ·· 053
　客观题自测 ·· 054
　项目综合验收 ··· 054

实务篇

项目三　寻找识别顾客 ··· 059
　任务一　筛选准顾客 ··· 060
　任务二　寻找顾客的方法 ·· 066
　任务三　顾客资格审查 ·· 081
　知识点概要 ·· 085
　客观题自测 ·· 086
　项目综合验收 ··· 087

项目四　接近顾客 ·· 089
　任务一　接近顾客的准备 ·· 090
　任务二　顾客约见的策略 ·· 094
　任务三　接近顾客的方法 ·· 100

  知识点概要 ... 112
  客观题自测 ... 112
  项目综合验收 ... 113

项目五 推销洽谈 ... 115
  任务一 推销洽谈的目标与内容 ... 116
  任务二 推销洽谈的原则及步骤 ... 120
  任务三 推销洽谈的方法 ... 127
  任务四 推销洽谈的策略和技巧 ... 139
  知识点概要 ... 147
  客观题自测 ... 148
  项目综合验收 ... 149

项目六 处理顾客异议 ... 150
  任务一 顾客异议的类型及成因 ... 151
  任务二 顾客异议的处理方法 ... 167
  任务三 顾客异议的处理策略和技巧 ... 180
  知识点概要 ... 187
  客观题自测 ... 187
  项目综合验收 ... 188

项目七 推销成交 ... 190
  任务一 成交信号的捕捉 ... 191
  任务二 推销成交的方法与策略 ... 195
  任务三 客户关系维护 ... 217
  知识点概要 ... 224
  客观题自测 ... 225
  项目综合验收 ... 226

实战篇

项目八 推销实战 ... 231
  任务一 门店推销策略 ... 232
  任务二 电话推销策略 ... 240
  任务三 互联网推销策略 ... 250
  知识点概要 ... 262
  客观题自测 ... 262
  项目综合验收 ... 264

管理篇

项目九　推销员职业管理 ································· 267
　任务一　推销员的选拔和培训 ··························· 268
　任务二　推销员的薪酬与激励 ··························· 274
　任务三　推销人员的绩效考评 ··························· 279
　任务四　推销员的职业发展 ······························ 287
　任务五　推销员的职业生涯设计 ························ 296
　知识点概要 ·· 300
　客观题自测 ·· 300
　项目综合验收 ·· 301

参考文献 ·· 303
附录 ·· 306

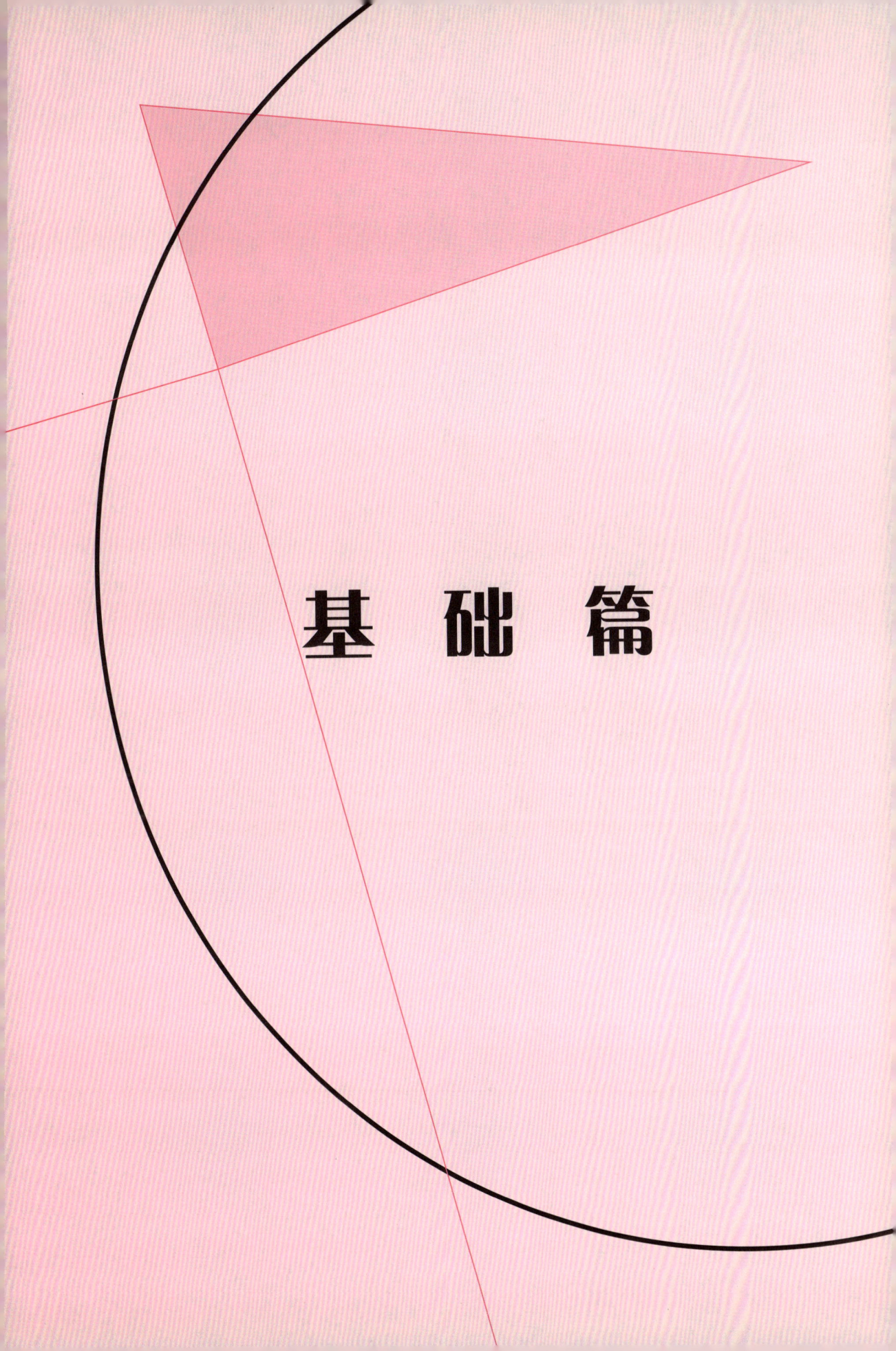

基础篇

项目一　认识推销

【知识目标】
1. 掌握推销的内涵。
2. 理解推销的原则与过程。
3. 掌握推销的方格理论。
4. 灵活运用推销的模式。

【能力目标】
1. 提高沟通能力。
2. 培养观察能力。
3. 具备顾客分类能力。
4. 具备揣摩顾客需求能力。

【思政目标】
1. 诚信。
2. 善于思考。
3. 尊重顾客。

【二十大精神融入】
推进文化自信自强，铸就社会主义文化新辉煌。

【任务解析】

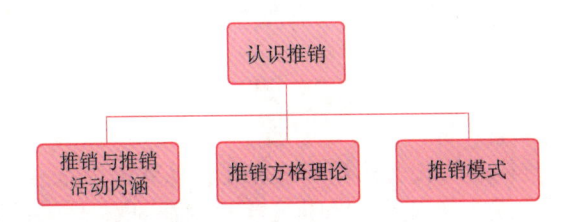

```
                    认识推销
                       |
        ┌──────────────┼──────────────┐
    推销与推销        推销方格理论      推销模式
    活动内涵
```

任务一　推销与推销活动内涵

任务情境

任务情境　　　任务情境剧

任务思考

1. 你觉得小张的自我介绍是企业最想听到的答案吗？
2. 假如你是面试官，你会录用小张吗？
3. 请对小张回答的问题进行辨析，修改你认为不完善的地方。

任务学习

一、推销的内涵

（一）推销的含义

1. 推销定义

所谓推销，推销＝推＋销，是指推销员借助外力（推荐、游说）的作用，把产品销售出去。在特定的场合或特定的环境下，通过推销员的主动介绍、宣传、推荐，使消费者从被动型倾听，从开始的拒绝，过渡到勉强接受，然后有点认可，最后果断采取购买决策的整个过程。推销可以从广义和狭义的两个层面加以理解。

推销内涵

2. 广义推销

所谓广义推销，是指一个活动主体试图通过某种特定方式和技巧，向特定对象进行的某种游说、劝说、推荐等行为，使之接受自己的意愿、观念、想法、要求等，最终意见或决定趋于统一的整个过程。在我们日常生活中处处充满推销，如学生要求老师少留点课堂作业，父母要求孩子少吃点零食，员工要求老板给自己增加工资，企业领导希望员工能自愿主动加班工作，动物保护组织通过公益广告号召人类少食鱼翅以拯救濒临灭绝的鲨鱼等。人与人交往，希望获得他人的友情、博得他人的好感、获得他人的尊重，新入校的大学生竞选班长希望大家投自己一票等，其实也是推销，所以现实生活中推销无处不在。

【案例1.1】

张鑫进入大学校园的第一天就表现得彬彬有礼，见到老师张口就是"老师好"，见到穿红马甲的志愿者就亲切地称呼学长、学姐，在报到的时候主动询问班主任是否需要帮忙，热情地帮助后面报到的同学拿行李等。在新生班会上，他竞选班长一职，大家纷纷投票给他，他顺利地竞选到班长一职。

【案例解读】

古代有毛遂自荐，凭三寸不烂之舌，说服楚王出兵。今有大学生张鑫顺利竞选班长，其实质都是让别人认可你的优点和建议，这都是推销。

成语典故

三寸不烂之舌（sān cùn bú làn zhī shé）：形容能说会道，善于辞令的口才。

出处：《史记·平原君虞卿列传》："毛先生以三寸不烂之舌，强于百万之师。"

毛遂帮助赵国的平原君去楚国谈判获得成功，回国后受到平原君的表扬。平原君认为，他的手下智囊人士上千，少也有几百，都不如毛遂。结论是："毛先生以三寸不烂之舌，强于百万之师。"平原君对毛遂给予高度评价，提拔他为一级智囊人物。

样例：明·罗贯中《三国演义》第四十二回，孔明笑曰："今操引百万之众，虎踞江汉，江东安得不使人来探听虚实。若有人到此，亮借一帆风，直至江东，凭三寸不烂之舌，说南北两军互相吞并。"

3. 狭义推销

所谓狭义推销，指推销人员通过找寻顾客，向其主动推荐某一特定商品或服务，最终使对方愿意做出购买行为的整个过程。由于属于纯商业购买行为，必然牵扯到经济利益关系，因此推销人员就要充分利用各种推销技巧及方法，化解顾客的购买异议，最终使顾客接受该商品或服务。狭义的推销与物质利益相关联，一般特指货币性等价交换，即商品的推销，如图 1.1 所示。

图 1.1 走街串巷吆喝卖货的老大爷

（二）如何正确理解推销

可以从三个方面理解推销的含义。

如何理解推销

1. 实现共赢

从现代推销活动来看，一个完整的推销过程基本上包括推销准备、寻找顾客、接近顾客、推销洽谈、化解异议及促成交易六个阶段，如图1.2所示。

推销准备 → 寻找顾客 → 接近顾客 → 推销洽谈 → 化解异议 → 促成交易

图1.2 推销的六个阶段

在这个过程中，推销人员和顾客是推销活动的两个主要角色。推销人员完成销售任务，获取到一定的经济利益；顾客购买到理想的商品，不仅获得了商品的使用价值，还取得所有权利益，因此双方都有收获，都愿意接受此次推销。

2. 满足顾客需求

虽然推销是以推销人员主动介绍、推荐产品为前提的，但是顾客之所以被说服，愿意做出购买行为的核心还是在于该商品在某种程度上满足了其自身的某种需求和欲望，并不是单纯地、被动地接受推销员的提议。

3. 运用恰当的方法和技巧

推销是一门科学，也是一门艺术，不同的顾客，其需求也迥然不同。推销人员要想获得成功，必须掌握好推销的火候：如何寻找顾客，具体寻找哪一个顾客；如何和顾客搭讪，具体用哪种方式接触顾客；如何有效化解顾客的异议，具体怎样去化解异议。只有运用自如了，才能达到销售的最终目的。顾客的需求可以分为现实需求和潜在需求，推销人员能否巧妙地开发顾客的潜在需求是实现顺利成交的关键。

成语典故：迥然不同

（三）推销与营销的关系

有人说营销就是推销。的确，营销确实离不开推销，但是只靠广告，也难以树立一流的品牌，仅靠推销也实现不了营销的最终目的。从本质来说，营销与推销是有很大区别的。

推销与营销关系

1. 推销是市场营销的职能之一

推销绝对不能和市场营销相提并论，它仅仅是营销过程中的一个环节，在整个市场营销活动中并不一定占据最主要的位置。只有当企业产品面临积压时，很多人才会把推销活动放在首要的位置上。但是，如果当初企业能做好认真细致的市场调查，探明顾客对产品的喜好，做好市场细分，选好准确的目标市场，制定好市场定位，精心设计产品，根据市场竞争状况合理制定产品价格，采用与产品相匹配的市场渠道，充分利用促销策略，顾客必然会争相购买。总体而言，市场营销包括市场调研、STP策略、产品定价、产品销售、广告促销等诸多环节，而推销只是其中产品销售的一个环节而已。

2. 推销是市场营销冰山的尖端

市场营销权威菲利普·科特勒认为："如果把营销看成一座冰山，推销只是这座冰山的尖端。"推销的目的就是尽快回收资金，这与营销的目的基本相同，所以两者的最终目的一致，即都是实现商品的最终销售。营销的目标是生产尽可能多的销售需求多的产品，实现产品利润最大化。营销这座冰山的顶端就是尽可能多地把产品销售出去，但是在外界日益竞争激烈的条件下，产品同质化越来越严重，产品销售相对比较困难，推销工作也难以打开局面。因此，归根结底，市场营销才是关键。如果营销没有做好，目标市场定位不准确、产品设计不符合要求，产品定价过高，都会导致大量的产品积压，推销也是难上加难。

3. 市场营销的目标是使推销成为多余

著名的管理学大师彼得·德鲁克说过："市场营销的目标是使推销成为多余。"换言之，如果企业能够重视营销工作，把营销管理工作做到实处，就可以减轻推销部门的工作负担，降低推销的压力，但推销工作永远都不可能消失。市场营销的首要工作是市场调研——通过走访市场调查顾客的需求，但是顾客的需求千差万别，也非常抽象，这就决定了市场调查难以达到预期的精准度。其次市场调查和产品设计生产存在时间差，因此市场营销实际上是以当前市场需求为基础对今后市场需求的一种预测，在对未来市场预测的基础上设定企业的营销目标、设计营销方案，营销方案的具体实施是针对未来市场需求进行的。市场环境变化具有不可预知性，风险具有不可掌控性，预测就不可能百分之百的准确。企业必须重视营销工作的系统性、规范性，在战略上藐视推销，在战术上重视推销，即从战略层面来说，必须从全局的角度通盘考虑，推销是应该被忽视的，但在战术层面来说，又应将推销视为工作重点。

二、推销活动的内涵

（一）推销活动的特点

既然推销是一项专门的艺术，那就需要推销人员巧妙地融知识、天赋和才干于一身，无论直接推销还是间接推销，在推销过程中都需要推销人员灵活运用各种推销技巧。推销活动的主要特点如下：

1. 指定性

推销是企业在特定的市场环境中为特定的产品寻找买主的商业活动，必须先确定谁是需要特定产品的潜在顾客，即寻找好目标顾客群，然后才有针对性地向推销对象进行产品推荐、说服购买，因此，推销总是有指定对象的。任何一位推销员在每一次推销活动中，都具有这种指定性，他们不可能漫无边际或毫无目地寻找顾客，也不可能随意地向毫无购买欲望的人推销产品，否则，推销就成了一种耗费时间而又毫无实际意义的活动。

2. 双向性

推销并非只是由推销员向推销对象传递信息、游说购买的过程，而是能够获得信息反馈、买卖双方相互沟通的过程。推销人员一方面向顾客推荐产品、提供售后服务等方面的信息，另一方面必须留意观察顾客对信息的反应，了解顾客的真实需求，认真听取顾客对产品的意见，并加以解释说明，直到顾客认同，决定购买。因此，推销是一个信息双向沟通的过程。

3. 互利性

推销是一种买卖双方互惠互利的活动，必须同时满足推销主体和推销对象双方的利益。成功的推销需要买方和卖方都有积极性的互动，其结果是达到互惠互利：一方面，推销的一方卖出了产品，完成了销售任务，获取了合理的利润；另一方面，顾客因买到合适的产品满足了自身的某种需求，得到了一定的利益。只有达到双方互利共赢，推销才会顺利进行。

【案例1.2】

在东北的张明家住老小区，8层楼高，他住7楼，房子是20世纪80年的建筑，压根就没电梯。作为爱网购的他来说最打怵的就是取快递，以往快递员电话一响，他就得屁颠屁颠地下楼取快递，最夸张的一次是某周六，他连续下楼上楼4回，取了4个不同快递公司投寄过来的快递，这让他非常痛苦。

由于家附近就是早市，每天早晨都是络绎不绝的购买商品的人，他发现出小区门口5米远就有家小超市，曾看到有邻居图方便把快递寄放到这家小超市。于是学聪明的他也开始效仿，第一次取快递时候，超市老板娘看到他比较陌生，还特意核对了他的手机号，对此张明没感到郁闷，反而对老板娘的认真更放心了。

随着隔三岔五地取快递，双方已经互相认识了，以后张明家里少了油盐、酱醋茶之类的东西他宁可去小超市买也不再从大超市顺带了，用他的话讲，既然小超市无偿给他保管快递，起码也要做些"知恩图报"之类的事。

【案例解读】

推销活动就是一个双向奔赴的过程，超市出于好心为邻居代收快递，虽费了心思却方便了邻居，而人心都是肉长的，那些得到方便的顾客也不是"白眼狼"，自然而然在小超市买些家庭日常所需的商品，其实顾客只是用一种"付出"（购物）来弥补小超市的"爱心"而已（卖商品小店肯定有利润赚）。正所谓你默默关心着别人的同时，其实别人也在默默关心着你，所以多做一些助人为乐的事是值得的。

4. 灵活性

尽管推销活动都是因推销员的主动性工作因"推"而销，但市场环境的变动性和推销对象的差异性决定了每一次推销活动都是各不相同的，推销人员必须灵活掌握推销技能和策略，见机行事，才能有效说服顾客，促使其购买。

成语典故：见机行事

5. 说服性

推销的主角是人不是产品，说服是推销的唯一手段，也是推销活动的核心体现。为了得到顾客的信任，让顾客从被动到主动地接受被推荐的产品，最终实现购买行为，推销人员必须将产品的功能和优点，耐心详细地向顾客做介绍，促使顾客接受产品或服务。

6. 服务性

世界推销大王乔·吉拉德曾说过："推销本身就是一种服务。"在推销过程中，顾客购买的不单纯是产品，而是一个完整的服务过程，因此推销人员若能提供周到细致的服务，顾客更愿意购买产品。

（二）推销活动的三要素

企业的推销活动是一个复杂的过程，它离不开推销主体、推销客体和推销对象。推销员、推销对象（顾客）、推销品是构成推销活动的三要素，见图1.3。

推销活动的三要素

```
推销员              推销品              顾客
（推销主体）         （推销客体）        （推销对象）
```

※ 仪容仪表   ※ 价格   ※ 购买心理

※ 心理素质   ※ 功能   ※ 个人喜好

※ 技能水平   ※ 款式   ※ 需求差异

※ 服务水准   ※ 特色   ※ 购买动机

图 1.3　推销活动的三要素

1. 推销员

所谓推销员，是指主动向顾客推销商品的人，包括各行各业的推销员。推销员即推销的主体，在推销活动三个基本要素当中，推销员是最关键的，是整个推销活动当中的导演兼主角，很大程度上决定了推销活动的成败。

推销活动对于推销员本人来说，就是一个"叫卖"商品的过程。在推销活动中，推销员的首要任务并不是积极地向顾客介绍产品，而是要成功地推销自己，要让顾客对自己产生好感，认同自己。所谓的推销自己就是在陌生顾客面前树立个人的美好形象，给顾客留下一个好印象，赢得顾客的认可，使之愿意与自己交谈。

推销人员的优势具体表现在仪容仪表好坏、心理素质高低、技能水平高低、服务水准优劣等。

【案例1.3】

胡美丽是个年轻漂亮时尚的白领，大学毕业后在某金融单位就职，平常的爱好就是逛街，尤其对某国际大品牌的化妆品情有独钟。这一天，她和好姐妹王岚刚走出商场，一个穿着简陋的中年男子拦住了她们。只见他脚上的皮鞋很脏，脸上的胡子也好多天没刮，背着一个脏兮兮的包。男子问她们要不要买化妆品，说这些化妆品是专卖店撤柜的时候留下的，如果要可以便宜些。眼尖的胡美丽一眼就看到这包里装的正是自己最喜欢的牌子，价格还不到商场的1/3，看着包装也很精美，刚想掏钱，却被王岚拉住了，两人低声耳语几句，就走掉了。

【案例解读】

衣衫不整难推销。中年男人的着装引起了王岚的怀疑，然后就怀疑化妆品的真伪，这说明着装整洁非常重要。

2. 推销品

推销品是推销活动的客体，即有形和无形产品（服务）的统称，它既可以是一件看得见、摸得着的商品，也可以是一种无形的服务。推销品虽然是"物"不是人，它不能动，但是却能"说"，当一件闪着金灿灿光泽的金项链展现在顾客眼前，很多女性都想把它买走，这就如同大家饥肠辘辘看到热腾腾的肉包子的时候，立刻就想买几个尝尝一样。

推销品的优势具体表现在价格高低、功能全缺、款式新旧、特色有无等。

【案例1.4】

2022年央视春晚舞台上，张小斐穿着一件墨绿色的大衣与老搭档贾玲一起演小品。瘦瘦高高的张小斐穿上大衣之后，整个人的气质都被衬托出来了。

春晚结束后该款大衣就遭到了抢购，即使价格不菲，也基本销售一空。

【案例解读】

推销品需要展示，而且要合乎情理、恰到好处地展示。观众从电视上看到心目中喜爱的明星的服装穿着效果后，产生了强烈的购买意识，主动寻找并购买，是服装展示获得成功的表现。

3. 推销对象

所谓推销对象，即顾客或购买者，是指推销员向其推销产品的个体或组织。推销对象可以分为个人购买者和组织购买者。个人购买者主要是为自己或家庭成员购买产品，而组织购买者是为企业或单位某种特定用途的需要，较大批量地采购。

影响推销对象购买的因素一般有购买需求、自身看法、个人喜好、认知差异等。

（三）推销活动的原则

推销的实质是要刺激并满足顾客的需求，因此推销人员在推销活动中，必须坚持以顾客需求为中心，把握推销节奏，灵活运用推销的方法和技巧，对不同的推销对象，采用不同的方法。一般来说推销活动要坚持以下四条原则：

推销活动的原则

1. 满足顾客需求

满足顾客的需求是顾客之所以愿意花钱购买产品的唯一理由，这也是推销活动的起点和出发点。顾客购买产品的目的是满足其自身需要，如顾客肚子饿了会进饭店吃饭，天冷了会购买衣服。有的需求顾客已经意识到，推销人员所做的就是提供适宜的产品满足他们的需求即可，但是还有一部分顾客并未意识到的需求，如天上下着小雨，有的顾客宁可冒着雨也不打伞，这就需要推销人员借助推销手段、方法，千方百计地唤起并刺激顾客需求。当你的刺激迎合了顾客的需求，就容易被顾客接受。

推销活动的特点是推销人员的主动性，往往通过"叫卖"的方式销售产品。推销人员如何更好地"叫"、更好地"卖"？只有认真挖掘顾客的需求，才能"叫"得让顾客心动，"卖"得让顾客觉得物有所值。只有让顾客认识到产品的价值，感受到产品带给他某种利益，能满足他的某种现实需求，顾客才愿意花钱购买。

【案例1.5】

"牛排价格299。12 pieces of steak，12片牛排，24 bags of seasonings，24包调料，配料表是ingredient……"在新东方旗下的"东方甄选"的直播间里，29岁的陕西小伙董宇辉一边卖牛排，一边讲解关键词和重点短语的英文用法。董宇辉因"脱口秀式"的双语直播带货与脱口而出的"小作文"，一跃成为全网最火的主播之一。

有网友评论董宇辉的直播：人生30年没这么离谱过，我在直播间买了4袋大米！

【案例解读】

双语教学句句直击心扉，董宇辉的直播间颠覆了大家对直播卖货的认同，但却出奇地满足了顾客的某种需求，大家喜欢自然就会购买。

案例来源：https://chihe.sohu.com/a/557545342_121124216，2023-01-20，有修改。

2. 注重产品利益

满足顾客需求的实质就是提供给顾客切身的经济利益，能够给顾客带来直观的、看得见摸得着的实实在在的好处，推销人员如果单纯地宣传抽象的产品，对顾客来说无异于"画饼充饥"，看不到实际利益，顾客是很难购买的。顾客面对推销人员的主动推销，第一反应是买这种产品有没有用、花多少钱合适、现在不买以后再买有没有影响、假如要买是买多些还是少一些。从顾客角度来分析，顾客首先考虑的不是产品的价格，也不是产品的具体功能，而是先考虑所购产品能否给自己带来经济价值或利益。在推销活动中，顾客购买的不单纯是产品本身，而是通过购买行为让自己享受了哪些特殊的利益与满足，比如地位、面子、享受、安全、经济、尊敬等。

【案例1.6】

截至2019年3月，1980年猴票已经在邮票界掀起了一股狂潮，它的大名在整个邮票市场可以说是如雷贯耳。在市面上，1980年猴票的价格是普通邮票的几百倍。目前一枚面值仅8分钱的猴票已经卖到了1.2万元的高价，而整版的猴票价格更是卖到天价100万元！据很多收藏家表示，1980年猴票的价值目前还未达到最高，它还有很大的上升空间，价格还有继续上涨的可能性。

【案例解读】

物以稀为贵，8分钱的猴票要卖到1.2万元，整整溢价15万倍，集邮爱好者之所以愿意花高价买，必然为了收藏或者牟利。

案例来源：http://www.yphsw.com/houpiaozixun/165.html，2019-04-05，有修改。

3. 互惠互利

互惠互利是指在推销过程中，推销人员要以买卖为切入点为双方都带来较大的利益为原则，不能做出损害一方利益来满足另一方利益的行为。在推销活动中，顾客买到称心如意的产品，得到某种价值和利益，推销人员完成了销售任务获得佣金、提成等经济利益，所以双方都是赢家。推销人员在努力实现互惠互利原则时，必须首先确保顾客的核心利益。

在推销过程中，推销员和顾客都是活的主体，双方地位平等。推销员不能只考虑自己的经济利益而做出损害顾客利益的行为。推销是一把双刃剑，在靠欺骗顾客赚取短期利益的同时，也恰恰损失了自身的长期利益，非常得不偿失。

4. 以诚为本

以诚为本，就是要求推销员要惇信明义，坦诚地面对顾客，如实向顾客介绍产品，不做虚假宣传，不夸大产品优点，不以次充好，不做虚假承诺，用真诚之心面对自己所从事的工作，用诚恳之心面对自己的销售对象。

推销人员只有以诚为本、诚信做人，才会给顾客留下好印象，才能被顾

成语典故：
惇信明义

项目一 认识推销

客认可，最终促使顾客愿意做出购买行为。

【案例1.7】

以诚为本　言而有信——记石家庄市道德模范陈红亮

25根银条，12.5千克，按照约定，陈红亮代人保管一年即可，然而由于种种原因，却代管了近10年。尽管一度失联，但陈红亮依然坚持寻找，最终找到了原来购买银条的人，并帮忙为其进行了兑换。因为陈红亮的诚信经营、言而有信，他被评为第七届石家庄市道德模范。

陈红亮经营着一家店铺，一直坚持诚信经营，颇受顾客信赖。2011年1月24日，李先生走进陈红亮经营的店铺，想要进行投资。他看到同事经常从陈红亮的店铺购买物品，经过一番了解，认为陈红亮是一个诚实守信的人，便决定也在他的店里购买一些投资品。陈红亮给李先生开具了一张保证单，李先生在陈红亮的店里购买了25根银条，12.5千克，共花费85 000多元，并在单据上注明：约定本店代保管一年。就这样，陈红亮开始了他与李先生长达近10年的故事。

一年的时间过去了，李先生没有把银条取走，陈红亮就继续替他保管着。每当价格有变动时，陈红亮都会主动与李先生进行沟通，而李先生一直选择继续保留银条。就这样一直到2017年左右。这时，李先生的电话却打不通了。经过多方打听，原来，李先生退休后去了山东济南。几经周折，陈红亮终于找到了李先生的电话。

2019年8月26日，李先生的女儿从山东济南赶到陈红亮的店里，将银条变现，陈红亮又赶忙帮她找到了买家。"因为我们着急回家，他就先垫付了对方购买银条的费用。"说起陈红亮，李先生的女儿感激之情溢于言表。

"我也没想过那么多。"陈红亮说，他始终秉承的理念就是实实在在做人、踏踏实实做事。

【案例解读】

诚信是一面镜子，也是最好的宣传名片，只有坦荡做人、诚信做事，百年老店才会经久不衰。

资料来源：http://www.sjzntv.cn/sy/syrd/2022/08/1466067.html，有修改。

复习思考题

1. 请用自己的语言描述什么是推销、推销三要素的具体内容。
2. 推销活动的原则是什么？
3. 简述推销的过程。
4. 推销和营销的区别是什么？你认为推销会消失吗？

任务实施

【任务情境】

张明是一家销售公司的人力资源招聘专员，公司要招聘一名业务代表，经过简历删选拟在 3 名应聘者中挑选 1 名，请自行设计情景，对他们进行角色扮演演练。

【任务目的】
(1) 加深理解推销的含义。
(2) 熟悉推销流程。
(3) 掌握推销的原则。

【任务要求】
(1) 组建任务小组，每组 5~6 人为宜，选出组长。
(2) 各组分角色分析情境，讨论表演流程，选择一人负责观察、指导
(3) 进行交叉打分，即选取一个小组表演后，其他小组各选派一名成员担任评委，负责点评。
(4) 课代表要做好记录。

【任务考核】
(1) 情境表演的真实、合理：2 分。
(2) 小组成员团队合作默契：3 分。
(3) 角色表演到位：4 分。
(4) 道具准备充分：1 分。
(5) 满分：10 分。

任务二 推销方格理论

任务情境

任务情境　　　　任务情境剧

任务思考

1. 推销员小张是什么类型的?
2. 顾客陈女士是什么类型的?
3. 您认为研究推销方格对推销商品有什么用?

任务学习

一、推销方格

推销方格（Sales Grid）是美国管理学家布莱克教授和蒙顿教授于1970年在其著名的管理方格理论的研究基础上提出的,认为推销活动中推销人员要考虑顾客的购买动机、心理过程、个性特征,又要注意自己的心理卫生及个人行为对顾客的影响。该理论是管理方格理论在推销领域中的具体运用,在西方被誉为是推销学基本理论的一大突破,是一种最具实效的推销理论。

推销人员向顾客推销商品的过程实际是双方沟通与交流的过程,这一过程取决于两者不同的心理反应,这种心理反应会直接影响到最终结果。大量推销工作实践表明,要做好推销工作,必须认清买卖双方对推销活动的态度。学习推销方格的理论意义在于,一方面可以让推销从业人员及时认知自己在推销活动中的表现状况,认识到自己在推销活动中还存在哪些不足,进一步提升自己的服务质量;另一方面,推销方格理论还可以帮推销人员做好顾客分类,掌握顾客的内心活动,更好地迎合顾客开展有效推销,从而促成顾客购买。

推销的活动是互利共赢,既要努力说服顾客,完成销售任务,又要真诚地服务顾客,让其得到心理、物质上的满足。所以推销人员在工作中的重点有所不同,推销人员在推销活动中有两个主要目标:一是尽力说服顾客,完成推销任务;二是真诚对待顾客,及时察觉顾客的心理动态,与顾客构建良好的人际关系,为今后的推销工作做好铺垫。在第一个目标中,推销员关注的是推销任务;在第二个目标中,推销人员关注的是顾客的心理反应。"买卖不在仁义在",不同的推销人员对待这两个目标的态度截然不同,根据这些态度表现在平面直角坐标系中,就形成了推销方格图,如图1.4所示。

我们用横坐标表示推销人员对推销任务的关心程度,用纵坐标表示推销人员对顾客的关心程度;坐标值均是由1开始,到9结束,坐标值越大,表示推销人员对其关心的程度越高。推销方格中的每一个交点代表不同的推销人员的推销心态,因此坐标系当中会有81种推销风格，根据布莱克和蒙顿的说法，基本上把推销人员分成五种类型：

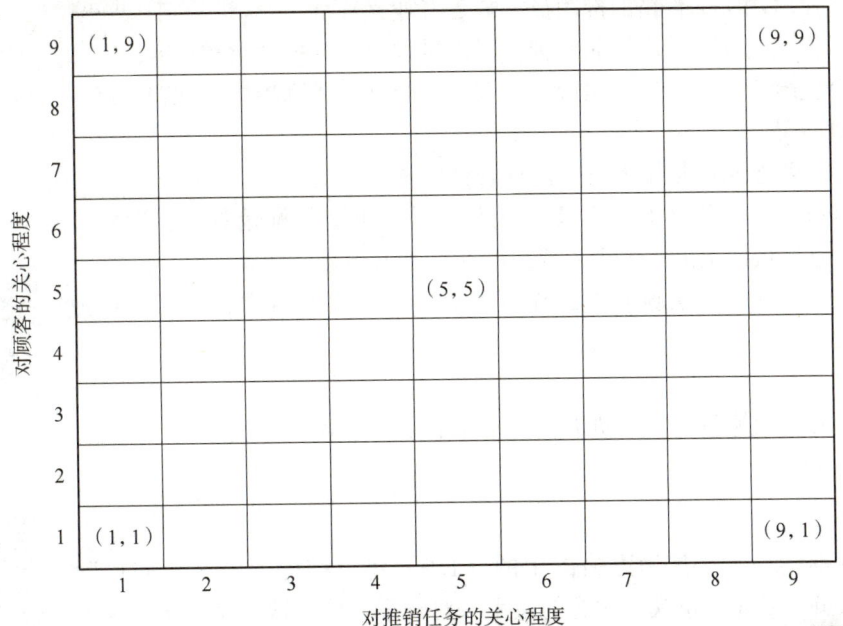

图 1.4　推销方格图

（一）事不关己型

1. 定义

第一种推销心态是推销方格图中的（1.1）型，称为"事不关己型""无所谓型"，这类推销员对推销任务非常不关心，对顾客也非常不在意。

> **成语典故**
>
> **事不关己**（shì bù guān jǐ）：意思是指事情同自己没有关系。
>
> 出自高阳《曹雪芹别传》："当时的风气是谨言慎行，少发议论，事不关己，不必打听，因此对这一次大征战的命将出师，一直不甚了了。"
>
> **样例**：毛泽东《反对自由主义》："事不关己，高高挂起；明知不对，少说为佳；明哲保身，但求无过。"

2. 具体表现

（1）没有责任感。这种类型的推销人员对推销工作没有树立爱岗敬业的工作使命感，缺乏必要的责任心，缺乏系统的人生规划目标，工作懒散、敷衍。

（2）消极工作。他们对待工作的态度极差，只考虑自己的感受，对待顾客所提的问题极不耐心，不愿意去回答顾客的任何问题，不懂得尊重顾客。

（3）鄙视顾客。他们有的觉得自己怀才不遇，干了不该干的工作，因此怨天尤人，有时候会把怨气撒在顾客身上，对顾客缺乏热情、仇视、鄙视顾客，在推销商品的过程中甚至还与顾客争吵，给顾客留下很坏的形象。

3. 产生原因

（1）企业雇用了不合格的推销员，缺乏专业素养。

（2）销售人员缺乏爱岗敬业精神，不思进取、缺乏成功欲望。

（3）企业疏于管理，搞大锅饭，没有建立合理的激励措施和惩罚制度。

4. 处理策略

（1）淘汰不合格的推销人员，选择合格的推销人员。

（2）加强岗位入职培训，要求推销人员树立正确的推销观念，严格要求自己，树立积极向上的人生观，尊重顾客，真诚地接待顾客。

（3）企业健全完善奖励机制，做到奖勤罚懒，能者多得，庸者少得或不得。

5. 实战表现

表情冷漠，眼神藐视，无动于衷，充耳不闻、只字不提。

（二）顾客导向型

1. 定义

第二种推销心态是推销方格图中的（1.9）型，称为"顾客导向型"，这类推销人员只是非常重视与顾客的关系，对顾客处处阿谀奉承，却不关心自己的推销任务，更不会关心企业的经济利益。

2. 具体表现

（1）片面重视关系。片面重视并强调人际关系协调性，忽视了推销活动是互惠互利的，是由商品交换与人际关系沟通双方面内容结合而成的事实。

（2）没有销售意识。推销人员在推销过程中缺乏销售概念，只有服务意识，刻意强调在顾客中树立良好的形象，处心积虑为顾客着想，甚至不惜牺牲企业的利益，放弃原则来迎合顾客的要求，迁就、顺从顾客。

3. 产生原因

（1）推销人员片面夸大了人际关系在推销过程中的重要性。

（2）推销人员对以顾客为中心的现代推销观念的理解有误区。

（3）企业管理制度存在缺陷。

4. 处理策略

（1）扭转观念，担负职责，认真完成本职工作。

（2）两面做好工作。既做到礼貌待客又要依法维护企业利益，促进产品销售，公私分明，不能因人情而侵犯企业利益。

（3）企业招聘合格推销员，科学培训，完善制度。

5. 实战例句

脸上面带笑容温柔地说："您好，您给多了，再少10元吧，说实话这东西真不值这个价，信我就别买了。"

（三）强硬推销型

1. 定义

第三种推销心态是推销方格图中的（9.1）型，又称为强买强卖型、强力推销型、强销导向型。这类推销员具有很强烈的成功欲望，他们只知道关心推销结果，丝毫不考虑顾客的真实需要和利益。他们千方百计说服顾客购买，甚至不择手段地强行将商品推销出去，有时候严重侵犯了顾客的合法权益。

2. 具体表现

（1）工作有高度积极性。推销人员工作积极性高，具有很强的工作动力，以追求高收入、高业绩为工作奋斗目标。

（2）态度强势。这种推销心态的推销人员在推销商品时过多地站在自己立场角度考虑问题，而忽略了与顾客之间的关系，他们认为顾客都没自己聪明，好骗，好欺负，只要自己厉害点，顾客就会吓得购买。他们为实现交易可以采用坑蒙拐骗等各种手段，不懂得遵守职业道德，为一己私利损害顾客利益。

3. 产生原因

（1）急于求成。推销人员把工作重心完全偏向于促成交易，把能否完成销售任务看作检验推销员工作是否合格的唯一标准，他们对推销工作的互利性缺乏认识，在推销工作中急于求成，为达到推销成功目的丧失道德底线。

（2）观念错误。如果推销人员单纯地只顾达成交易，而不是从内心接受和尊重顾客，不考虑顾客的实际需求，把自己的意志强加给顾客，硬性推销，取得短期利益的同时必然也损坏企业的长期利益。

4. 处理策略

（1）推销人员必须遵守现代推销理念的基本要求，真诚地对待顾客，挖掘、引导、刺激顾客的需求，针对其需求因势利导地推销，从而实现合作共赢。

（2）正确合理地对待工作。推销不是一锤子买卖，要兼顾双方利益，做到"买卖不在仁义在"。

5. 实战例句

大声喊道："哎，老头，你要买什么？这个10元，赶紧掏钱。"

（四）推销技术型

1. 定义

第四种推销心态是推销方格图中的（5.5）型，称为推销技术型、干练型。这类推销员两头都兼顾，对推销任务和顾客关心程度基本持平，他们从业绩上考虑到推销任务的实现，但又不是非常强调任务的重要性，关心顾客，但又不过分看重和顾客关系的维护，注意两者在一定条件下的充分结合。

2. 具体表现

（1）工作务实。推销员心态平衡，工作务实，对推销环境了解充分，充满自信。

（2）积累经验。他们注意揣摩顾客心理和积累推销经验，认真研究推销技术。在推销中十分重视对顾客心理和购买动机的研究，善于运用推销策略。

（3）以工作业绩为主。这类推销人员工作认真干，基本可以保质保量地完成任务，手法老练，思维缜密，往往也具有比较优秀的推销业绩。他们在推销中只注意推销策略，关注顾客的心理状态，强化说服顾客的艺术，却并不真心实意地为顾客着想，不考虑顾客的真正需求，更多的是以完成销售任务为主。

5. 实战例句

面露微笑："您好，欢迎光临，请问有什么可以帮助您的？"

（五）解决问题型

1. 定义

第五种推销心态是推销方格图中的（9.9）型，称为解决问题型、满足需求型、完美型。这类推销员投入大量精力研究推销技巧，关心推销效果，又最大限度地解决顾客困难，注意开发顾客潜在需求和满足顾客需要，将推销任务与顾客需求两者紧密结合，使商品交换关系与人际关系有机地融为一体，力求任务完成得完美无缺。

2. 具体表现

（1）工作上敬业，一丝不苟。推销员具有强烈的事业心和高度的责任感，真诚关心和服务顾客，积极寻求使顾客和推销人员的需求都能得到满足的最佳途径。

（2）全方位为顾客着想。这类型的推销人员在推销工作过程中以能帮助顾客解决问题为前提，在满足顾客需要的同时完成自己的推销任务，满足顾客的真正需要就是他们工作的重心，辉煌的推销业绩是他们奋斗的目标。他们注意研究整个推销过程，总是把推销的成功建立在满足买卖双方共同需求的基础上，针对顾客的问题提出妥善的解决方法，并在此基础上顺利提高自己的推销业绩。

二、顾客方格

推销过程是推销人员与顾客的双向心理反应的过程。根据作用力与反作用力的原理，推销人员的推销心态和顾客的购买心态都会对对方的心理活动产生一定的影响，从而影响其买卖行为。

布莱克和蒙顿认为，顾客对待推销活动的看法也是分为两个方面：一是顾客对待购买任务的看法；二是顾客对待推销人员的看法。

顾客方格理论是指不同的顾客对待推销活动和商品购买也有着不同的心态，这种心态在推销方格理论中，也依据他们对待推销人员和采购商品的重视程度而划分成不同的类型。

从现代推销学角度来看，顾客在与推销人员接触和洽谈的过程中，同样会有两个具体的目标：一是希望通过与推销人员进行磋商，讨价还价，力争花较少的钱，购买到最合适的商品；二是关心推销人员的工作，希望与推销人员建立和谐的人际关系，为今后的合作打好基础。在这两个目标中，前者注重"商品利益"，后者注重"和谐关系"。但是不同的顾客对这两方面的重视程度有所差异，有的顾客可能更关注购买商品本身，而另一些顾客则可能更关注推销员的态度和服务质量。根据这些差异程度表现在平面直角坐标系当中，就形成了顾客的方格图（如图1.5所示）。

我们用横坐标表示顾客对购买任务的关心程度，用纵坐标表示顾客对推销人员的关心程度；坐标值均由1开始，到9结束，坐标值越大，表示顾客对其关心的程度越高。每一个方格交点代表不同的购买心态，因此坐标系当中会有81种购买心态，我们从此图来分析五种典型的顾客类型。

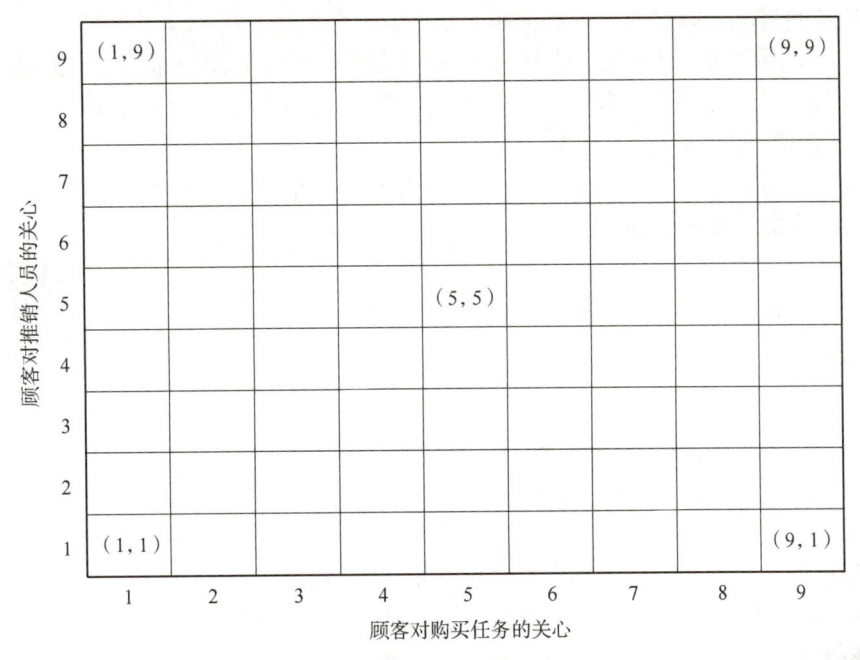

图 1.5 顾客方格图

（一）漠不关心型

1. 定义

顾客的第一种类型（1.1）型，称为漠不关心型、无所谓型。这类顾客既不关心自己的购买任务，又不关心与推销员的关系。

2. 产生原因

（1）讨厌购买行为。他们当中有些人在购买活动中表现出很强的被动性和不情愿性，购买决策并不掌握在自己的手中，他们往往要受命于上级领导或为了应付亲属而做出无奈的选择；也有一些人的购买行为是受同事、朋友之托，自己属于被迫性购买，而自身又怕买了吃亏被埋怨。

（2）鄙视推销员。认为无奸不商，天下就没有好的卖货之人，眼里鄙视、瞧不起这份工作。

3. 具体表现

（1）刻意回避购买行为。

顾客为了尽量避免购买风险，态度非常敷衍，他们认为既然无奈受人之托，能不买尽量不买，尽管进到店铺，根本不关注商品，表现得特别不耐烦，往往以"无货"为名向委托人交差。他们对推销员和自己的购买活动都没兴趣，去卖场只是做个象征性的"行动"而已。

（2）刻意疏远销售员。这种顾客从心里对购买行为感到厌烦，对前来上门的推销人员更是反感，他们避免做出购买决策，并且设法躲避推销人员，因此推销人员向这类顾客推销商品是非常困难的，推销成功率几乎是零。

4. 处理策略

（1）搞好关系。对待这类顾客，推销人员的首要任务是尽力使推销工作能够继续进行，主动摸清顾客的情况，搞好与顾客的关系，消除其戒备心理。

（2）提供优质服务。向顾客说明自己的推销是为了满足顾客的需要，为其提供优质服务，帮顾客完成任务，并不会为顾客增添烦恼，着重强调商品的实用性，以提高顾客的购买信心，顺利做出购买决策。

（3）适当礼品刺激。如有可能，根据购买情况额外给顾客一些赠品，以引导其提高购买兴趣，从而由被动转向主动性购买。

5. 实战表现

态度傲慢，眼睛一瞥，无动于衷，充耳不闻，只字不提。

（二）软心肠型

1. 定义

第二种顾客类型是（1.9）型，称为软心肠型。这类顾客愿意和推销员建立良好关系，他们非常同情推销人员，相反对于自身的购买行为却并不太关心。

2. 具体表现

（1）泪点低，易冲动。该类顾客往往感情重于理智，易冲动，易被推销员说服和打动，他们具有极强的同情之心，非常重视与推销人员搞好关系，重视交易现场的气氛。

（2）爱妥协。他们对商品本身缺乏必要的了解，独立性差。这类顾客情感很丰富，当推销行为与自身利益发生冲突时，为了能够让推销员高兴，他们很愿意妥协，甚至牺牲金钱利益购买自己并不需要或不合情理的推销产品。

3. 产生原因

（1）心活面软。有的顾客是出于对推销人员的同情，觉得他们工作过于辛苦，希望用自己的力量能帮助他们。看到年轻的推销人员就把对方当成自己的孩子看待，看到年龄大的推销人员就把他们看作自己的长辈对待，宁愿花些冤枉钱也不愿看到对方难堪。

（2）年轻时有过类似经历。有的顾客爱触景生情，想到自己当年的某种不幸，愿意帮推销人员渡过难关；有的天生就是像唐僧那样拥有菩萨心肠的人。

4. 处理策略

（1）善于用情打动他们。对待这类顾客，推销人员要特别注意舍得感情投资，努力塑造良好的交易氛围，用情打动对方，唤起顾客的同情心，顺利完成推销任务。

（2）感恩顾客。虽然这类顾客很容易接受购买行为，但作为一名合格的推销员也应尽量避免利用顾客的恻隐之心，要善于珍惜顾客的感情，对他们的帮助要有感恩之心。

5. 实战例句

面带笑容，语速温柔："小姑娘，你卖货很辛苦吧，想当年我做销售的时候也遇到过这事，也经常哭鼻子，别哭，这碎屏的手机我买了。"

（三）防卫型

1. 定义

第三种顾客是（9.1）型，称为防卫型。这类顾客对购买商品的利益极其关心，只考虑如何更好地完成自己的购买任务，而对销售人员态度非常冷淡，甚至充满敌对情绪。

2. 具体表现

（1）充满警惕。他们不太愿意听从推销员的介绍，对于所推荐的商品不感兴趣，担心吃亏上当，警惕性很高，总是以警惕的眼光看待整个推销活动。

（2）讨厌推销员。他们对推销人员充满敌意，在他们心目中，推销人员不是骗子就是傻瓜，都不是好东西，说的话都不可信。

（3）处处算计。他们在购买过程中小心谨慎，处处算计，想方设法占便宜，总是希望花最少的钱，得到更多的实惠，根本不考虑卖家的利益。

3. 产生原因

（1）曾经被骗过。有的顾客曾经受过某些推销人员的欺骗，因此出于防卫心理，认为所有的推销员都不是好人。

（2）天生自私自利。有的顾客是天生就具有比较自私的心态，眼里只有自己，只看重个人的得失，从来就不会顾及别人的利益，眼里都是"我"。

（3）道听途说。有的是缺乏主见，道听途说，听信谣言，为防受骗而处处提高警惕。

4. 处理策略

（1）建立信任感。这类顾客只是对销售人员和推销工作有成见，并不是不愿意接受推销品，所以，推销员首先应该推销自己，取得顾客的理解和信任，彼此建立信任感，而不要急于向其推销产品或服务。

（2）解除顾客疑虑。用和蔼的态度，理智客观的语言，消除顾客的戒备心理，再向顾客推荐满足其心理需求的商品，促使推销工作顺利进行。

（3）纠正错误观念。当顾客思想过于狭隘和片面时，不要与顾客争辩，应心平气和地阐述道理，从而化解和更正顾客的错误观念，为顺利成交做好铺垫。

5. 实战例句

大嗓门喊道："哎，卖货的，快把那个皮包拿来我看看，别磨磨蹭蹭的。"

（四）干练型

1. 定义

第四种顾客（5.5）型，称为干练型、客观公正型。这类顾客对销售人员及自己的购买活动都保持着适度的关心，购买商品时态度冷静、头脑清醒、思维敏捷。

2. 具体表现

（1）主动听从介绍。他们既愿意听取推销人员的意见，又能独立自主地思考问题，购买决策客观而慎重。

（2）购买前做好功课。他们一般在选择商品的时候基本上已经做好了解、调查、对比等初步工作，虽然不排斥推销人员的介绍，但不会轻易相信推销人员推荐。

（3）会耍小聪明。这类顾客有时会与推销员一拍即合达成圆满的交易，买到自己满意的商品，但有时也会为了抬高自己，满足自尊、虚荣心、面子而购买到一些自己并不十分需要或并不非常合适的商品。

3. 产生原因

（1）过于自信。这类顾客一般比较自信，知识比较全面，阅历比较丰富，多少会有点虚荣心。

（2）自我感觉良好。他们往往觉得自己比推销人员更加聪明，愿意独立思考，自己做出正确的购买决策，心理感觉良好，沾沾自喜。

4. 处理策略

（1）由顾客做出决定。对待这类顾客最好的办法就是要尽量满足其消费心理，推销员要用大量的事实和证据说话，让顾客自己做购买决策。

（2）学会推荐技巧。推荐商品使用二择一法则，而不要自己帮顾客做决定，如："大妈，您选薄一点还是选厚一点的？这两款买的人都很多。"

5. 实战例句

语速平缓："您好售货员，您受累把那个皮包拿给我看下。"

（五）寻求答案型

1. 定义

第五种顾客（9.9）型，称为寻求答案型、购买专家型。这类顾客不仅高度关心自己的购买行为，而且还高度关心推销人员的工作，他们被认为是最成熟的顾客。

2. 具体表现

（1）尊重推销人员。这类顾客希望买到自己所需要的东西，也尊重推销人员的意见，说话态度和蔼可亲。

（2）明确的购买目标。他们不仅对商品质量、规格、性能非常了解，对市场的行情也非常熟悉，对自身需要购买商品的目的非常明确。

（3）聆听推销建议。他们对商品采购有自己的独特见解，作为非常理性的购买者，他们十分愿意听取推销人员的建议和观点。

（4）换位思考。他们会换位思考，理解、尊重推销人员的工作，不会给推销员出难题或提出无理要求。

（5）长期合作。他们把推销员看成自己的合作伙伴，目的是使推销活动利益最大化，实现共赢。

3. 产生原因

（1）睿智有远见。这类顾客大多属于事业有成之士，有远见，头脑思维敏锐。

（2）阅历丰富。有的顾客人生阅历非常丰富，做事有风度和气度。

（3）经验累积。他们由于多次购买积累了丰富的经验，如同"久病成医"一样，善于总结每一次购买体会。

4. 处理策略

（1）与顾客同立场。推销人员应该积极参谋，主动为顾客提供有效的服务，诚心诚意站在顾客角度思考问题。

（2）适时等待顾客做出选择。如果推销人员已经知道这种顾客实际上不需要自己所推销的商品，不必再费心推荐，做好拿货、取货、开票的准备。

（3）随时回应并赞美顾客。面带笑容，随时给予肯定："嗯，好的，您选得太棒了。"

三、推销方格与顾客方格的交叉关系

推销的成功与失败，不仅取决于推销人员的工作态度好坏、推销技术水平高低，同时也受顾客态度好坏、购买能力高低的影响。布莱克教授总结出推销人员方格与顾客方格的关系，反映了推销人员态度与顾客态度之间的内在的交叉联系。

表1.1反映了推销人员方格与顾客方格之间的内在联系。图中"+"表示推销成功，"-"表示推销失败，"0"表示推销成败的概率相等，有可能成功也有可能失败。

表1.1　推销方格与顾客方格搭配图

推销方格＼顾客方格	1.1	1.9	5.5	9.1	9.9
9.9	+	+	+	+	+
9.1	0	+	+	0	0
5.5	0	+	+	-	0
1.9	-	+	0	-	0
1.1	-	-	-	-	-

根据推销方格理论，五种类型的推销员和五种类型的顾客可进行不同的组合。这时就会发现：有的顺利达成交易，有的不能成交，有的即使成交也不是二者简单搭配的结果。为此我们可用表1.1表示推销人员与顾客的关系。

一般地说，推销员的推销心态越是趋向于解决问题型，即图1.3中的（9.9）型，其推销能力越强，推销效果就越理想。可见，要成为一位成功的推销人员，必须具备健康的心态。推销人员应保持正确的推销心态，加强自身修养，提高推销技能，调节与改善自我心态，努力使自己成为一个能够帮助顾客解决问题的推销专家。

推销人员正确把握推销心态与顾客购买心态之间的关系是非常重要的。不同类型的推销人员遇到不同类型的顾客，应揣摩顾客的购买心态，及时调整推销节奏，采取不同的销售策略。只有两者相互配合、和谐统一，推销才会成功。

复习思考题

1. 推销方格中的（9，1）是什么类型？有哪些典型表现？
2. 你有什么策略让漠不关心型顾客高兴地买走商品？
3. 小李买商品非常会讲价，突然有一天，他却说被骗了，请分析下为什么。

任务实施

【任务情境】

推销丽水山耕的黄桃冻干酸奶块，各小组成员根据提示扮演不同类型的顾客及不同类型的推销员，对商品进行推销。（进货价6元，指导推销价7元，市场零售价10元）

(1) 顾客（1，9），推销员（9，1）。
(2) 顾客（5，5），推销员（9，1）。
(3) 顾客（9，1），推销员（5，5）。
(4) 顾客（5，5），推销员（5，5）。

【任务目的】

(1) 加深理解推销方格的含义。
(2) 掌握推销人员方格的类型。

(3) 掌握顾客方格的类型。

【任务要求】
(1) 组建任务小组，每组5、6人为宜，选出组长。
(2) 各组分角色分析情境，讨论表演流程，选择一人负责观察、指导。
(3) 进行交叉打分，即选取一个小组表演后，其他小组各选派一名成员担任评委，负责点评。
(4) 课代表要做好记录。

【任务考核】
(1) 情境表演的真实、合理：2分。
(2) 小组成员团队合作默契：3分。
(3) 角色表演到位：4分。
(4) 道具准备充分：1分。
(5) 满分：10分。

任务三　推销模式

任务情境

任务情境

任务思考

1. 小贩是如何引起顾客注意的？
2. 顾客是怎么样被激起购买欲望的？
3. 小贩用的是哪一种推销模式？这种推销模式分几个步骤？请一一说明。

任务学习

推销模式是根据推销活动特点及顾客接受推销过程各阶段的心理演变所采取的策略，归纳出一套流程化的标准的推销模式。我们系统讲授以下四种比较常用的推销模式。

一、爱达模式

爱达模式（AIDA）是国际推销协会名誉会长、欧洲市场及推销咨询协会名誉会长、著名推销专家海因兹·姆·戈德曼于1958年在其所著的《推销技巧——怎样赢得顾客》一书中根据消费心理学研究，首次总结出来的一种推销模式，这种模式共分为四个步骤：引起注意、产生兴趣、激起欲望、做出行动。

爱达模式

（一）引起注意

1. 定义

所谓引起顾客注意是指推销人员通过推销活动，想方设法地刺激顾客听觉、嗅觉、视觉等感官，引起顾客关注，将视线随机转移到推销的商品上，关注到推销员所说的每一句话和每一个动作细节上。

2. 操作方式

通常人们的购买行为因注意才喜欢，喜欢才愿意购买。如何达到吸引顾客的注意力的目的呢？

（1）直击需求。推销人员要想清楚顾客的需求是什么，直击顾客的需求，强调卖点。如吆喝"卖皮包了"就没有"皮包清仓大甩卖"更能引起顾客的注意。

（2）提供利益。应考虑什么情况能使顾客认真听自己介绍，比如一个卖包子的小贩，在临近中午吃饭时吆喝远比上午10点叫卖更有诱惑力。推销员要想清楚什么样的产品能满足顾客，商品能为顾客带来哪些利益。

项目一　认识推销

3. 吸引顾客注意的方法

（1）刺激视觉。刺激视觉的方法有形象吸引法、表演吸引法、动作吸引法等，比如卖羊肉串的小贩不停地向路过的人摆弄烤好的肉串。

（2）刺激听觉。刺激听觉的方法有语言口才法、声响吸引法、现场广告吸引法等，比如 2 元店门口大喇叭不停地播放"件件都 2 元，买了不吃亏买了不上当，全场都 2 元"。

（3）刺激嗅觉。刺激嗅觉的方法有烹饪演示法、现场体验法等，如卖香水时候，售货员会故意向你手上喷上香水，让你自己感受气味是否合适。

（4）刺激味觉。刺激味觉的方法有现场试吃法、免费品尝法等，如"西瓜甜不甜，你来尝一尝，不甜不要钱"。

（二）产生兴趣

1. 定义

引导顾客产生兴趣是指让顾客对推销品产生的积极态度，表示浓厚的兴趣，喜欢上推销品。兴趣与注意密切相关，没有注意，肯定产生不了兴趣。兴趣因注意而产生，反过来又可进一步强化注意，因此兴趣在推销过程中起着承上启下的作用，兴趣是注意进一步发展的前提，也是产生欲望的前提。

2. 操作方式

（1）展示商品。"耳听为虚，眼见为实"，为了快速地唤起顾客的兴趣，戈德曼认为，示范是引起顾客兴趣的最有效的方法之一。因为陈述事实本身并不同于证明事实。

（2）做好示范引领。推销人员娴熟地示范所推销的商品，用顾客可以看得见摸得着的方式，证实商品确实具有某些特点和利益，往往更容易唤起顾客对商品的兴趣。

（3）顾客体验。如果推销品不方便随身携带，也要注意借助商品宣传资料、照片、试听器材、其他顾客签订的合同等，向顾客宣传介绍商品。当然，如果有条件的话，应尽量让顾客亲自体验推销品的优点，让商品主动"说话"。

3. 激起兴趣的方法

（1）刺激触觉。采取让顾客瞧一瞧、摸一摸、坐一坐（如沙发）、躺一躺（如乳胶床垫）等体验形式。

（2）刺激味觉。采取尝一尝、品一品等方式来唤起顾客的购买兴趣。

（3）真实体验。对于模型飞机、皮球等，可以采用玩一玩、拍一拍等体验形式。

（三）激起欲望

1. 定义

激起欲望是指让顾客为给自己带来的利益而产生强烈购买愿望，似乎不购买商品对自身来说就是一种损失，产生一种"机不可失，时不再来"的心理感受。

2. 操作方式

（1）提出购买建议。推销员要观察顾客的肢体语言，适时提出购买建议，如"买两串尝一尝，不好吃不要钱"。

（2）辨识异议根源。识别、辨别顾客异议的根源和总类，即时诱导顾客购买，如"价格不贵，买贵找差价"。

（3）强化购买意愿。有针对性地化解顾客异议，多方诱导、强化购买意愿，如"卖得可快了，再晚一点就买不到了"。

3. 激起欲望方法

（1）推销效用法。

（2）美景描绘法。

成语典故

望梅止渴（wàng méi zhǐ kě）：比喻用空想或假象安慰自己。

出处：南朝宋·刘义庆《世说新语·假谲》："魏武行役，失汲道，军皆渴，乃令曰：'前有大梅林，饶子，甘酸可以解渴。'士卒闻之，口皆出水，乘此得及前源。"

样例：鲁迅《二心集·张资平氏的"小说学"》："现在我将《张资平全集》和'小说学'的精华，提炼在下面，遥献这些崇拜家，算是'望梅止渴'云。"

（3）联想提示法。

（4）多方证实法。

（四）做出行动

1. 定义

做出行动是指顾客接受建议，愿意主动刷卡、扫码、付钱买走商品。

2. 操作方式

（1）递交购物小票。

柜台、店铺等有专门收银台，当顾客试穿、试用后，在顾客还没有明确购买意向的时候，要及时催单，如："先生，这个是购物小票，前方左走10米就是收银台。"

（2）打包、递交商品。如果现场是可以收款的展位，可以在顾客尚未主动付款时候，将商品打包好，双手递交给顾客，如："您拿好，吃好再来。"

（3）为下次销售做铺垫。推销并不都是顺利的，对于个别对推销品产生了浓厚兴趣，也有强烈的购买欲望，但却因为资金、决策权、时间等因素而没有购买的顾客，要为其下次光临做好铺垫，如："那您先转转，没有合适的再回来，价格我们好商量。"

【案例1.8】

校门口的冰糖葫芦

中午时分，某学校门口一中年大叔在卖冰糖葫芦。

四个女学生刚吃好午饭，边说边笑着往校园里走。

看着他们走近了，大叔："冰糖葫芦嘞，甜甜酸酸的好吃又不贵。"

乙女生"大叔，多少钱一串？"

大叔："大的5元，小的3元，纯手工做的，没色素，没虫眼。"

几个女生眼神交流了下，乙女生："大叔，我们买4个小的，10元行吗？"

大叔面露难色："闺女，真的没赚钱，我一串才赚5毛。"

丙女生："算了，别讲价了，我这有零钱。"

项目一 认识推销

大叔一手收钱，一手把冰糖葫芦递给她们，"好吃，下次再来买，我每天中午12点半后都在这卖。"

【案例解读】

爱达模式可以形象地用"一喊二炫三报价四递货"来描述成交过程，推销人员使用了简单的四步就可以激发学生产生购买欲望，从而顺利成交。

（五）适用范围

1. 固定展位推销

爱达模式一般适用于店堂推销，如柜台推销、展销会推销等。

2. 面对面推销

上门推销，如一些易于携带的生活用品、办公用品、保险产品等。

3. 拦截推销

如化妆品、洗发水、保健品等。

二、迪伯达模式

迪伯达模式（DIPADA）被称为现代推销模式，是1958年由推销专家海因兹·姆·戈德曼总结出来的，将整个推销过程划分为发现、结合、证明、接受、欲望、行动六个阶段。

（一）发现

1. 定义

发现顾客的需求是迪伯达模式的首要任务，即先搞清楚顾客买商品的目的。

2. 操作方式

（1）委婉询问。比如顾客急匆匆走进药店，直接上来问顾客买什么药就不是很妥当，应委婉询问顾客哪里不舒服，间接发现顾客的需求。

（2）侧面观察。并不是所有顾客都愿意接受推销员的提问，对于不愿意开口的顾客，要仔细观察他的视线停留的地方，大致揣摩他的需求。

3. 发现顾客的方法

（1）市场调研法。

（2）建立信息网络。

（3）洽谈询问法。

（4）现场观察法。

（二）结合

1. 定义

所谓结合，即将顾客的需求与所推荐的商品结合起来。

2. 操作方式

在这个阶段，推销人员要注意提示购买商品的利益，使商品的内在功效外显，以满足顾客需求。

3. 需求与商品结合的方法

（1）问题结合法。

（2）行为结合法。

（3）功效结合法。

（三）证明

1. 定义

所谓证明是指提出产品与顾客的需要紧密结合的证据，能满足顾客的购买心愿，以增强顾客对所推荐的商品的关注度和认同度，为顾客理性地做出购买行为奠定基础。在这一阶段，推销人员应拿出充分且客观的证据向顾客证明自己的言论有充分合理的事实依据，能够使顾客认同自己的言论。

2. 提供证明的操作方式

（1）人证。提供的人员证据可以是权威人士、知名专家、名人、社会公众人士、老顾客等。

（2）物证。提供的物品证据可以是权威的认证证书、资质等级证书、第三方检测报告、报刊尤其党报党刊的新闻广告等。

（3）例证。提供事实证据可以是疗效证明、使用前后的效果对比等。

（四）接受

1. 定义

所谓接受，是指顾客看到相关证据之后初步认可了推荐的商品。但这仅仅完成了顾客对产品认知的心理过程，并不能立刻产生购买行为，因此推销人员还要拿出充分的、必要的、真实的依据，让顾客更进一步认同选择该产品是符合其自身需要的，购买该产品是睿智的选择，以促使顾客接受所推销的产品。

2. 促使顾客接受商品的方法

（1）示范演示法。

（2）试用体验法。

（3）引导提示法。

（4）观望考验法。

（五）欲望

1. 定义

所谓欲望，是指在推销过程中，当顾客在思想上接受推销品之后，想拥有推销品的想法和期望。推销人员还必须让顾客清醒地意识到要想永久满足其自身需要必须购买商品后才能实现，因此推销人员要及时激发顾客的购买欲望，利用各种刺激使顾客对该产品产生强烈的拥有愿望。

2. 激起顾客欲望的方法

（1）联想衍射法。

（2）鼓舞诱惑法。

（3）危言耸听法。

（4）夸赞法。

成语典故：
危言耸听

（六）行动

1. 定义

所谓行动，即顾客做出果断的购买行动，完成付款收货的行为。这是迪伯达模式的最后一个阶段，与爱达模式的第四个阶段是相同的。

2. 让顾客做出行动的方法

（1）商品移交。

（2）递交小票，指引收银台。

（3）丢掉顾客旧物。

比如顾客去买鞋，很多聪明的售货员看着顾客穿着新鞋却不愿意脱下来，就随口说："你原来的鞋磨损实在太严重了，我帮你丢掉算了。""行，丢掉吧！可以支付宝扫码吗？我直接穿新鞋回家。"

【案例1.9】

电视机的迪伯达推销模式

一男顾客走进某电器专柜。

售货员："先生，想买电视机吗？"

顾客："嗯，房间刚装修，打算给客厅买台电视机。"

售货员："先生，你客厅两墙的宽度大约多少，打算买多大的？"

顾客："大约3.5米吧，我想买个42英寸①的。"

售货员："先生，电视机的大小一般应该根据自己家中客厅空间大小，即观看位置距离电视的直线距离计算，计算公式是：液晶电视的最佳观看距离＝液晶电视屏幕对角线×0.063 5，也就是3.5÷0.063 5＝55.11，因此建议您选择55英寸的比较合适。"（I——结合）

顾客："真的吗？"

售货员："您看这是家电行业权威杂志发表的文章：《如何挑选电视机的大小》。"（P——证明）

顾客：（拿过杂志翻了翻）"确实是行业专家说的？"

售货员："先生您坐在这个椅子上，这里距离电视墙刚好3.5米，您看下左边是42英寸的，右边是55英寸的，哪个您看着更舒服些？"

顾客："嗯，确实看55英寸的更舒服些，那我就选55英寸的吧。"（A——接受）

售货员："放心吧，我们电器都是正品，质量没的说，这台是高清4K级别的，可以直接连接网络，机身自带2G内存，家里有Wi-Fi就可以看电视，机顶盒都不用买了。"

顾客："给送货安装吗？挂架需要额外购买吗？"（D——欲望）

售货员："免费送货、安装，挂架本来是要收费200元，不过现在厂家搞活动，免费送挂架，您的运气真不错，今天是活动最后一天。"

顾客："哈哈，运气真好，我出门要买体彩了，给我开票吧。"（A——行动）

【案例解读】

空口无凭，拿证据说话，推销人员通过物证、例证等证明手段让顾客意识到产品正是自己所需要的，就会激发起顾客的购买欲望，从而顺利成交。

① 1英寸＝2.54厘米。

（七）适用范围

（1）生产资料市场的产品。
（2）老顾客及熟悉顾客。
（3）无形产品。比如保险、法律诉讼、技术服务、咨询服务、信息情报、劳务市场等。
（4）团体顾客购买者。

三、费比模式

费比模式（FABE）是由美国奥克拉荷大学企业管理博士、中国台湾中兴大学商学院院长郭昆漠总结出来的推销模式。该模式是将推销活动分成特征、优点、利益、证据4个环节。

（一）特征

1. 定义

所谓特征即描述产品的特征，费比模式要求推销人员在见到顾客后，要准确地介绍商品的性能、构造特性、功能、材质等特征属性。

2. 描述产品特征的方法

（1）阅读法。推销员主要阅读产品说明书、操作说明、报纸和专业书籍等。
（2）询问专家法。
（3）亲自试用法。

（二）优点

1. 定义

所谓优点，即向顾客强调产品的竞争优势——材质特殊性、功能优越性等，如经久耐用、性价比高等。

2. 操作方式

（1）分析产品优势。针对不同顾客，介绍产品的优点略有区别，推销人员应对在第一步骤中介绍的特征，有针对性地列出产品优势，特别是与竞争者相比的优势，如经久耐用、美观时尚、彰显身份地位、使用方便等。
（2）突出产品异质性。进行对比分析，凸显和其他产品的差异性。

（三）利益

1. 定义

所谓利益，是指顾客购买商品后得到的实际利益、收益，这是费比模式中最重要的一个步骤。购买产品后，能享受到哪些好处、利益，这是顾客最关注的。推销人员应当详尽说明商品所能带给顾客的利益，一切以顾客利益为中心，通过强调利益，激发顾客购买产品的决心。

2. 操作方式

（1）强调。比如卖保险，你强调的是顾客获得的良好的保障："人生风险难料，保险如同雨伞为您及您的家人永远遮风挡雨。"卖豪车你应强调高品质的享受，凸显高贵的气质："您拥有这辆豪车后，能彰显您的高贵气质，别的车是比不了的。"卖相机你强调画面的品质："这个相机，随时可以拍下您及您家人的每张笑脸，它具有笑脸识别功能，更能留住小宝宝精彩的瞬间。"

（2）联想。挖掘产品利益，给顾客描绘未来的蓝图，如："您买了这台学习机，10年后您送孩子去清华大学报到的时候，该是多么风光，会让多少同事羡慕啊！"

（四）证据

1. 定义

所谓证据，即你需要向顾客提供说服他的所有证据。顾客在接受推销品的时候大多是非常理智的，无论听到怎样的描述，都会产生这样或那样的疑问。为了消除顾客的疑虑，这就需要推销人员提供真实可靠的证据。

2. 操作的方式

（1）人证。提供的人员证据可以是权威人士、知名专家、老顾客等。

（2）物证。提高的物品证据可以是技术报告、顾客来信、质量认证证书、检测报告、获奖证书、专利证书等。

（3）例证。提供事实证据可以是有无购买所产生后果的对比等，例如某保险公司业务员在微信群里说："我同事的妹妹，腰椎间盘突出去上海长虹医院手术，共花费68 000元，社保报销19 576元，泰康的尊享赔了49 365元，一年保费才946元。伙伴们，医疗险真的很重要啊！希望人人都能拥有。"

成语典故：浮想联翩

【案例1.10】

保险营销的费比推销模式

泰康保险公司的业务员小朱经电话约访后，约见某学院的吴老师，以下是小朱使用费比推销模式进行保险产品推销的情景。

小朱："吴老师您看，上次我电话里给您介绍的我们公司刚推出的'泰康健康尊享B+医疗保险'这个险种主要提供风险保障功能，最大的特点就是突破社保报销目录，做到社保不报我能报。"（F——特征）

吴老师："怎么理解社保不报我能报？ICU、进口药都能报吗？"

小朱："是的，就是这样，这个每年交15 000元，连续交10年，就可以享受身价50万的保障，拥有年度50万、终身无限额的保障。而且承诺二核通过后，公司不会因顾客健康状况发生改变而不续保。"（A——优点）

（吴老师仔细地看着保险计划书，没有说话。顾客在犹豫中，表示对产品有兴趣）

小朱："吴老师您看，我这里有一张纸，在我们泰康只要存款达到2万元以上就有金账户，钱存进去可以得到4.8%的收益，我们公司很多员工都开通了金账户，比余额宝利息高很多呢，您看现在支付宝收益已经跌破3了。"（拿出手机打开支付宝页面，显示余额宝年化收益率才2.507%）

吴老师："哦，这一比，真的差距很大啊，不过把钱放进保险公司牢靠吗？万一保险公司倒闭了怎么办？银行可不会倒闭的。"

小朱:"吴老师您这种顾虑也是很正常的,因为你对保险公司的性质还不是很了解。保险公司也属于金融行业,并且要银保监会日常监督和管理,国家对保险公司的支持力度远大于商业银行。我们保险公司在业界有很好的口碑,连续8年获得'守合同重信用'单位,投资收益率在所有的保险公司当中排名第三,总资产保障金是保费总收入的4倍以上呢。您看这是今年3月份的报道,这个是《人民日报》的头版头条新闻,这个是央视记者对我们董事长专访的照片。"(E——证据)

吴老师:"那好吧,我决定买2万的吧,正好开通金账户。"

小朱:"吴老师,您填好投保书就可以了,在这儿写名字,在这儿写地址,在这儿写……"

【案例解读】

促使顾客做出购买行为的动力实质上就是产品给顾客带来的利益,只要这种利益清晰可见,能打消顾客的顾虑,推销就会成功。

四、埃德帕模式

埃德帕(IDEPA)模式是迪伯达模式的简化形式,埃德帕更适合有比较明确的购买意图和目标的顾客。该模式包括五个阶段,分别用五个英文字母来表达。

埃德帕模式

(一) 结合

1. 定义

所谓结合(Identification),即把推销品与顾客的愿望结合起来。

2. 操作方式

推销人员通过察言观色、询问等方式准确地发现顾客的需求。在此基础上,运用恰当的方法,从专业的角度为顾客提供购买建议,直接推荐符合顾客心理期望的商品,即把所推销的商品和顾客的愿望结合起来。

(二) 展示

1. 定义

所谓展示(Demonstration),即向顾客示范符合其愿望的商品。在向顾客示范合适的商品时,要针对顾客的具体购买需求精心地进行展示或演示,要通过询问确保顾客理解商品所示范的每一项功能、特效和优势。

2. 操作方式

推销人员应根据顾客需求示范至多3种商品,并在商品的展示、示范中了解顾客的具体购买需求,而且示范前做好巧妙的设计。

(三) 淘汰

1. 定义

所谓淘汰(Elimination),即将顾客认为不合适的商品淘汰。尽管推销人员向顾客展示多种商品,但实质上顾客仅会购买其中的一件。

2. 操作方式

推销人员应将选择权留给顾客,帮顾客主动淘汰其他商品,满足顾客的尊重感,把决定权留给顾客。

(四) 证实

1. 定义

所谓证实（Proof），即证明顾客的选择是正确的。

2. 操作方式

当一些商品被淘汰后，剩下的就是顾客比较偏爱的了，推销人员要通过一些证明、证据来证实顾客的选择是睿智的，让顾客觉得自己很会买东西。

(五) 接受

1. 定义

所谓接受（Acceptance），是指促使顾客接受商品做出购买行为。

2. 操作方式

经过了一番选择、筛选后，顾客已经相信了商品的质量和功能，推销人员要尽量解决顾客对商品的价格、运输问题、售后服务等方面的顾虑，主动示意顾客做出购买行为，从而顺利成交。

【案例1.11】

某家电商场格力空调专柜埃德帕模式

一中年男顾客走进格力空调专柜，销售员使用埃德帕模式，完成了销售任务。

销售员："先生，您好，请问想买空调吗？"

顾客："是的，我先看看。"

销售员："先生自用的吧，您是客厅用还是卧室用？"

顾客："我家的卧室想装一台空调。"

销售员："您家的卧室大概有多少平方米呢？"

顾客："好像有12平方米左右吧，卧室面积比较小一点。"

销售员："哦，那您家选择1P的空调就可以了，您看这三款都是1P的。"（I——结合）

顾客："1P的应该很省电吧！"

销售员："您看这台是格力今年新推出的一款，超静音，带速冷功能。炎热的夏季，外面的温度很高，进屋以后一般打开空调要15分钟以上才有凉爽的感觉，这款只要3分钟室温就会降低5度以上呢，非常舒服，而且它的方向是360度全方位，没有死角，屋子中哪个方位都会感到非常舒适。您看这个高精度面板，可以清晰显示温度，敏感值0.1度，不像其他品牌的敏感值1度，您用手触摸下，一点都没痕迹，时间长了也不会显旧。"（D——展示）

顾客："这款多少钱？"

销售员："3 200元。"

顾客："1P空调3 200元，价格有点高啊。"

销售员："那这款也不错，价钱只要1 800元，能效是3级的。"

顾客："能效3级的，有点费电啊，有没有那种变频的，我老母亲退休了，在家里待

的时间有点长，空调得经常使用。"（E——淘汰）

销售员："这款是变频的，一级能效，4小时才耗电1度不到，非常合适的。"

顾客："这台多少钱？"

推销员："2 600元"。

顾客："嗯，看起来颜色也不错，行，我就要这台了。"

推销员："先生，您真会买东西，这台空调厂家现在搞活动，还可以免费送一台饮水机，卖得非常火爆，前天才新进了500台，今天就剩下不到100台了。"（P——证实）

顾客脸上泛着笑容。

推销员："先生您贵姓？您家的地址说下，还有您的电话，我们是免费安装的。给您小票，请向前左走10米，就看见收银台了。"（A——接受）

顾客：（接过小票）"好的。"

【案例解读】

顾客的选择永远是对的，埃德帕模式巧妙地将选择权留给了顾客，因此往往顾客很愿意主动做出购买行为。

适用范围：埃德帕模式多用于向熟悉的中间商推销，也用于对主动上门购买的顾客进行推销。

复习思考题

1. 请用自己的语言描述4种推销模式的含义。
2. 爱达模式和迪伯达有什么区别和共同点？
3. 如果销售口红等化妆品，请问用哪种推销模式比较好，为什么？
4. 推销员对待防卫型顾客更适合用哪种推销模式，为什么？

任务实施

【任务情境】

自行设计情境，用本节学到的推销模式，以平安果、粽子、烤玉米、板栗为例进行推销。

【实施目标】

1. 加深理解推销模式的含义。
2. 熟悉各推销模式流程。
3. 重点掌握"爱达""迪伯达"推销模式的应用。

【实施要求】

1. 组建任务小组，每组5~6人，选出组长。
2. 各组分角色分析情境，讨论表演流程，选择一人负责观察、指导。
3. 进行交叉打分，即选取小组表演后，其他小组各选派一名成员担任评委，负责点评。
4. 课代表要做好记录。

【任务考核】

1. 情境表演真实、合理2分。
2. 小组成员团队合作默契3分。

3. 角色表演到位 4 分。
4. 道具准备充分 1 分。
5. 满分 10 分。

知识点概要

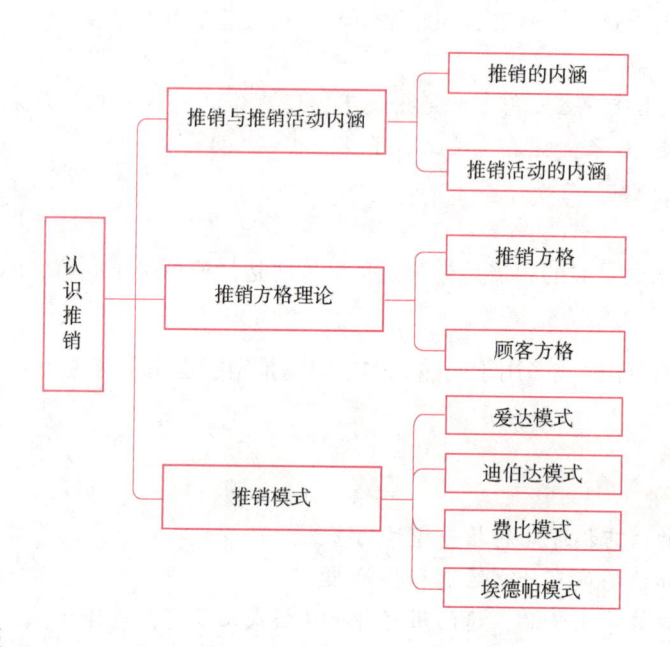

```
                            ┌─ 推销与推销活动内涵 ─┬─ 推销的内涵
                            │                    └─ 推销活动的内涵
                            │
              认识推销 ──────┼─ 推销方格理论 ──────┬─ 推销方格
                            │                    └─ 顾客方格
                            │
                            │                    ┌─ 爱达模式
                            └─ 推销模式 ──────────┼─ 迪伯达模式
                                                 ├─ 费比模式
                                                 └─ 埃德帕模式
```

※重要概念※

推销　　推销方格　　顾客方格　　爱达模式　　迪伯达模式

※重要理论※

1. 推销三要素及推销原则。
2. 推销方格理论的 5 种典型特征及表现。
3. 顾客方格理论的 5 种典型特征及表现。
4. 爱达模式和迪伯达模式的异同点。

※重要技能※

1. 使用爱达模式推销商品。
2. 使用迪伯达模式推销商品。

客观题自测

一、单项选择题

1. 推销是企业在特定的市场环境中为特定的产品寻找买主的商业活动，必须先确定谁是需要特定产品的潜在顾客即寻找好目标顾客群，然后再有针对性地向顾客推荐，这是属于哪种特性？（　　）

A. 双向性　　　　B. 互利性　　　　C. 指定性　　　　D. 灵活性
2. 市场营销的目标是把推销作为（　　）。
A. 职能　　　　　B. 尖端　　　　　C. 多余　　　　　D. 首要任务
3. 推销员投入大量的精力用于研究推销技巧，关心推销效果，又最大限度地解决顾客困难，将推销任务与顾客需求两者紧密结合，使商品交换关系与人际关系有机融为一体，这属于哪种推销人员？（　　）
A. 解决问题型　　B. 推销技术型　　C. 强硬推销型　　D. 顾客导向型
4. 以下不属于顾客方格类型的是（　　）。
A. 漠不关心型　　B. 事不关己型　　C. 软心肠型　　　D. 防卫型
5. 下列哪一个是迪伯达模式的最后一个阶段（　　）。
A. 证明　　　　　B. 结合　　　　　C. 行动　　　　　D. 接受

二、多项选择题

1. 推销的流程模块包括（　　）。
A. 推销准备　　　B. 找寻顾客　　　C. 接近顾客　　　D. 推销洽谈
2. 下列哪些是属于推销人员的要素（　　）。
A. 仪容仪表　　　B. 心理素质　　　C. 技能水平　　　D. 售后服务
3. 推销的原则包括（　　）。
A. 刺激并满足顾客需求　　　　　　B. 注重产品利益
C. 互惠互利　　　　　　　　　　　D. 以诚为本
4. 产生软心肠心态的顾客的原因是（　　）。
A. 出于对推销人员的同情　　　　　B. 触景生情
C. 天生拥有菩萨心肠　　　　　　　D. 设法逃避推销人员
5. 促使顾客接受的方法主要有（　　）。
A. 示范演示法　　　　　　　　　　B. 试用体验法
C. 引导演示法　　　　　　　　　　D. 观望考验法

项目综合验收

【任务情境】

场景：按摩器材店

商品：售价1.2万元的高档按摩椅

人物：推销员甲是推销方格中的（1.9）型，顾客乙是顾客方格中的（9.1）型

推销员丙是推销方格中的（9.1）型，顾客丁是顾客方格中的（5.5）型

任务要求：请分别使用爱达模式和迪伯达模式推销高档按摩椅

【任务实施】

1. 分别组建一支销售团队，每组5~6人，选出组长。
2. 每组集体讨论台词的撰写和加工过程，各安排一个人做好拍摄任务。
3. 两组各选出1名成员作为顾客或推销人员的角色表演者，通过角色表演PK的形式来

确定各组的输赢。

4. 其他销售团队各派出一名代表担任评委,并负责点评。
5. 教师做好验收点评,并指出待提高的地方。
6. 课代表做好点评记录并登记各组成员的成绩。

【任务验收】

综合验收考核表

考评指标	考核标准	分值(100)	考核成绩	权重/%
理论知识	基本概念清晰	15		40
	基本理论理解准确	25		
	了解推销前沿知识	20		
	基本理论系统、全面	40		
推销技能	分析条理性	15		40
	剧本设计具有可操作性	25		
	台词熟练度	10		
	表情自然,充满自信	10		
	推销节奏把握程度	40		
职业道德	团队分工与合作能力	30		20
	团队纪律	15		
	自我学习与管理能力	25		
	团队管理与创新能力	30		
最终成绩				
备注				

项目二　推销职业素养

【知识目标】

1. 掌握推销职业道德。
2. 理解推销人员内涵能力要求。

【能力目标】

1. 提高领悟能力。
2. 培养观察能力。
3. 具备岗前认知能力。

【思政目标】

1. 爱岗敬业。
2. 求真务实。
3. 拼搏进取。

【二十大精神融入】

推进文化自信自强，铸就社会主义文化新辉煌。

【任务解析】

```
         推销职业素养
            │
     ┌──────┴──────┐
 推销员岗位要求   推销员素质与能力
```

任务一　推销员岗位要求

任务情境

任务情境　　　任务情境剧

任务思考

1. 你觉得推销人员需要具备哪些素质？
2. 推销人员的职责有哪些？

任务学习

一、推销员的工作职责

1. 推销产品

推销人员的首要职责就是推销企业的产品，完成企业规定的推销任务。正如教师的第一职责是传道授业解惑，医生的第一职责是救死扶伤，推销人员最核心的职责就是将商品推销出去，否则服务态度再好也没有意义。推销人员要在工作中不断了解顾客的需求状况，还要负责开发新的销售领域，做好市场开拓的工作，扩大企业产品的销售范围，发现企业产品的新用途。

2. 搜集信息

推销人员对产品的市场销售现状最有发言权，他们直接走进市场、接触客户，是企业最合格、最尽职的市场调研员。推销人员是企业和顾客之间的桥梁和纽带，在拜访顾客的过程中，推销人员在及时向顾客准确地介绍、推荐产品的同时，也要及时搜集顾客对产品的反馈信息，了解顾客对产品的评价，记录顾客对产品使用的心得，探寻顾客对产品功能、特点的新需求，随时关注市场对产品的认同，捕捉市场信息，为企业经营决策和产品研发部门提供系统性数据。"大姐，你觉得我们热水袋效果怎么样？""质量真的不怎么样，这花纹都花掉了，我才用了3个月就旧得不成样子了，你们真得改进改进了。"

推销人员搜集的信息主要分3类：

（1）采集的顾客反馈信息。例如顾客对产品功能、款式、价格、优缺点等的看法。

（2）收集的竞争者企业的信息。市场同类产品的销售状况，竞争产品的差异性，竞争产品的价格、功能、促销力度及推销手段等。

（3）来自媒体大众的信息。社会大环境、网络群体、电视、报纸等传媒对企业产品的推销的影响及评价等。

【案例 2.2】

小米手机每一次新品发布，都会有一批忠实的"粉丝"最先试用，他们对产品的各种挑剔及感受就是小米手机不断进步的一个秘密武器。从最开始的"米兔"变身小米 9 SE X 布朗熊（见图 2.1），如此呆萌的"超级英雄"让很多"米粉"心动，销量不可小视。

【案例解读】

产品要想站稳市场必须有创新，要做好"提前量"，产品是为顾客服务的，所有的产品信息不是设计人员凭空想出来的，要来自顾客。为顾客量身定做的产品，顾客当然愿意买了。

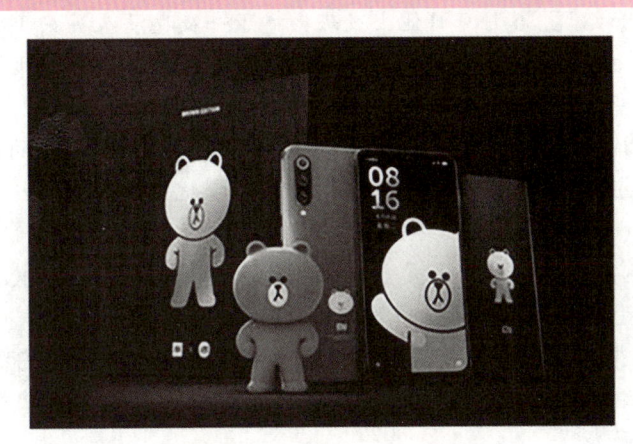

图 2.1　小米 9 SE X 布朗熊

3. 服务顾客

商品其实是一个整体概念，它包括核心层、形式层、附加层三部分，而附加层就包括了服务、包装、顾客咨询等内容，因此在推销过程中，顾客购买到的不单纯是商品，还有推销人员的服务内容。推销的本质就是服务顾客，对某类商品而言，没有服务就没有购买。推销人员的服务范围，包括推销前的咨询、介绍服务，推销中的答疑、参谋服务，推销后的关系维护、配套售后服务 3 个过程，即我们常说的售前、售中和售后。售前服务要做到积极主动热情地向顾客推荐和介绍产品优点，为顾客提供耐心、周到、细致的咨询服务，做到百问不厌；售中服务要做到亲切自然，尽心尽力当好顾客参谋，增强顾客购买信心，打造和谐的推销气氛，促进顾客顺利成交；售后服务做到为顾客做好安装、调试、保养、维修等服务，以解除顾客的后顾之忧。推销员提供优质服务的目的，是建立与顾客之间的感情，为企业产品的日后销售打下扎实的基础。

4. 树立形象

推销人员推销商品的过程，也是顾客了解、认识生产企业的过程，推销人员在介绍商品的同时必然会连带介绍自己的企业，顾客只有接纳推销人员、认可商品才能认同企业。推销人员是连接顾客和企业的桥梁，也是企业的一面镜子。推销人员仪表堂堂，谈吐流利，服务态度端正，推销礼仪规范，就会获得顾客的好感，顾客就默认为生产企业优秀，会增强购买商品的信心，否则就会排斥企业。

【案例2.3】

大家都知道，东方甄选是被一小伙董宇辉带火的。可以说是，但也不全是。

首先，新东方老板俞敏洪多年来的口碑和价值观放在那儿，那是全国人民认可的。

当初，新东方选择转型的时候，俞老师就确定要助农。对此很多人并不看好，但俞老师只认定"但行好事，莫问因果"。

于是东方甄选出现在直播间。创业总是艰难的，东方甄选在创业初期非常困难，摸着石头过河，何况是做农产品。

董宇辉曾自我介绍说，6月9日他上夜班，播了一夜也没人买东西。直到凌晨直播间导演累了，没人管他，反正也没人买东西，他索性小宇宙爆发，信马由缰地随意发挥。

那天，他不再受控，用发音标准的英语介绍牛排，金句脱口而出。用"美好的就如山泉，就如明月，就如穿过峡谷的风，就如仲夏夜的梦"来形容所售的商品。

他介绍铁锅充满诗意柔情："是妈妈的手，父亲忧愁的面容，是老人盼游子回家的心。"

他这样说火腿："是风的味道，是盐的味道，大自然的魔法和时光腌制而成。"说得人都醉了。多么神奇的语言，多么美妙的文案，不假思索，金句一句接一句，妙不可言。

一"粉丝"觉得这样直播很有特色，将视频传到网上。网友们突然发现董宇辉知识渊博，散发着文化魅力，在满屏无趣的直播间，就像在干涸的沙漠中突然冒出了一股清泉，于是大家潮涌而来。

"双11"东方甄选直播间爆火，卖出了7.2亿元的销售额，董宇辉也成为抖音带货榜单一哥。

【案例解读】

梅花香自苦寒来，推销员就是企业的一面镜子，推销员好就是企业好，有这么多像董宇辉一样优秀的直播人，东方甄选必然会大放异彩。

案例来源：https://www.thepaper.cn/newsDetail_forward_18615766，2023-01-20，有修改。

5. 回笼货款

推销部门是企业的资金血液的更新池，如果企业签订了合同，但货款或尾款不能及时到位，企业必然面临生存危机。因此推销人员不单要销售商品、签订合同，还要确保货款按时回笼，不要盲目地跑销售、签合同，关键是要确保资金顺利入账。由于市场竞争激烈，由于个别企业不讲诚信，很多公司都面临资金回笼困难，缺乏资金的新鲜血液企业无法生存。确保货款及时入账也是推销人员的一个重要任务。

【案例2.4】

老板跑路一年后被抓，供应商的2 850万元能讨回吗？

跑路一年的中山市×××电器有限公司实际控制人赵某被抓，警方带着他回厂指认现场。该企业欠下150多家经销商2 850万元巨款跑路的旧事引发了社会关注。

赵某 10 年前开始在黄圃镇办厂。公司前期生产经营一直比较正常，但自 2016 年下半年起，储水式电热水器生产量突然从每月 6 000 台左右飙涨到 30 000 台上下，增长 4 倍。销售价格也出现异常，成本约 190 元的电热水器，以 170 元的价格亏本销售，在行业内发起非理性价格战，企业生产经营出现异常。

果然，2017 年 4 月 20 日起，×××电器公司拒不支付自 2016 年 11 月至 2017 年 5 月的供应商货款。

至此，供应商发现被骗。初步认定，赵某无意经营企业，利用亏本倾销策略做大市场需求，骗取供应商信任，利用行业内 3 个月账期，大量赊购配件，开出空头支票，并迅速转移销售所得，且一再拖延货款，直至财产转移基本完成后"金蝉脱壳"，只留下一点剩下的成品、配件、办公用品和设备，都值不了什么钱。

供应商自发组织起来，登记了"×××"恶意拖欠的货款，大多被拖欠了半年货款，有的第一次与"×××"合作，有的与"×××"合作一段时间了，很多企业 2016 年开始给"×××"供货，一分钱都没收到。150 多家企业平均被恶意拖欠近 20 万元，少则数百元，被恶意拖欠货款最多的一家钢材板材供应商，被恶意拖欠 166.8 万元。

资料来源：http://chengmingsheng.blogchina.com/958427180.html，2019-04-03，有修改。

【案例解读】

产品推销不出去难，产品推销出去钱收不回更难。"巧妇难为无米之炊"，企业要生产根本离不开资金，一旦对方企业老板跑路，供货单位真是欲哭无泪啊，因此追讨货款也是推销人员工作的重点之一。

二、推销员的职业道德

1. 爱国诚信

陶朱公的《商训》用简单的语言阐述了一个道理："欲从商，先为人。"爱国是所有中国人的基本道德底线，推销员更要坚定地与党和国家保持高度一致，坚守国家信念，只有心中有国家的人，人生才不会偏离航线。国家安全是民族复兴的根基，社会稳定是国家强盛的前提。要想国家安全，必然要时刻铭记爱国的信念，不做有损国家安全的事情；要想爱国就必须从诚信开始，不做欺上瞒下的事情。

诚信就是要求推销员待人诚实可信，向顾客推荐、介绍商品时要讲诚信，童叟无欺，不刻意隐瞒产品的重大隐患。在市场竞争日益白热化的今天，推销员能否真诚守信显得更加重要，能否真诚地对待顾客，能否符合实际地介绍商品，决定着推销员推销事业的成败。推销员应做到既不夸大产品优点，又不虚假诋毁竞争者的产品，如实地和顾客说明产品信息，不以次充好，不出售假冒伪劣产品，不做虚假承诺。

2. 务实敬业

推销人员一定要爱岗敬业，工作踏实肯干，全心全力地完成销售任务，以努力为客户提供周到细致的服务为工作宗旨，对待同事要虚心，对待客户要关心，对待工作要尽心，对待任务要有信心。推销人员应干一行爱一行，脚踏实地做好本职分内工作，做到当日的工作当日完成，推销工作中要做到

项目二 推销职业素养

脚勤、眼勤、手勤、口勤，牢记"今天工作不拼命，明天拼命找工作"。

3. 尽职尽责

所谓尽职尽责是指推销员履行岗位职责，无论是对待推销任务还是对待顾客都要全面负责。对待推销任务，推销人员要有责任心、工作使命感，完成自己的岗位职责；对待顾客，推销人员要对自己的推销行为及推销结果负责，不要抱着"钱货两清，售出商品概不负责"的想法。顾客是上帝，是推销人员的衣食父母，没有顾客的购买就没有推销人员的收入，因此要尽心尽力为顾客服务，让顾客免除后顾之忧。

4. 感恩奉献

推销工作貌似简单似乎任何人都可以做推销，其实不尽然，它需要推销员有感恩奉献精神，要把全部心血投入推销工作中去，仔细研究顾客心理，恰到好处地向顾客介绍产品。顾客是推销员的衣食父母，因此推销员在工作中要始终以感恩之心，围绕着顾客的需求延续推销工作。推销员遇到需求模糊或者不明确的顾客更需要用恒心、耐心，细致地辨别顾客的需求，为顾客提供优质服务。尽管成交是检验推销成败的实质标准，但是推销员在推销过程中的重心却是服务，对待工作越勤奋、越努力，那么推销成功的概率就越大。怀感恩之心乐于奉献的推销员收获会更大。

【案例2.5】

一切为顾客着想

张美娟是一个充满爱心有责任感的化妆品专柜售货员，尽管工作时间不长，却赢得了很多顾客的好评。为了更好地为顾客服务，她非常热衷于学习美容知识，经常在抖音上向一些网红学习化妆技巧，遇到本市举办的美容班自掏880元参加学习，把在课堂上学到的知识应用到推销工作中，销售业绩也越来越好，回头客也越来越多，年终考核被评为公司销售状元，获得奖励5 000元。

【案例解读】

投入就需要付出，可付出的却不追求回报，只有懂得奉献的人，工作才有重心，也最有可能实现自己的奋斗目标。

5. 和谐友善

推销人员每天的工作就是与人打交道，在与人交往中难免会有一些摩擦，比如顾客的误会、埋怨，比如同事的猜疑、诋毁，对此推销人员要保持宽容的心态，不可斤斤计较；对待任何需要帮助的人，推销人员应该提供力所能及的帮助，要有爱心、有善心；我们对一个人的基本要求就是心地善良，推销人员要为人和善，多一点爱心、善心，会让推销的路走得更好。

成语典故：
斤斤计较

【案例2.6】

一个善意的举动

某家电商场洗衣机专柜前，有一个穿着比较寒酸的农村老人，很小心地摸着洗衣机。

一男售货员看到了，说："别乱碰，你买得起吗？这台是松下全自动的要4 000多元呢。"农村老人立刻把手缩了回去，想说什么，又没说出口。男售货员鄙夷地看了老人一眼。

不远处，另一女售货员走过来看到此景后，忙对老人说："大爷，您想买洗衣机吗？""不，姑娘，我没钱买，我就随便看看。""嗯，好的，买不买没关系，您随便看看，有什么不懂的，我可以为您介绍介绍。"男售货员小声和女售货员讲："一个乡下老头，根本买不起这么贵的洗衣机，你和他废什么话啊？"女营业员没理睬他，而是微笑着对老人示意可随便看。老人在她的鼓舞下，又摸了摸洗衣机，然后掏出一个大包："姑娘，这样的洗衣机我要三台。"男售货员一脸惊讶。老人继续对女售货员说："其实今天应该是我儿子来采购的，但是他有事情没办法来，我一个乡下老头没出过县城。我们那里建了一座老年公寓，需要采购这样的洗衣机。我儿子告诉我，穿得破一点，如果售货员不以貌取人，还肯笑脸相迎，买她的商品准没错。我今天已经走了好几家家电商场了，都是像那个男售货员一样，唯独你对我这个说没钱买商品的人还这样客气，所以我相信你。"

【案例解读】

顾客是上帝，可有几个推销人员真正把顾客当成上帝的？以貌取人，见了西装革履的就阿谀奉承，见到衣着寒酸简陋的就恶语相加，这样的推销人员根本就不合格。

复习思考题

1. 请简述推销员的职责。
2. 推销人员的职业道德有哪些内容？
3. 你觉得推销人员职业道德中哪一项最重要？

任务实施

【任务情境】

公司中有A、B、C 3名推销员，他们都是同一所职业技术学院毕业的学生，虽然都做相同的工作，但是却略有不同。

A很热爱自己的推销工作，始终把推销工作当成自己的事业，在工作中虚心向老师傅请教，工作当中任劳任怨，还热衷于用业余时间着力解决一些工作当中的疑难问题，对社会、对岗位处处体现着奉献精神。

B也很喜欢做推销员工作，也愿意把推销工作当成自己的事业，但是工作中爱耍小聪明，存在偷懒耍滑的毛病，工作中出了点小错误往往找些借口搪塞，业余时间都用于自己的娱乐了。

C本身很内向，本来一心复习考公务员的，只是因为考试发挥不好而不得不屈身于推销员岗位，工作得过且过，经常工作时间偷玩手机，工作热情也不高。

请自行设计情境，体现三类员工的工作态度。

【实施目标】

1. 加深理解推销人员职业道德的含义。
2. 熟悉推销人员的工作职责。
3. 体会诚信对推销人员职业生涯的重要性。

项目二 推销职业素养

【实施要求】
1. 组建任务小组，每组 5~6 人，选出组长。
2. 各组分角色分析情境，讨论表演流程，选择一人负责观察、指导。
3. 进行交叉打分。在选取小组表演后，其他小组各选派一名成员担任评委，负责点评。
4. 课代表要做好记录。

【任务考核】
1. 情境表演真实、合理 2 分。
2. 小组成员团队合作默契 3 分。
3. 角色表演到位 4 分。
4. 道具准备充分 1 分。
5. 满分 10 分。

任务二　推销员素质与能力

任务情境

任务情境　　　　任务情境剧

任务思考

1. 在推销工作中你觉得应如何有效提升推销人员的素质？
2. 推销人员要具备哪些职业能力？
3. 小张直接把验钞机放在杂货店中这一举措是否妥当？如果换了是你，你会怎么操作？

任务学习

一、推销员应具备的素质

在营销行业中，优秀的推销员至少具备以下几方面素质：

（一）思想素质

1. 优秀的道德品质

推销工作是一项对外塑造企业形象、对内创建个人声誉的事业。它要求从业人员必须有优秀的道德品质、诚实可信、<u>克己奉公</u>。道德素养是评价企业推销人员是否合格的依据。推销人员良好的道德品质主要体现在两个方面：一是忠诚于企业；二是真诚于顾客。忠诚于企业应该是最基本的要求，要做到全心全意为企业服务，在服务过程中不藏私心、不假公济私、不中饱私囊、不搭"顺风车"。真诚服务于顾客，为顾客服务要处处体现真情实意，发自内心地考虑顾客的购买需求，根据顾客的需求推荐适合的产品，耐心解答顾客的疑问，真诚服务顾客体现爱心、诚心、热心、耐心、信心。总之，越来越多的企业都把优秀的道德品质作为选拔推销员的第一道门槛。

成语典故

克己奉公（kè jǐ fèng gōng）：意思是严格要求自己，奉行公事。

出处：南朝宋·范晔《后汉书·祭遵传》："遵为人廉约小心，克己奉公，赏赐辄尽与士卒，家无私财。"

样例：毛泽东《中国共产党在民族战争中的地位》："大公无私，积极努力，克己奉公，埋头苦干的精神，才是可尊敬的。"

项目二　推销职业素养

047

【案例2.7】

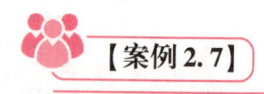

"曾子避席"出自《孝经》，是一个非常著名的故事。曾子是孔子的弟子，有一次他在孔子身边侍坐，孔子就问他："以前的圣贤之王有至高无上的德行、精要奥妙的理论，用来教导天下之人，人们就能和睦相处，君王和臣下之间也没有不满，你知道它们是什么吗？"

曾子听了，明白老师孔子是要指点他最深刻的道理，于是立刻从坐着的席子上站起来，走到席子外面，恭恭敬敬地回答道："我不够聪明，哪里能知道，还请老师把这些道理教给我。"

在这里，"避席"是一种非常礼貌的行为，当曾子听到老师要向他传授时，站起身来，走到席子外向老师请教，是为了表示他对老师的尊重。

【案例解读】

道德品质是一个人的内在表现，只有道德品质高尚的人才能走得更远，很多企业都以道德品质好坏作为选人用人的根本。因此，勿以恶小而为之，勿以善小而不为。

案例来源：https://www.zhetiaohe.com/de/ea78892baecbdc5f20153ce807a2f3b403605dc85451c387aa6c31d8792a34db0993c74a607c3398.html，2022-12-26，有修改。

2. 尽职的工作态度

推销工作是一项艰巨而又高尚的职业，现代推销人员的首要工作就是完成销售任务，在为顾客提供优质服务的同时，也实现着自己人生的奋斗价值。如果推销人员缺乏尽职的工作态度，要想按月完成销售任务就比登山还难。尽职的工作态度要求推销人员工作要细心，全身心投入推销工作中，不搞兼职，工作不能三心二意，做人要诚信，办实事，讲实话，工作踏实肯干。

成语典故：三心二意

3. 强烈的推销意识

所谓推销意识，就是一种具有全员顾客的意识，不放过身边任何一个可以成交的机会，见到任何顾客都敢于推销商品并主动要求其购买的潜在的推销心理。推销意识就是要有"我一定能克服困难把商品卖给顾客"的强烈信念。强烈的推销意识是推销人员保持旺盛工作积极性的动力，是铸就推销人员事业辉煌的必备条件。推销人员要有一股勇于进取、积极向上的拼劲，要有不达目的誓不罢休的精神，要有克服困难百折不挠的毅力。

推销人员要做到不怕烈日炎炎，不怕三九寒风刺骨，发扬"五千"精神：过千山万水，进千家万户，想千方百计，讲千言万语，尝千辛万苦，以达到开拓市场的目的。

4. 顽强的进取精神

推销是一份艰辛而压力重重的职业，在工作中需要克服许多困难，承受很多压力，有许多严峻的问题需要去面对并解决，这就要求推销人员必须具有强烈的事业心和顽强的进取精神。成功的推销人员之所以能够成功是因为他们具有强烈的成功愿望、坚韧不拔的奋斗精神。推销人员热爱自己的本职工作，就要树立好良好的职业心态，心甘情愿地付出千百倍的努力，有一种不达目的不罢休的斗志。优秀的推销人员之所以能够成功在于顽强的进取精神，一步一个脚印，踏踏实实做事。

（二）业务素质

1. 熟悉企业知识

推销人员只有熟悉企业知识，才能认同企业文化，也才能卖好产品。当一个推销人员走上新的岗位，他必然要对自己所服务的企业有全面的认识，对企业的经营宗旨、生产规模、经营范围、具备哪些优势、在业界占有什么地位都要了如指掌，因为这些也是顾客最想知道的事情，顾客要想购买产品，必须认可推销员及其所在的企业，如果推销员连自己都不能说清楚企业的相关内容，顾客很难对产品产生好感，更谈不上购买了。

2. 吃透自己的产品

顾客在采纳推销建议之前，必然要设法了解产品的特征、使用方法，认同产品的功能，以降低自身购买的风险。通常功能越高级、性能越优越、价值越昂贵的产品，顾客购买的风险就越大，因此顾客的疑问就越多，推销人员回答越具体、越全面越能说服顾客去购买。顾客对商品感兴趣只是肤浅地片面了解，这就更需要推销人员周到细致地传递重要的推销信息，如果推销人员对所卖的产品没做好充分准备，没吃透产品的功能、构造、材质等信息，顾客就会拒绝购买。推销人员掌握产品知识的途径主要有产品说明书、企业产品资料、师傅传授、个人亲自试用等。

3. 了解竞争产品

"知彼知己，百战不殆"，在市场竞争日益激烈的今天，推销品的替代品、仿制品、竞争品随处可见，因此推销人员除了掌握本企业和产品相关的知识外，还要及时了解市场竞争的现状，辨析竞争者的态势，分析自家产品与竞争品的最大优势与劣势，掌握类似产品的同质性和异质性内容，当顾客进行产品对比时，可更好地凸显自家产品的竞争优势，便于顾客认同，从而采纳推荐。当顾客觉得产品价格贵的时候，推销人员能清楚地强调贵有贵的道理，自家产品相比竞争产品的优点在哪，顾客自然就会判断孰好孰坏，做出正确的选择。

4. 掌握推销技能

掌握推销学专业知识，是为了更好地寻找自己的推销对象，熟悉推销环境。推销人员掌握消费心理学相关知识，可更透彻地了解顾客购买动机、顾客的消费心理变化，以便更好地化解顾客异议，从而顺利达成交易。

推销人员所面对的顾客千差万别，推销活动也非常复杂，推销人员除了掌握必备的推销学知识外，还要掌握顾客心理学、逻辑学、运筹学等相关知识。

5. 学习相关法律、社会知识

推销人员在推销活动中要遵纪守法、照章办事，按法律的要求规范自己的行为，切不可因无知而践踏法律的尊严。有的推销员为了完成交易，采取向对方发红包、给回扣等非正常交易手段，有的推销员为私利窃取商业机密，为图一时之利而忽视了法律的束缚，被绳之以法，悔之晚矣。推销人员代表企业还可能要与对方签订购销合同，合同内容是否规范影响到资金的回笼安全，因此推销人员还要掌握合同法等知识。纵观现实推销活动，推销人员应掌握的法律还有：反不正当竞争法、反垄断法、消费者权益保护法、产品质量法、广告法等。

推销人员应重视与人相处的技巧，掌握社会交往中应遵循的社交常识、商务礼仪、人际沟通等知识，只有与人交往才能达成自己的目标。

（三）身体素质

"身体是革命的本钱"，推销人员要具备健康的身体，这是企业录用推销员的基本要求。推销是个耗费体力的工作，或者是陌生拜访、拜见客户，或者是耐心、周到、细致地给顾客答疑解惑，包装商品，整理柜台，搬运货物，所有这些都需要推销人员拥有健康的体魄。推销要讲究奉献，要强调服务规范，身体健康是推销服务质量的基本保障。

为了保持强健的身体，推销人员要适当保持运动，如晨跑、健身等，一方面可以锻炼身体，另一方面可以认识新的朋友，扩大自己的交际圈子，有利于拓展新的客户。

（四）心理素质

推销人员为了完成工作任务几乎天天要进行电话约访、陌生拜访，寻找并识别准顾客，推销工作的性质具有不可预知性、不确定性，因此遭到拒绝和"嘲讽"简直就是家常便饭。推销人员要想成功地应对各种各样的顾客，必然要练就百毒不侵的心态，做到"任凭风吹浪打，胜是闲庭信步"。优秀推销人员更是越战越勇，越是被拒绝越是努力约见顾客，很多顾客最终被推销人员的诚意所打动，可见强大的心理素质对推销工作是多么重要。

成语典故：百毒不侵

过硬的心理素质是推销员成功的前提。被拒绝是推销人员的家常便饭，被拒绝又是推销成功的转折点。推销是最容易遭遇挫折的职业，推销员经常会受到客户冷落、拒绝、嘲讽、挖苦，每一次挫折都可能导致情绪的低落，在市场竞争激烈的环境中，推销人员若没有良好的心理素质，无论其他各方面的条件多么好，也难以完成销售任务。

【案例2.9】

链家"销冠"：沪上卖豪宅近两年才开单，总被客户劝转行，上海交大毕业的她说：只要坚持，一定会成功！

得知自己获得了链家2022年全国销量总冠军时，鲁璐有些意外，也有些小开心。

6年前，她毕业于上海交通大学安泰经管学院国际贸易系，进入链家做房产中介。（详见二维码）

案例2.9   案例2.9

【案例解读】

推销看起来容易做起来难，但是你只要坚持下去，靠努力一定会有收获，做任何事情不能三天打鱼两天晒网，鲁璐成功了，相信你坚持也会成功。

案例来源：https://baijiahao.baidu.com/s？id＝17555038892940011393&wfr＝spider&for＝pc，2023.01.30有修改）

二、推销员应具备的能力

（一）良好的沟通能力

推销过程也是买卖双方情感沟通的过程，只有与顾客进行有效的沟通，方能成功说服顾客接受推荐的商品，从而使顾客做出购买行为。良好的沟通能力主要表现为灵活的语言表达能力和娴熟的倾听能力。

1. 灵活的语言表达能力

语言是人类交流思想的媒介，是最重要的交际工具，推销人员每天就是用语言和顾客进行沟通，或者是传递商品信息，或者是描绘商品给顾客带来的利益，语言是否生动贴切直接影响着顾客接收商品信息的质量，富有生命力的语言就会让顾客有怦然心动之感，快速地实现交易，由此可见提高语言表达能力的重要性。

2. 娴熟的倾听能力

推销活动是双向交流过程，这就意味着推销人员不单要会说，还要会聆听，认真听取顾客的真实想法，只有先听明白了才能有针对性地回答，推销人员最笨拙的做法就是见到顾客后不停地宣讲产品，不让顾客插话，阻止顾客提出反对意见，这样是无法实现成交的。

【案例 2.10】

一次郁闷的推销

一名推销员挨家挨户敲门卖去渍液，好不容易一个中年妇女把门打开了，推销员立刻开始卖力地宣传起产品来，还让中年妇女拿件有油渍的衣服试验，中年妇女刚想说什么，推销员打断她又开始卖力宣传起来。中途屋里电话铃响了，中年妇女去接电话，回来后发现那个拼命讲话的推销员不在了，中年妇女郁闷道："真是的，本来我想买十袋呢，怎么一句话不说就走了，真不知道怎么做推销员的。"

离开这栋楼的推销员也郁闷道："真是的，效果那么好，也不说要几袋，这顾客太难伺候，爬了六层楼就碰到这一个给开门的，还没卖出去，这产品推销也太难做了，实在不成，我就换份工作吧。"

【案例解读】

爱说、难张口是推销员工作的两个极端，为何不愿意给顾客一点说话的机会呢？她又不是哑巴，你认真聆听就是尊重顾客的一种表现，也许她张口的目的就是买商品，如果你还阻止的话，你的商品还能销售出去吗？

（二）准确的判断能力

"来的都是客"，但并不代表所有的顾客都会满载而归，顾客光临商场各有各的用意，有的是为了购物，有的是随便逛逛，也有的是希望能遇到优惠打折的商品，对此推销人员要养成准确的判断能力，不仅要能巧妙识别真正买货的人，而且还要能通过听音辨音确定做购买决策之人。从顾客视线也大体可以判读顾客购买的意愿，有购买欲望的顾客视线从发散到集中，会关注某类他喜欢的商品，漫无目的的顾客喜欢眼光扫视，视线难以聚焦。

（三）较强的社交能力

"多个朋友多条路"，推销人员要不断地广交朋友，这样才能让自己的推销路越走越宽。推销人员第一次来到陌生环境，不要指望着谁能主动帮你打开尴尬的局面，你完全有信心、有能力让陌生的群体接受你，用你较强的社交公关能力和其他人打成一片，融入集体，而打怵、害羞、沉默寡言则是社交的绊脚石。现实生活中随时随地都可能认识新朋友，都有完美推销自己的机会，关键是你能否把握住，比如在旅游巴士中，为了缓解沉默的气氛，导游可能出些题目随机抽取游客给大家表演节目，害羞的推销员会红着脸说"不好意思，我不会唱歌"，导致冷场；而聪明的推销员就知道这是个广交朋友的好机会，用一首深情款款的歌曲，作为推销工具；他在旅途中不单纯是娱乐，而且会及时散发名片，也许旅游尚未结束，他已经签订了合同。

（四）提升创新能力

推销工作是一项极富挑战性的工作，顾客是不断变化的，产品也会更新换代，因此每一次推销过程都可能是千差万别的，即使相同年龄、相同性别的顾客选择商品也会有非常大的差异，对于推销过程中出现的新情况、新问题，推销人员不能墨守成规，需要用创造性的思维解决问题，不断提升自己的创新力。"再好听的话语重复千遍也会让人乏味"，推销人员的创新力不是单纯针对新顾客而言，即使是老顾客、忠诚顾客，他也希望你有所创新，改用新颖、奇特、脱俗的开场白，使人耳目一新，会带来意想不到的效果。

成语典故：耳目一新

推销人员工作中要扩大眼界、关注社会、关注生活，应当注重创新、创业素养的培养，只有采用新方法、新对策才能更有效地化解顾客异议，促进商品的销售。对推销人员而言，创新能力的高低直接关系新客户开发的数量。

（五）提高应变能力

处变不惊是指推销人员遇到紧急情况或突发事件，不紧张、不慌乱，淡定自如。"计划没有变化快"，推销人员每天寻找顾客、拜访顾客、与客户洽谈，甚至签订合同时都会发生预料之外的事情，这就需要推销人员提高处变不惊的应变能力，对突发事件要想到解决问题的办法，而不是束手无策。比如成交的时候顾客没带够钱，推销员就不能单纯等顾客带足钱再成交，而是采用刷银行卡、支付宝、微信、预交定金、送货上门等方式帮顾客解决问题。提高应变能力可以多参加富有挑战性的活动，如能力拓展训练、闯关大挑战等。

成语典故：处变不惊

复习思考题

（1）推销员的岗位职责有哪些？在这些职责中最首要的职责是什么？
（2）推销员应具备的素质有哪些？
（3）优秀的推销员要具备哪些能力？

任务实施

【任务情境】

小张把几台验钞机直接交给了老板,这样做合适吗?怎么做才能更稳妥?我们常说"害人之心不可有,防人之心不可无",请自行设计两个版本:一是老板不认账了,发生纠纷;二是老板很仁义,双方皆大欢喜。

【任务目的】

(1) 加深理解推销员的职业素质要求。

(2) 掌握推销员具备的能力。

(3) 体会心理素质对推销员工作的重要性。

【任务要求】

(1) 组建任务小组,每组5~6人为宜,选出组长。

(2) 各组分角色分析情境,讨论表演流程,选择一人负责观察、指导。

(3) 进行交叉打分,即选取小组表演后,其他小组各选派一名成员担任评委,负责点评。

(4) 课代表要做好记录。

【任务考核】

(1) 情境表演的真实性、合理性:2分。

(2) 小组成员团队合作默契:3分。

(3) 角色表演到位:4分。

(4) 道具准备充分:1分。

知识点概要

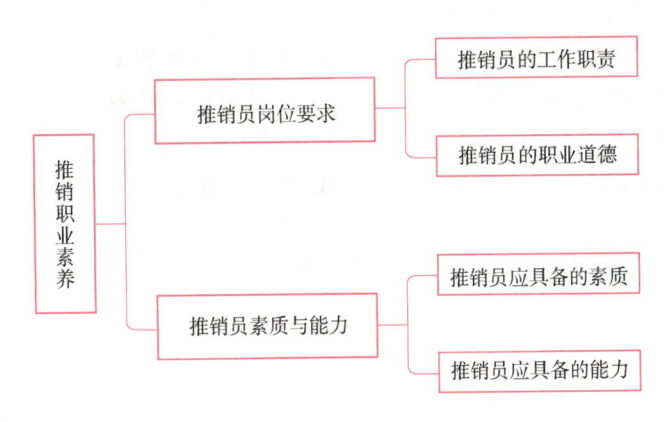

推销职业素养
- 推销员岗位要求
  - 推销员的工作职责
  - 推销员的职业道德
- 推销员素质与能力
  - 推销员应具备的素质
  - 推销员应具备的能力

※重点概念※

推销意识

※重点理论※

1. 推销人员的职责。

2. 推销人员的素质。

3. 推销人员应具备的能力。

项目二 推销职业素养

客观题自测

一、单项选择题

1. 下列哪项不是销售人员的职责？（　　）
   A. 促进产品销售，开拓市场　　　B. 打压竞争对手
   C. 维护客户关系，服务于顾客　　D. 回笼货款
2. 推销的本质是什么？（　　）
   A. 开拓市场　　　　　　　　　　B. 服务企业决策
   C. 服务顾客　　　　　　　　　　D. 树立企业良好的形象
3. 答疑、参谋服务是服务顾客中的哪项服务？（　　）
   A. 售前服务　　　　　　　　　　B. 售中服务
   C. 售后服务　　　　　　　　　　D. 全程服务
4. 推销人员应把（　　）放在首位。
   A. 开拓市场　　　　　　　　　　B. 服务企业决策
   C. 服务顾客　　　　　　　　　　D. 企业形象

二、多选题

1. 下列选项中哪些是销售人员主要搜集信息的内容？（　　）
   A. 采集顾客反馈的信息　　　　　B. 了解产品的制造信息
   C. 收集竞争者企业的信息　　　　D. 挖掘自媒体大众的信息
2. 下列选项中哪些是推销人员的职业道德？（　　）
   A. 诚信　　　　B. 务实　　　　C. 尽责　　　　D. 奉献
3. 思想素质指的是什么？（　　）
   A. 优秀的道德素质　　　　　　　B. 严谨、尽职的工作态度
   C. 具备强烈的推销意识　　　　　D. 吃苦耐劳的精神
4. 怎样才能拥有良好的沟通能力？（　　）
   A. 娴熟的语言表达能力　　　　　B. 提高倾听能力
   C. 敏锐的判断能力　　　　　　　D. 社交能力

项目综合验收

【任务情境】

场景一：某公交车站候车亭

商品：小型按摩器

人物：推销员甲，顾客甲（男，年龄50多岁），顾客乙（女，年龄19）

任务要求：用动作、语言描述推销过程，重点考查着装、交谈礼仪

场景二：经理办公室

商品：操作软件

人物：推销员乙，张经理（男），刘秘书（女）

任务要求：按情境撰写剧本，注重考查拜访礼仪、着装礼仪、仪容礼仪

情境补充：双方电话联系后第一次碰面

【任务实施】

1. 分别组建一支销售团队，每组5~6人，选出组长。
2. 每组集体讨论台词的撰写和加工过程，各安排一个人做好拍摄任务。
3. 两组各选出1~2名成员作为顾客或推销人员的角色扮演者，通过角色表演PK的形式来确定各组的输赢。
4. 其他销售团队各派出一名代表担任评委，并负责点评。
5. 教师做好验收点评，并提出待提高的地方。
6. 课代表做好点评记录并登记各组成员的成绩。

【任务验收】

综合验收考核表

考评指标	考核标准	分值（100）	考核成绩	权重/%
理论知识	基本概念清晰	15		40
	基本理论理解准确	25		
	了解推销前沿知识	20		
	基本理论系统、全面	40		
推销技能	分析条理性	15		40
	剧本设计可操作性	25		
	台词熟练度	10		
	表情自然，充满自信	10		
	推销节奏把握程度	40		
职业道德	团队分工与合作能力	30		20
	团队纪律	15		
	自我学习与管理能力	25		
	团队管理与创新能力	30		
	最终成绩			
	备注			

项目二 推销职业素养

实 务 篇

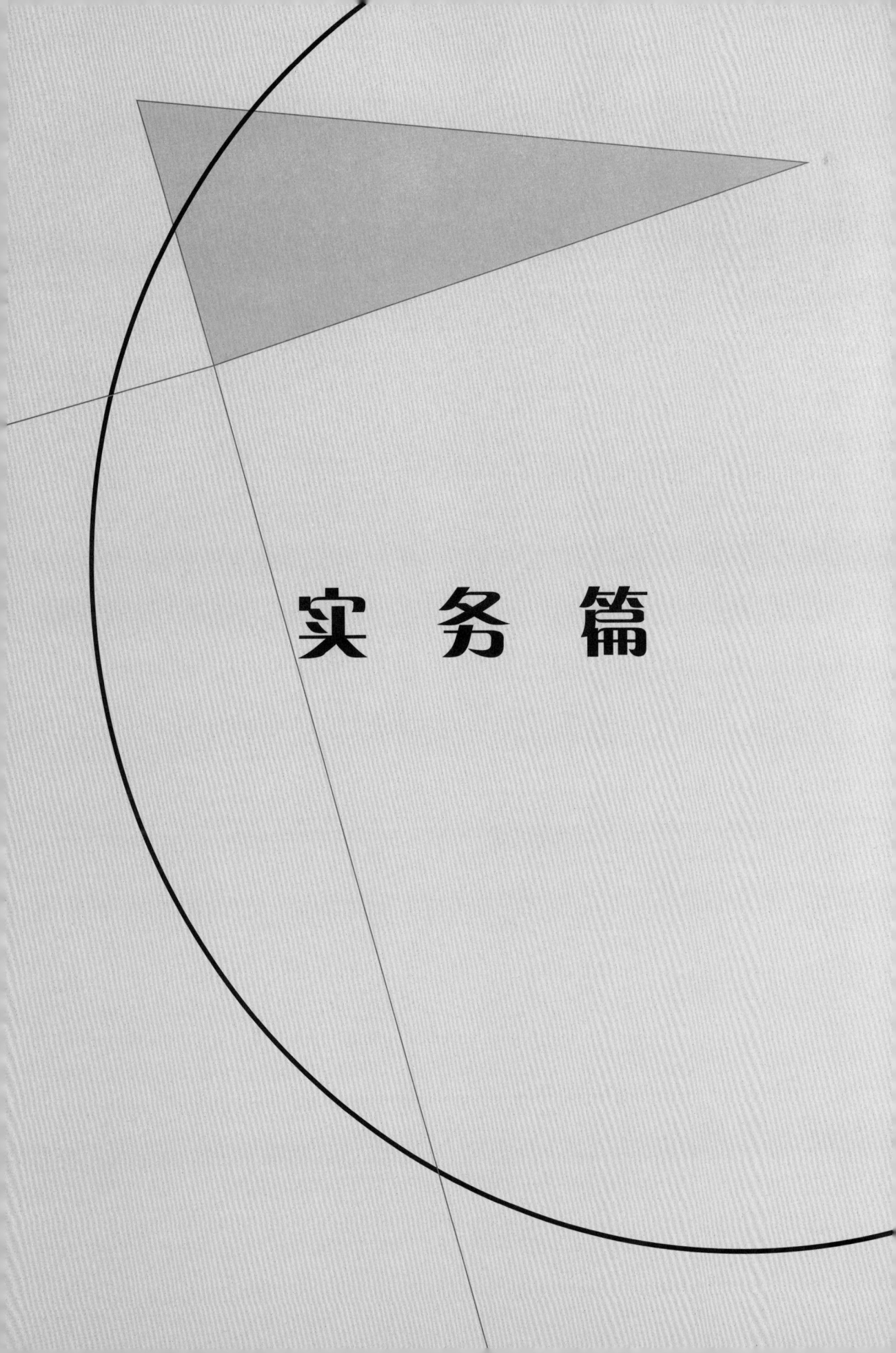

项目三　寻找识别顾客

【知识目标】

1. 了解顾客资格审查的内容。
2. 掌握顾客的识别和筛选的技巧。
3. 掌握寻找潜在顾客的方法。

【能力目标】

1. 提高顾客资格审查的能力。
2. 培养识别辨析准顾客的能力。
3. 具备寻找顾客的能力。

【思政目标】

1. 内心细致。
2. 巧思擅辩。
3. 做事认真。

【二十大精神融入】

推进文化自信自强，铸就社会主义文化新辉煌。

【任务解析】

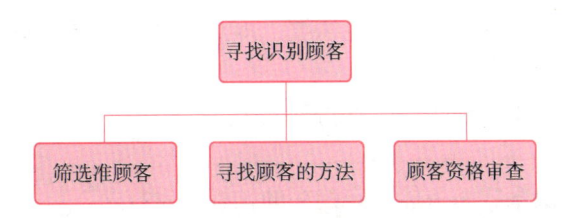

```
                寻找识别顾客
           ┌────────┼────────┐
      筛选准顾客  寻找顾客的方法  顾客资格审查
```

任务一　筛选准顾客

任务情境

任务情境　　任务情境剧

任务思考

1. 你觉得三人中谁最有可能买保险？
2. 你觉得什么样的顾客才是准顾客呢？

任务学习

一、准顾客

准顾客

（一）相关概念

1. 准顾客

准顾客又称"可能的顾客"，是指有足够的支付能力且又有可能要购买产品的个人或团体组织，即具备潜在购买行为的人。

2. 顾客

顾客，即推销的对象，真正购买商品或接受服务的人。在激烈的竞争环境当中，推销员拥有的顾客越多，就越容易提高销售业绩，但是并不是所有光临的顾客都会去买你的商品，有效地把准顾客变成顾客是实现销售业绩上涨的前提。

（二）准顾客的三个条件

我们把有可能成为准顾客的个人或组织称为"引子"，引子需要通过准顾客资格审查后，才能成为准顾客。现代推销学认为准顾客要至少具备以下三个条件：

1. 有需

所谓有需即有购买产品或接受服务的需要，即对产品（服务）有需求。

2. 有钱

所谓有钱即有足够的支付能力或分期付款能力。

3. 有权

所谓有权即有购买决策权——能决定购买的拍板决策权。

（三）提高筛选策略

推销人员按照上述三个条件对顾客进行筛选，筛选出合格的准顾客，既可以节省陌拜（陌生拜访的简称）时间，又可以集中精力进行重点走访，以提高推销效率。

顾客完成购买行为，意味着产品或服务能满足其自身的某种需要，因此推销人员在寻找准顾客时候，要充分考虑推销品的产品特征、价格、功能、适用人群等，有针对性地筛选顾客，既节省时间又能提高准确率。

（四）准顾客的种类

1. 新客户

所谓新客户，即初次购买或接受服务的人。推销人员之所以需要经常地陌拜，就是要寻找新的客户，从而提高推销战果。相对来说接触的人越多，拓展新客户的数量就会越大。

2. 现有客户

所谓现有客户，即已经购买或接受服务的人，他们目前正在使用产品，但是无法确定下次是否还继续购买。对于购买过产品或接受过服务的顾客，推销人员希望他们能继续使用产品或接受服务，甚至还希望他们能把朋友、同事、拉入购买产品或接受服务的队伍中，变成自己的忠实顾客。结识新朋友，别忘老朋友，相对来说开发一个新的准客户所耗用的时间，比维护好现有客户要花的时间更长，成功率也不高。

3. 中断客户

所谓中断客户，是指那些曾经购买过商品或接受过服务，但是因某些原因不再继续购买或接受服务的人。客户使用过产品或接受过服务后没有再继续使用，说明这类顾客可能对产品或服务质量有了更高要求，也许其他产品或服务可以给顾客提供更高的满足感。尽管这些顾客不再使用推销员推荐的产品，但他们仍然是推销员的潜在客户，推销员要像庖丁解牛般分析他们不再购买产品或接受服务的具体原因，并积极采取对策，比如采取适当让利、提供试用新产品等方式让这类中断的客户再次购买。

成语典故

庖丁解牛（páo dīng jiě niú）：比喻经过反复实践，掌握了事物的客观规律，做事得心应手、运用自如。

出处：《庄子·养生主》："庖丁为文惠君解牛。手之所触，肩之所倚，足之所履，膝之所踦，砉然向然，奏刀騞然，莫不中音。"

样例：宋·苏轼《文与可画筼筜谷偃竹记》："子由为墨竹赋，以遗与可曰：'庖丁，解牛者也，而养生者取之；轮扁，斫轮者也，而读书者与之。'"

二、寻找准顾客的原则

寻找准顾客看似简单，其实充满了学问，推销人员先要了解寻找顾客的原则方能找到合适的准顾客。

（一）锁定范围

在寻找顾客前，首先要按产品的特点锁定目标客户群，使寻找顾客的范围相对聚焦，提高寻找顾客的准确率，准顾客的寻找范围包括两个方面：

1. 地理范围

即根据公司分配给你的销售区域，确定销售范围，在自己分管的地盘里寻找，不要越界。

2. 客户范围

即细分自己推销产品的价格、功能等因素，确定哪些群体才是产品使用人，在这些目标客户中有针对性地寻找，比如含糖量高的食品就要在血糖高的人群之外寻找。

（二）强烈的寻找意识

1. 定义

寻找意识，就是随时随地把每一个能接触到的人都变成潜在顾客的意识。顾客是人，只要是人存在的地方就有可能有准顾客，只要用心观察、寻找，身边的每个人都有可能是你的准顾客。

2. 策略

（1）多观察。推销员每到一个新环境，都要留意身边的每一个人，明察秋毫，仔细辨认。

（2）多搭讪。推销员遇到陌生的人要敢于张口说话，搭讪聊天多从赞美开始。

（3）设悬念。推销员寻找客户的时候，多制造悬念，更容易引起对方的好奇心，把话题引到推销的产品上去。

成语典故：明察秋毫

【案例3.1】

有一次，某保险公司的一个老业务员乘坐公交车去公司的路上发生了事故，手、脚都被擦破了，刚好有一个乘客也受伤了，因为要等交警处理事故，两人无意中攀谈起来。

"看这位先生器宇不凡，一看就像在政府工作的。"

"哦，我在法院工作。"

"哦，您单位福利待遇真好，公务员太让人羡慕了，我姑娘考好几次都没考上，不像我们干保险的，每天不跑就没饭吃了。"女业务员说。

"也就马马虎虎了，混混日子将就而已了，反正有公费医疗，吃穿也不愁。"那人很自豪地说。

"庆幸啊，要是事故严重点，就完蛋了，虽然您是公务员，不过我的命可比您的命值钱。"

"什么？你一个干保险的，命比我们公务员值钱？我还是正处级呢。"

"我干保险15年了，公司给我们的人生保障是60万，我自己也为自己买了人寿保险80万，刚才发生车祸真要严重一点，至少我可以得到140万呢。您虽然是个正处级公务员，按政策单位给的抚恤金、丧葬费算在一起也不会超过10万，那您说是不是我的命比您的命值钱啊？"

"保险真的那么好，我和我爱人都是公务员，但我们从来就没买过保险。"

"您真的疼爱您的爱人吗？疼爱她就该给您自己买点保险啊，保险的最终受益人是您的爱人啊！"

"是这样的啊，那你也帮我看看买哪一种保险好。"

……

一周后，这个公务员和他爱人都在这个业务员那买了一份健康险。

【案例解读】
客户也是人，他们就隐藏在我们身边，只是很多推销员缺少识别客户的眼光和思想。只要推销人员随时随地留意，身边的每一个人就都可能是你要寻找的客户。

（4）有共鸣。"话不投机半句多"，推销员寻找顾客搭讪时候，一定要引起顾客的共鸣，引起共鸣的话题，比如最近热映的电影、最近的新闻等，观察对方反应，迅速找出共鸣点，然后引导到你的产品上。

成语典故：
话不投机半句多

（三）多路径寻找

1. 多路径

多路径也称多渠道，即寻找准顾客的方式可以选择可能想到的所有渠道。商品不同寻找准顾客的渠道也不同，只要多角度思考、发现、解决问题，推销人员就能寻找到各种准顾客。

2. 多策略

（1）从产品适用对象上。时尚高档的运动奢侈品一般在层次较高的健身房、运动沙龙等场所比较好寻找到合适的顾客；价格比较低廉的商品在市民比较集中的早市、夜市容易找到有需求的顾客。

（2）挖掘自身的关系网。身边的同事、朋友、大学室友甚至小区里的邻居都有可能是你的潜在客户。为什么现在做微商的人越来越多？因为他的朋友圈就是他产品的宣传阵地，善于利用好自己的资源，你的客户自然就会增多。

（3）聚会、社交场合莫错过。目前大家参加的正式、非正式的聚会场合都很多，比如有的推销员参加小区业主的联谊会，自我介绍的时候说自己是木制门的业务员，就有想装修的邻居向他索要电话号码。

（四）重视老顾客

1. 定义

所谓老顾客即经常购买你推荐的商品的顾客。他们不是第一次购买，对商品比较了解和熟悉，对老顾客提供周到细致的服务，让他认可、称赞你的服务，他自然而然就会成为你的忠实客户，甚至会热心地介绍朋友到你这里购买商品，你的销售业绩必然节节升高。

2. 操作技巧

（1）给予足够的重视。对老顾客的需求给予充分的重视，对老顾客提的要求能满足的尽量给予满足。成功的推销员则更愿意从老顾客处打开突破口，借助老顾客的口碑宣传扩大自己的顾客群体，从而使销售额越来越多，销售业绩越来越好。

（2）不让老顾客感到寒心。推销员必须树立一个正确的观念：老顾客才是你最好的衣食父母。推销员要想取得好的销售业绩一定要维护好老顾客。能给新顾客的便利，对老顾客更是不能缺少，相反要加倍给予。

成语典故：
衣食父母

项目三 寻找识别顾客

063

三、寻找准顾客的程序

在现实推销活动中,推销人员收集顾客名单是日常工作之一,推销人员很难知道究竟谁最有可能购买商品,实际上推销人员也不可能拜访所有顾客,为提高效率寻找准顾客是有规范的流程的。

(一)准顾客的确定

1. 收集名单

推销员首先要根据商品的材质、性能、价格、用途,设定好目标顾客群,列出顾客的名单。

2. 初次筛查

列出名单通过准顾客的三个条件筛查,淘汰不合格的人。

3. 再次筛查

推销员还要进一步根据门槛,搜集资料,遴选线索,拟出一份准顾客的名单。

4. 拟出入围名单

草拟了准顾客名单后,还要继续仔细核对需求、价格等因素,拟出入围的名单。

5. 资格审查

再按照这份名单进行准顾客评估和资格审查,确保他们是合格的准顾客。

6. 确定最终准顾客

根据审查结果确定你要向其进行推销的准顾客群体。

(二)拜访准顾客

1. 制订拜访计划

根据准顾客的生活、工作习惯、性格特征等因素,因人而异地制订好拜访计划。

2. 正式拜访

以拜访计划为依据,设定拜访时间和拜访路线,对准顾客群体进行正式拜访和洽谈。

复习思考题

1. 准顾客的基本条件是什么?
2. 准顾客有哪些分类?
3. 寻找准顾客的程序是什么?

任务实施

任务实施 3-1

【实施目标】
1. 加深理解准顾客的三个条件。
2. 掌握准顾客的筛选方法。
3. 明确准顾客寻找的流程。

【实施要求】
1. 组建任务小组,每组 5~6 人,选出组长。
2. 根据所给的任务,吸收教材的理论知识,找出准顾客。
3. 每组派出一名代表,将整理的小组讨论结果和大家分享,回答其他组的提问。
4. 课代表要做好记录。

【任务考核】
1. 组长协调效果、组织有序 2 分。
2. 小组成员团队积极讨论 2 分。
3. 分析到位,结果准确 4 分。
4. 回答其他小组疑问 2 分。
5. 满分 10 分。

任务二　寻找顾客的方法

任务情境

任务情境　　　任务情境剧

任务思考

1. 小王使用了哪种寻找顾客方法，该方法优缺点是什么？
2. 你觉得小王还可以使用哪些寻找顾客的方法？
3. 请根据情境分析下，住户甲和住户乙，各是顾客方格的哪种类型？
4. 针对顾客甲，你能帮小王设计下，怎样让他也成为小王的顾客？

任务学习

一、地毯式访问法

（一）含义

地毯式访问法

地毯式访问法又称普访寻找法、扫楼访问法、贸然拜访法、挨门挨户访问法、走街串巷寻找法，是指推销人员在任务范围内或设定的区域内，用上门探访的形式，对假想的可能成为准顾客的单位、组织、家庭乃至个人无一遗漏地进行寻找并确定准顾客的方法。

该方法遵循的是"平均原则"，即认为在被寻访的所有对象中，必定有所要找的顾客，寻访的人越多，越容易找寻到顾客，只要对特定范围内所有对象无一遗漏地寻找查访，就一定可以找到足够数量的顾客。

（二）注意事项

1. 明确范围

推销人员首先要根据商品的特性、用途、价格，确定一个比较可行的推销区域或限定推销对象的范围。

2. 提高质量

推销人员要善于总结以往经验，设计好谈话的方案与策略，尤其是做好"开口"工作，降低上门访问被拒绝率。

3. 做好准备工作

为提高命中率，最好事先踩点，了解进入小区、企业的禁忌，毕竟现在很多企业都对推销员明令禁止入内。

（三）优点

1. 全面了解需求状况

地毯式访问推销人员接触的人多，便于听到各种真实的意见。

2. 扩大产品影响力

由于上门主动推销，可加深被访者对产品的认识，提高公司的知名度和影响力。

3. 锻炼推销员

地毯式访问法需要花费很多精力、体力，访问中容易遭到冷眼，可以磨炼推销员的意志。

4. 简单便利

该方法含金量低，几乎任何人都可以做，新手学起来并不困难。该方法对于刚从事推销工作的推销员比较适用，在完全不熟悉或不太熟悉推销对象的情况下采用。

（四）缺点

1. 效率低

推销人员在没摸清状况时，寻找准顾客犹如大海捞针，访问量大，成功率低。

成语典故

大海捞针（dà hǎi lāo zhēn）：意思是在大海里捞一根针，比喻极难找到。

出处：元·柯丹丘《荆钗记·误讯》："儿，此生休想同衾枕，要相逢除非东海捞针。"

样例：明·王錂《春芜记·定计》："觅利如大海捞针，搅祸似干柴引火。"

2. 易引起反感

无论拦截还是敲门，容易引起被访问者反感，这对产品推销不利。

3. 易摧毁信心

由于需要"扫楼"，挨家挨户拜访，消耗大量的体力，被拒绝的概率又高，容易造成推销人员疲惫，丧失推销信心。

（五）适用范围

日用消费品及服务的推销，也适用于制造企业对中间商的推销或者大型工业品的上门推销。

（六）实战例句

看到一圈人："大妈，买拖鞋不？""大叔，买拖鞋不？""兄弟，买拖鞋不？""美女买拖鞋不？"……

二、连锁介绍法

（一）含义

连锁介绍法又称为客户推荐法或无限连锁介绍法，是指推销人员请求已购买商品的顾客介绍今后有可能购买的准客户的方法。连锁介绍法被称为最有效的寻找顾客的方法之一，又被称为黄金客户开发法。

这种方法要求推销人员想方设法努力服务好眼前的顾客，力争取得对方好感，借以让对方乐意为自己推荐其他客户，为下一次推销拜访做好准备。由于购买者之间有着相似的经济条件，又有类似的购买动机，拜访新客户时候，又有中间人作为引荐，因此更容易达成交易。连锁式介绍法通过客户之间的连锁介绍，来拜访新客户，介绍内容一般为提供名单、联系方式、自然情况等，介绍方法有口头推荐、写信推荐、电话推荐等。

每个顾客都有自己的信息渠道，他可能了解其他顾客的需求情况，而这些信息是推销员较难以掌握的。研究表明，日常交往是生活耐用品消费者信息的主要来源，比如谁家要更换彩电了，谁家儿子要结婚，需要购买新房了，有一半以上的消费者是听从朋友的推荐而购买商品的，有一多半的购买者在购买商品时参考已购买者的意见而进行购买，由此可见，连锁介绍法是多么实用。

（二）分类

连锁介绍按照介绍的途径不同，可以分为直接介绍法和间接介绍法两种形式。

1. 直接介绍法

直接介绍法是推销员让老顾客主动为自己介绍新准顾客的一种方法，即老顾客直接介绍。

2. 间接介绍法

间接介绍法是老顾客不露声色地把推销员带到某种特定场所，由推销员自己找准时机寻找新顾客的方法，即老顾客间接介绍。

（三）注意事项

1. 让顾客满意

推销员利用连锁介绍法成功的关键，是取信于老顾客，为他们提供优质服务。有资料显示，老顾客是产品的最好宣传员，老顾客的口碑宣传远比推销人员说百遍重要。

2. 提高拜访质量

对老顾客推荐的新顾客，推销员也要做好精心的推销准备，尽可能多地从老顾客处了解新顾客的情况，提高拜访质量。

3. 与推荐人协商

要事先征得老顾客（即推荐人）同意，约访新顾客时是否需要告知推荐者的姓名，如推荐人为避嫌，那就不能透露推荐者的信息。

4. 信息及时反馈

约见新客户后要及时向推荐人汇报或反馈情况，便于对方了解动态。

5. 答谢推荐人

准顾客变身为现实顾客购买商品后，要及时口头或物质上答谢推荐人。

（四）优点

1. 针对性强

寻找顾客针对性强，因顾及推荐人的面子易被顾客接受，成功率高。

2. 适用范围广

只要老顾客认同、赞赏你，一般都可以要求其帮助介绍准顾客，推荐率高。

（五）缺点

1. 易陷入被动

老顾客介绍新顾客具有不确定性，推销人员易被动。每个顾客性格不同，有的外向，有的内向，一般内向顾客不愿意帮推销人员介绍新顾客，过度依赖他人介绍会使推销人员的工作陷于被动。

2. 易打乱拜访计划

获得新客户名单时，易打乱原有的拜访计划。由于偶然得到的新客户名单，不拜访就会使介绍人不高兴，拜访又有可能打乱自己原先安排的计划。

（六）适用范围

连锁介绍法对于有特定用途的产品、专业性强的产品、服务性产品都有较好的推销效果。

（七）实战例句

"王姐，您对我们的产品满意吗？您对我的服务满意吗？如果都满意，帮我再介绍两个客户呗，我这月还差两单才算完成任务。"

"我当然认可你的服务了，行，我看手机里这两个人可能会买，你记下他们号码。"

三、中心开花法

（一）含义

中心开花法也叫中心人物法、中心辐射法、名人介绍法、有力人士利用法，是指推销员在某一特定推销范围内发展一些具有影响力的中心人物或核心组织先行购买，然后让购买者把其范围内的组织或个人变成准顾客的方法，它是连锁介绍法的特殊形式。

该方法遵循的是"光环效应法则"，即中心人物的购买与消费行为，可能在他的崇拜者心目中形成示范作用与先导效应，从而引发崇拜者的跟随行为。在许多产品的销售领域，影响者或中心人物是客观存在的，特别是对于新潮产品的推销，只要搞定中心人物，使之完成购买行为，就很有可能引出一批潜在客户。一般来说，中心人物包括在某些行业里具有一定的影响力或声誉良好的领导，具备市场深刻认知的专业人士，业界知名度较高的学者，某领域的知名人士。这也就是为什么很多厂家都愿意花高价找明星做代言人的最主要原因。

中心开花法是连锁介绍法的一种特殊演变形式，连锁介绍法是推销员借助顾客的感召力寻找或接触到准顾客，然后利用自身优势或推销技巧最终搞定准顾客，使其实现购买行为。中心开花法是希望利用中心人物的优势，直接引导周边的准顾客自主实现购买行为，推销人员则隐藏在幕后。

（二）注意的问题

1. 找准中心人物

这就要求推销员根据产品特性、用途、功效，限定好产品适用范围，在界定的目标市场范围内寻找到有影响力的中心人物。

2. 获取中心人物的信任和好感

推销员要挖掘其需求，量体裁衣，为之提供高质量的服务满足其需求，并与之建立良好的合作关系。

3. 给予双方认同的回报

推销人员要想充分利用中心人物优势，希望对方愿意与自己合作，应考虑给予对方一定物质或精神上的回报。就如同企业想让明星代言自己的产品，一些明星看中的是高额的代言费。

（三）优点

1. 扩大产品影响力

智者应借力而行，有中心人物支持，可以快速打开产品的销路和影响力，有利于快速推广。

2. 节省时间和精力

重点做好中心人物的推销工作，只要他满意就相当于其他客户满意。

（四）缺点

1. 中心人物难以接近

由于不了解实际情况，推销人员很难在短时间内找到中心人物，即使找到对方也很难接近和说服，如果中心人物拒绝合作，就会浪费很多时间和精力。

2. 单位存在两个中心人物时易发生摩擦

个别单位会有两个或两个以上的决策人，如果选错中心人物就会造成满盘皆输。

3. 容易引起官司

为了便于和中心人物合作，有的公司会提供礼品、购物卡等物品，有行贿受贿之嫌，操作不当可能会有官司缠身。

（五）适用范围

适用于绝大部分推销品。

（六）实战例句

"先生您好，这款衣服质量、款式都特别好，您单位领导都买了。"

"这衣服远红外线的，刚才您说您是市总工会的，你们工会的王主席上周才买走一套，您看这是售后登记卡，您看这是王主席的签名。"

四、个人观察法

（一）含义

个人观察法也叫现场观察法、直觉寻找法，是指推销人员依靠个人的知识、经验，通过对周围环境的直接观察和判断，寻找准顾客的方法。个人观察法主要是依据推销人员个人的职业素质和观察、判断能力，通过察言观色，运用逻辑判断和推理来筛选准顾客，是一种古老且基本的寻找顾客方法。推销人员要养成敏锐的观察能力，善于在各种场合下做到"察言观色"，比如捏糖人的小贩，看到大人领着孩子出现，就高声叫卖，吸引孩子注意力；擦皮鞋的大嫂看到行人穿皮鞋，就主动上前询问；饭店的营业员看到门前路过的客人，积极揽客等。

个人观察法

成语典故：察言观色

（二）注意事项

1. 善于观察

推销员要提高观察分析能力，不管是在何处与何人交谈，都要随时保持高度注意，留意搜集可能购买者的所有相关信息。

2. 善于辨识

该方法对推销员能力有一定要求，刚入门的推销员可能很难准确找到潜在客户。

（三）优点

1. 直接接触顾客，排除他人干扰

推销人员可以更主动、更直接地寻找顾客，避免了外界干扰。

2. 锻炼观察能力

有利于提高推销人员的观察、判断能力，加速成长。

（四）缺点

1. 局限性大

成功与否完全取决于推销员个人经验判断，具有不确定性。

2. 被拒概率高

由于对客户几乎陌生，被拒绝的概率较高。

（五）适用范围

适用于绝大部分推销品。

（六）实战例句

推销员看着一男士衣着质地比较讲究，问道："先生，您喜欢喝高端红茶吗？"

五、广告开拓法

（一）含义

广告开拓又称广告拉引法，是指推销人员利用广告媒介手段寻找准顾客的方法。这种方法依据的是广告学的原理，即利用广告的宣传攻势，向广大的消费者传递有关产品的信息，刺激或诱导消费者产生购买动机，然后推销人员再向被广告宣传所吸引的顾客进行一系列的推销活动。目前市面上，推销人员主要用邮寄广告和电话广告的方式寻找顾客。

（二）分类

根据传播方式不同，广告可分为单方式广告和双方式广告两类。

1. 单方式广告

单方式广告又称为被动式广告，潜在顾客能够看见或听到广告，但发布者不能及时了解接收者态度。单方式广告对于使用面窄的产品（如一些特殊设备、仪器、疑难病症的治疗）、潜在顾客范围比较小的情况，适合采用如电视广告、电台广告、报纸杂志广告等单方式广告来寻找潜在顾客。

2. 双方式广告

双方式广告又称为互动式广告，它直接传至特定的目标对象，发布者至少知道接收者的感觉，能了解到顾客关注广告的态度。对于使用面广泛的产品，如餐饮、娱乐等，适合用电话广告、网络在线调研广告等双方式广告寻找潜在顾客。

（三）注意事项

1. 依产品特质确定适合媒体

选择广告媒介的目的在于用较经济的费用达到较好的效果，最大限度地影响潜在顾客。

2. 充分做好调研

推销员要认真搞好市场调查，制订周密的计划，并配以其他方法，以免出现较大的失误。

（四）优点

1. 传播范围广

广告传播范围广，节省推销人工费用。广告传递信息量大，速度快，接触面广，推销人员可节省体力和精力。

2. 提高影响力

寻找顾客又可提高产品影响力，使顾客易于接受。生动、逼真的广告效果，对观众充满冲击力，可以有效弥补推销人员介绍的不足，还可以间接提高企业知名度。

（五）缺点

1. 费用高昂

高质量广告难以制作，又难以实际测定效果。现代广告载体种类众多，选择各种媒介都有优缺点，因此选择合适的载体很难，且高质量的广告更是需要花费资金，一旦选择失误，就会造成巨大的浪费。实际的效果很难测定，反馈信息不一定真实准确，有很明显的滞后性。

2. 有局限性

受广告法等法律约束，部分产品不能用此法推广。

3. 顾客反感

顾客受多种广告吸引，易产生麻木性。由于大量的电视广告进入观众视线，易造成选择困难，甚至引起顾客反感。

（六）适用范围

广告开拓法一般适用于市场需求量大、使用范围广的商品，如牙膏、沐浴露等日常用品；三九胃泰、优卡丹等药品；各种保健品等。

（七）实战例句

电视剧插播广告："秃发朋友的福音，本店征集本市 50 名严重脱发者免费治疗，地址是……"

六、委托助手法

（一）含义

委托助手法又称猎鹰法、探子法，就是推销人员委托他人（兼职推销员、信息情报员）寻找准顾客的一种方法。

委托助手法是依据经济学的成本最小、利益最大化原则与市场关联性原理，委托一些有关行业与外单位的人充当助手，在特定的销售地区与行业内寻找顾客及收集情报，传递信息，推销员按助手提供的名单去会见与洽谈，寻找顾客的花费与时间比推销员亲自寻找顾客节省很多。越是层次高的推销员就越应该委托助手寻找顾客，推销员只把精力集中在那些影响大的关键客户上，这样可以保证经济利益最大化。此外，行业间与企业间都存在关联性，某一行业或企业生产经营情况的变化，首先会引起与其关系最密切的行业或企业的注意，适

委托助手法

当地运用委托推销助手来发掘新客户、拓展市场，是一个行之有效的方法。

（二）注意事项

1. 找到合适的助手

理想的推销助手是成功的关键，助手一定要心细、善于捕捉信息。

2. 双方共赢

推销员与助手是双利互赢行为，推销员收获佣金后要及时向推销助手支付报酬，以确保双方建立长期的友好合作关系，要信守承诺，勿食言。

3. 首创性

推销助手提供准客户名单时，推销人员应及时告知该名单的首创性，即客户是否已知或其他助手已推荐，同一客户按时间先后确定。

（三）优点

1. 节省人力、物力

该方法有效节省推销时间、费用，便于推销人员集中精力进行重点客户拜访。由于雇用了助手，推销人员就不必花大力气去进行陌生拜访，省时省力，把主要精力用来攻克客户，成功概率高。

2. 能够扩大影响力

有利于开拓新的市场，便于扩大产品的影响力。有多名助手替自己宣传、推荐商品，可以快速扩大产品影响力。

（四）缺点

（1）合适助手难寻且增加费用。

（2）推销员业绩受限于助手的合作。

（3）助手有"反戈"风险。

（4）信息准确性难把握。

（五）适用范围

主要适用于高档奢侈品、单价高的服务类产品。

（六）实战例句

"保安大哥，你巡查时帮我顺便登记下小区开宝马车业主的车位号，每登记一个给你5元红包。"

七、资料查阅法

（一）含义

资料查阅寻找法又称文案调查法、间接市场调查法，是指推销人员通过收集、整理、查阅各种现有关文献资料，来寻找准顾客的方法。这种方法是利用他人所提供的资料或机构内已经存在的可以为其提供线索的一些资料，较快地了解到市场容量及准顾客的分布等情况，再通过电话拜访、信函拜访等方式进行探查，对有机会发展业务关系的客户开展进一步的调研，将调研资料整理成潜在客户资料卡，以此形成客户资源库。

推销人员可以使用的资料有：统计资料，如统计年鉴、行业协会在媒体上面刊登的统计调查资料等；名录类资料，如客户名录（现有客户、旧客户、失去的客户）、工商企业目录、会员名录、电话黄页等；大众媒体类资料，如电视、广播、报纸等媒体；其他资料，如客户发布的消息、企业内刊等。

【案例 3.2】

城市中有很多经营租房、卖房为主的中介公司，有关房源的信息除了雇用专职信息员收集，还有的就是听从电台的中介热线节目收听听众发布的外租、出售楼房的信息，中介的工作人员认真记录，并把其作为自身的房源之一，有前来求租、求购者，中介再和房主联系，从中收取看房、租房等费用。

【案例解读】

商品社会，信息就是金钱，借助资料查阅法也可以快速获取潜在顾客。有的资料是公开的，因此时效性很强。

（二）注意事项

（1）辨析真伪。认真核实资料的来源，对信息要进行真伪辨别。
（2）资料的时效性。收集的资料注意时间效力，保证资料的有效性。

（三）优点

（1）省时省力省费用，减少推销工作的盲目性。
（2）简易、便捷、效率高。

（四）缺点

（1）资料受时效性限制。
（2）资料需要核查、筛选。
（3）部分资料难以查找或找不全。

（五）适用范围

主要适用于团体顾客或组织购买的商品。

（六）实战情景

为了提高产品销量，小张找来一大堆企业发布的内刊，认真记录对自己有用的信息。

中介小王，每天上午9点到10点都准时收听本地电台的"经广中介"栏目，及时登记买房、卖房、租房等信息。

八、市场咨询法

（一）含义

市场咨询法，是指推销员利用各种专门的行业组织、市场信息咨询服务等部门所提供的信息来寻找准顾客的办法。一些组织，特别是行业组织、技术服务组织、咨询单位等，它们往往集中了大量的客户资料和资源以及相关行业和市场信息，通过向其咨询寻找准顾客是一个行之有效的方法。

【案例3.3】

陕西某广告公司开发了一套掌上视频监控设备，主要的目标客户是幼儿园，该设备是在幼儿园设置终端，家长可以通过手机视频及时了解孩子在幼儿园的表现，让家长随时随地了解孩子在幼儿园的状况。该设备前期推广的时候，受到大多数幼儿园的抵制，效果不是很理想。时逢贵州某地发生幼儿园虐童事件，公司老总借此通过关系联系到当地的教委，作为试点工程在该区最大的公立幼儿园安装。由于幼儿园本身不需投资，家长按终端号码付费，公司新收取的费用偿还设备成本后，和幼儿园3∶7分成。家长每月只花20元，就可以随时关注自己的孩子。项目推出后，大受家长好评，该公司一举拿下该地区幼儿园的视频监控的安装。

【案例解读】

利用市场咨询法寻找客户，最主要的突破口来自咨询服务部门或行业协会。当查找客户很费力的时候，借助此法可以收到意想不到的效果。

（二）注意事项

(1) 主动寻找适宜的咨询机构或行业组织。
(2) 详细介绍推销品的信息，密切配合咨询机构。
(3) 搭配使用其他方法，获得最好的推销效果。

（三）优点

(1) 节省时间、费用。
(2) 方便迅捷，信息真实可靠。可以充分利用相关行业或组织的优势，成功概率较高。

（四）缺点

(1) 工作处于被动地位，易错失良机。
(2) 咨询信息具有间接性、时限性、局限性。
(3) 有些重要信息，咨询机构难以提供或提供欠全面。

（五）适用范围

主要适用于专业性较强的商品。

（六）实战情景

小张是推销煤炭安全仪器设备的，中标又一次失败后，直接找煤炭行业协会的领导寻求帮助。

九、网络寻找法

（一）含义

网络寻找法就是推销人员利用现代信息技术与互联网来寻找准顾客的方法，是信息时代一种非常快捷的寻找顾客的方法。互联网的普及使得在网上寻找潜在客户变得十分方便，推销员借助谷歌、百度等搜索引擎，可以寻找到大量的准顾客。

(二) 注意事项

(1) 及时回复客户的电子邮件。
(2) 明确身份，给客户留下好印象。
(3) 设计精美的页面吸引客户注意。
(4) 设置抽奖环节，回馈客户。

【案例 3.4】

如今很多公司都有自己的网站，并留有方便客户咨询的QQ、电话等，要想留住客户，一定设专人回复客户的问询信息，只有让客户认可了服务，他们才有可能选择购买。很多学生也进行过网上商城的创业，一些成交量大的网站更是花了很多心思和顾客交流，这也是很多淘宝店专门开通淘宝旺旺的主要原因。

【案例解读】

在网络上寻找顾客，如同"守株待兔"，关键是你得让顾客愿意主动接近。

成语典故：守株待兔

(三) 优点

(1) 成本低，简单便捷，能及时了解顾客需求。
(2) 寻找顾客范围无边界限制。
(3) 节省人力、物力，坐等顾客上门。

(四) 缺点

(1) 可信度不高，难以寻找重要资料。
(2) 较难引起顾客回应。

(五) 适用范围

主要适用于新上市的产品、高科技产品、消费需求范围大的产品。

(六) 实战情景

小王想去旅游，在某旅游网上查找旅游路线的时候，自动弹出QQ对话框，他的提问，有专门的工作人员在线解答，几轮一问一答后他非常迅速地交了定金。

十、会议寻找法

(一) 含义

会议寻找法

会议寻找法是指推销人员利用参加各种会议寻找准顾客的一种方法。推销员参加的会议诸如广交会、展销会、中小企业博览会、技术交流会、校友会等，充分利用好各种会议与准顾客沟通，是一种很好的获得准顾客的方法。参加展销会往往会让推销人员在短时间内接触到大量的潜在客户，获得相关的客户信息，对于有合作意向的重点客户也可以互留联络方式，另约时间，公关拜访。

推销员应该在每月初通过网络搜索或留意查看报纸等方式关注近期的会议信息，筛选出适合自己产品销售的会议参加，以提高自己的客户数量。

(二) 注意事项

(1) 记住称谓。要尽量获取潜在客户相关人员的名片，至少要知道主管人员的姓氏。

(2) 做好归类工作。索取到客户的资料进行分门别类整理，添加微信要做好备注，电话沟通时候设计好开场白。

(三) 优点

(1) 成本相对较低，效率高。展会上可大量接触客户，便于直接与有购买意向的客户联络。

(2) 有利于扩展人脉。可以有效提升个人影响力，便于日后开展推销工作。

(四) 缺点

(1) 信息筛选工作量大。

(2) 重点客户的信息难以搜集。

(五) 适用范围

主要适用于食品类、日用品类商品的推销。

(六) 实战场景

某食品公司在某地举行的糖酒会上专门放了一些沙琪玛样品，只要留下名片就可以免费拿走一小袋沙琪玛。

十一、电话寻找法

(一) 含义

电话寻找法是指推销人员在获得了准顾客的姓名、电话号码后，用打电话的方式寻找准顾客的方法。电话可以突破时间与空间的限制，是最经济、最有效率的接触客户的工具之一，很多投资理财、期货交易公司都是通过电话寻找潜在客户，尤其一些培训公司专门聘请电话促销员每天给客户打电话，遇到重点客户，则登记号码后，转交给业务部，由资深业务人员沟通，以将其发展成为公司的正式客户。

(二) 注意事项

(1) 选择恰当的时间。推销人员应该选择好适宜的时间拨打电话，避免顾客因为忙碌而不能很好地沟通。

(2) 做好铺垫。注意打电话的礼仪，准备好话术，讲话应简明扼要。

(3) 避免骚扰客户。与客户电话沟通后，做好标记，不可重复拨打。

【案例3.5】

很多炒股人士每天都会接到一些私募公司、期货公司、房屋销售公司的电话拜访，这些公司从什么渠道知道炒股人的电话号码的呢？其实，很多专业炒股网站充当着传递电话号码的角色。初次炒股的人，由于对股市的把握欠缺水准，因此一些网站开通了免费荐股、免费咨询的优惠业务，很多股民将手机号码留在了网站，股民接到网站推荐的股票的同时，也把自己的信息泄露了出去，这些网站将股民的信息进行整理、归类，然后根据股民的资金量大小，按照不同的价格出售给那些小的私募公司，如资产大于100万元的，2元一个号码；资产50万元的，1元一个，资产50万元以下的0.5元（2010年的行情）。

私募公司雇用的专职电话推销员每天要拨打 1 500 个电话号码，虽有点像大海捞针，但也有很多淘金成功的例证。

【案例解读】
电话寻找顾客最主要的优势就是无地域限制，只要有客户的电话号码，就可以寻找到顾客。

（三）优点

（1）方便迅捷，信息反馈及时。
（2）单线联系，不受外人干扰，不受地理区域限制。

（四）缺点

（1）信息准确性差，被拒绝的可能性大。
（2）顾客警惕性高，很难了解顾客真正需求。
（3）易引起顾客反感，导致顾客对产品排斥。
（4）无法寻找贫困山区等无电话线路地区的客户。

（五）适用范围

除偏远无通信信号的客户外，都适用于电话推销。

（六）实战例句

"先生，你家绿谷庄园的房子装修了吗？我们是 AA 装修公司的，现在正搞活动，半包、全包都打 8 折。"

十二、关系开发法

（一）含义

关系开发法就是推销员充分利用与人交往的各种机会，尽量使你的熟人、亲友、同学、校友、邻居等成为你的顾客，使潜在顾客量不断增大。推销人员利用自身与社会各界的种种关系，就可以寻找到很多客户，如大学同学、高中同学、左邻右舍等。

关系开发法

（二）注意事项

（1）不可杀熟。关系就是人脉，人脉就是推销员的无形资产，推荐商品时，一定注重质量，价格优惠，不可欺骗。
（2）顾及对方需求。产品要能满足关系客户的需要，不要有央求、强迫对方购买之嫌。

【案例 3.6】

"推销技术"课程搞丽水山耕休闲农产品推销大赛，张明拿到产品第一时间找到高中学长，一边介绍竹炭花生的卖点一边向学长卖惨，结果学长一心软就买走 10 罐竹炭花生。没想到一周后，学长又找他买了 20 罐竹炭花生，说寝室同学打游戏的时候非常喜欢嚼竹炭花生。

【案例解读】
要向顾客销售产品，前提是你得找到顾客，但凡你开动脑筋就知道其实你不缺顾客，只是缺寻找顾客的强烈意识。

（三）优点

（1）成本低，速度快。推销员可以发挥个人关系优势，充分挖掘自身资源，寻找身边的朋友中的顾客。

（2）可信度高，顾客易于接纳。由于彼此很熟悉，有关系铺垫，容易被顾客接受。

（四）缺点

（1）顾客期望值高，容易对产品性价比产生怀疑。

（2）有杀熟之嫌，易引起反感。

（五）适用范围

适用于大部分商品。

（六）实战例句

"老同学，我是李海啊。我这月任务没完成，帮我介绍几个客户呗！"

复习思考题

1. 请举例说明委托助手法。
2. 目前各保险公司都比较愿意雇用年龄30岁以上，有过生育史的女性。请你从寻找顾客的方法的角度，分析这是为什么。
3. 连锁介绍法和关系开发法有什么相同点？

任务实施

【任务情境】

场景：天下起了大雨，小王拿着2把伞在某学校门口等着接儿子回家。

旁白：好大的雨啊，11点30分，学校的放学铃已经响起，很多家长都在门口接自己的孩子回家。

儿子："妈妈。"

小王："快拿着伞。"（接过儿子的书包，抬头看见门口还有个孩子，在焦急地等待着家长。）

儿子："妈妈，快走啊，我都饿了。"

小王："儿子，那个同学你认识吗？"

儿子："啊，我们班的刘翔，今天没人接他，惨喽，这么大的雨，真是悲剧。"

小王："小同学，别着急，去阿姨家吃饭吧，你先给你妈通个电话，也许她工作忙不开，忘了接你了。"

儿子："刘翔，这是我妈，去我家吃饭吧，我妈做饭可好吃了。"

刘翔：（接过电话，拨了个号码）"妈，你在哪啊？哦，我去同学孙小牛家吃饭了。"

旁白：过了几天，刘翔和她妈妈去小王家拜访，两个小孩子到一边玩去了。

刘翔妈："谢谢你，大妹子，你看我那天单位有点急事，就没来得及接儿子，多亏你了。"

小王："别客气，我也是顺便而已。哦，对了，大姐你在哪儿高就啊？看你的气质很高贵。"

刘翔妈："高就什么啊，就是一个企业的工会主席而已，成天婆婆妈妈的事情，很操心的。"

小王："嗯，工会主席是职工的贴心人。你们公司有你这样的热心人，肯定是很幸福的。"

刘翔妈："哎，领导信得过，职工没意见，我就好好干呗。小王啊，我看你皮肤很水灵，我这皮肤啊，就差得远了。"

小王："其实，皮肤在于保养。来，大姐，我帮你拾掇拾掇吧，我会点美容的手法。"

旁白：十几天后，小王接到刘翔妈的电话。

刘翔妈："小王啊，你下午有空没，自从你帮我拾掇后，我们单位人都说我变漂亮了，我科室的人都想着早点让你给他们拾掇一下呢。"

小王："嗯，好的，范大姐，我下午是2点过去，还是3点过去？"

刘翔妈："3点吧，我公司在糊涂街八戒路3721号。"

旁白：哇，可不得了啊，小王一下子就卖出去了一大笔商品，客户数有500多人了。

刘翔妈：（电话里）"小王啊，你明天去下WC公司，找下工会刘主席，你直接找她，上次去市里开会遇上了，非得让我把你介绍给她。还有丽水市政府的张主任，她也需要。我给你她们的电话号码，你记下啊，刘主席159××××4848，张主任139××××2438，其实还有呢，到时候我再告诉你。你给他们打电话的时候，提下我名字，他们就知道了。"

小王："啊，范大姐，太谢谢你了，好的，哪天我专程带礼物再拜访。"（挂掉手机）"哦，耶。"（做个夸张动作，一脸灿烂）

【实施目标】
1. 加深理解寻找顾客的方法。
2. 熟悉各种方法适用的产品范围。
3. 能够利用顾客寻找方法，寻找顾客。

【实施要求】
1. 组建任务小组，每组5~6人，选出组长。
2. 各组分角色分析情境，讨论表演流程，选择一人负责观察、指导。
3. 进行交叉打分，即选取小组表演后，其他小组各选派一名成员担任评委，负责点评。
4. 课代表要做好记录。

【任务考核】
1. 情境表演真实、合理2分。
2. 小组成员团队合作默契3分。
3. 角色表演到位4分。
4. 道具准备充分1分。
5. 满分10分。

任务三 顾客资格审查

任务情境

[二维码：任务情境]

任务思考

1. 为什么张明白忙活了？
2. 顾客资格审查内容及含义是什么？

任务学习

一、顾客资格审查的含义

所谓资格审查又称为顾客评价，是指推销人员对已选定的准顾客，再次进行审查，以辨别其是否合格的整个过程。对顾客资格的审查主要应围绕以下几个方面展开：

（1）是否有明确的购买需求？
（2）是否有足够的货币支付能力？
（3）是否有购买自主权？
（4）是否符合购买条件？即顾客资格条件。

只有同时符合上述四个条件，才表示你找到了一名真正的顾客。顾客资格审查包括顾客购买需求的审查、顾客货币支付能力的审查、购买决策权的审查、顾客购买资格的审查。

二、顾客资格审查的内容

（一）购买需求审查

顾客购买需求审查是顾客资格认定的首项重要内容，指推销人员对准顾客是否需要推销品而做出审查与评估。

[二维码：顾客资格审查的内容]

1. 对明确需求的审查

明确需求是指已经发现的而没有被满足的需求，这时顾客已经认同推销品，同时愿意通过购买行为满足其某种需要。以买水为例，这类顾客会主动说"我口渴，我要买水喝"，推销员把水递给他收钱即可。

2. 对潜在需求的审查

潜在需求是指对现状还没有明显的不满意，但也意识到可能存在着不足，努力想改善，但似乎还欠缺一定的条件。如现在还不渴，水呢也不一定现在买，但是一会儿去爬山，有可能爬到半山腰会口渴。对这类顾客不要轻易放弃，可以适当提示，让潜在需求变现实需求：

项目三 寻找识别顾客

081

"山上没有卖水的,爬山口渴时没处买水。"

(二) 支付能力审查

支付能力审查是对准顾客是否具备购买推销品的货币支付能力的审查。顾客购买能力审查的目的,在于剔除无支付能力的顾客而留下有充足购买能力的目标顾客。顾客支付能力审查的内容主要可分为个人购买者和企业购买者。

1. 个人或家庭购买者

主要审查内容:个人或家庭实际收入、可支配收入、股票投资与车贷、房贷外债等。

2. 企业购买者

主要审查内容:企业的生产状况、经营状况、资金状况、财务状况、信用状况等。

从可操作性上讲,推销员对客户支付能力的审查主要是通过了解客户此项购买的资金来源及到位情况,而对客户的支付能力状况做出判断。当订单金额不大于客户业务规模,或款到发货,只要观察客户是否有足够的现金支付即可。但当订单金额大于客户业务规模或要求分期偿还货款时,推销员就一定要对客户的支付能力进行谨慎的验证。既要打探客户的购买能力,又要了解未到位的资金到位的可能性大小,谨防上当受骗。

(三) 购买决策权审查

主要辨别有无资金支配能力,对于个人客户来说,就是家庭中谁管钱。对于"男主外女主内"的家庭来说,那么就没必要向男顾客去硬性推销,因为他们往往说了不算。不同家庭话语权有所不同,有的家庭丈夫说了算,有的妻子说了算,而有的家庭孩子说了算。

(四) 购买资格审查

对推销品有购买需求和足够的支付能力又有决策权的顾客如果不具备购买资格,比如某些限购商品,也无法实现购买。因此,推销人员要对准顾客的购买资格进行再次审查,审查准顾客是否满足购买资格条件。

1. 具备购买资格

由于受国家法律或商品购买条件的制约,并不是任何自然人都具备购买资格,因此在筛选顾客时,一定要谨慎细分。如一些城市对购买首套房屋设定了购买条件限制,国家法律规定不准向未成年人出售香烟,某些保险险种对保险年龄及工种、健康状况都有限制,农村宅基地对购买人也有限制。

2. 个人及家庭的购买

(1) 家庭购买决策的类型有:丈夫决定型、妻子决定型、孩子决定型、民主决定型。

(2) 家庭的购买角色有:发起人、影响人、使用人、决策人、购买人。

3. 组织购买

(1) 谁有决策权。推销人员必须清楚组织机构哪些部门有购买权,具体哪一个部门负责买哪一种商品,还要摸清负责购买特定商品的具体部门的购买决策人。

(2) 购买习惯。每个组织机构都有特定的购买习惯,要么总部负责统一购买,要么各部门自主负责购买,有的可能指定某一部门集体负责全公司的购买,推销人员如果不摸清情况就会跑了一大圈,拜访了一大堆人,一个合同也没签成。

(3) 资信情况。组织机构购买一般都是大批量,金额数目比较大,一般是通过银行转账的方式实现交易,为了保证货款安全到位,有必要对组织机构的资信情况做一调查。

三、建立顾客档案

建立顾客档案可以为推销人员拜访、接近顾客提供准备资料，便于推销员牢牢抓住顾客，为制定推销策略、采用推销技巧提供铺垫，如表 3.1 所示。

（一）收集准顾客资料

推销员拜访顾客的时候，要投其所好，注意收集对方感兴趣的话题，因此顾客资料除了包括顾客的自然情况，如姓名、性别、出生日期、学历、电话、住址、工作单位、职业职称，还要包括其业余爱好、配偶姓名、子女状况等，另外还要了解顾客的需求状况。

表 3.1　个人客户档案

姓名		性别		出生日期	
单位名称		职业/职务		家庭住址	
电话号码		年收入		兴趣爱好	
婚姻状况		配偶姓名或单位		子女情况	
购买商品				购买时间	
是否能续购				是否可连锁介绍	
备注	1. 身体状况，如有无高血糖、高血脂、冠心病等。 2. 升职信息：是否岗位调动或升职，车贷、房贷信息等				

企业客户收集资料信息如表 3.2 所示。

表 3.2　企业客户档案

客户名称		法人代表	
单位性质		经营范围	
单位地址		联系电话	
经营规模		订购商品及数量	
直接负责人		办公电话	
手机		办公场所	
签订合同时间		付款方式	
收款时间		资信等级	
备注	直接负责人的兴趣、爱好、身体状况、家庭住址等信息		

（二）顾客资料的评估

1. 分级归类

根据现有的顾客资料，根据经济条件、需求条件、产品的适用度对顾客资料进行分级、归类。如把经济条件好，有强烈需求，产品比较适用的顾客归为 A 类，经济条件稍好，虽未表示有需求，但具有拜访价值的归为 B 类；经济条件尚可，没有购买需求，但偶尔可以顺便拜访的归为 C 类；把经济条件差，需求意识淡薄，但从长远角度看尚待开发的顾客归类为 D 类。将顾客分级归类，利于推销人员按级别顺序拜访，以提高推销效率，如表3.3所示。

表3.3 准顾客分级

等级	项目			
	经济情况	需求情况	拜访频率	预期购买时间
A	非常好	强烈	每周1~2次	1个月内购买
B	好	模糊	2周拜访1次	2~3个月内购买
C	一般	基本无	4周内拜访1次	6个月内购买
D	较差	无	顺路拜访或电话访问	12个月内购买

2. 剔除不合格的顾客

顾客档案要随时调整，对一些明显不符合推销条件的顾客，或者对推销品有明显抵触的顾客，分批次删除，随时可补充新的顾客。

3. 顾客档案整理的几种常用方法

（1）按顾客姓氏排列。这样整理的好处是不会遗漏顾客，也不会打乱原来顾客档案的排列顺序，想要查找顾客资料的时候，完全可以像查《新华字典》一样，按照字母排列顺序查找，简单便捷，但缺点是档案利用率相对较低，不能及时在顾客过生日或其他重大日子，给其发送祝福或提示信息。

（2）按顾客出生日期排列。按照顾客的出生月份排列，这样就可以及时了解到哪一天是顾客的生日，推销人员把该月份即将过生日的顾客名单列出来，就可以顺便做个拜访计划，使自己的推销工作始终有头有绪，同时也方便在顾客生日当天发送祝福短信，加强感情交流。

（3）按顾客职业类别排列。这一方法尤其适合保险营销人员。相同职业类别的顾客会有很多共同语言，保险营销人员的主要工作就是推荐保单、服务顾客，如果把相似职业的顾客组织起来，他们的交际圈就会扩展。职业类别相似的顾客会有更多相同的话题。受到邀请的顾客也更乐于参加，他们心情愉快了，自然更认同展业人员，也愿意让自己身边的同事加入聚会小团体当中，毫无疑问保险营销人员的准顾客群如同滚雪球一般，会越来越多。同时这些已经参保的顾客还可以作为潜在顾客的佐证，对有从众心理的准顾客起到很好的促进作用。

（4）按顾客职务高低排列。任何推销都需要榜样的力量，推销人员按顾客的职位高低排序的好处是，便于借用名人效应，如："您看，张局长都是我的客户，他对我的服务非常满意，您就放心购买吧。"

（5）按购买金额或数量排列。按照80：20的原则，将最有限的时间用于对重点顾客的服务上，通常来说重点顾客的人群交际面相对来说比一般顾客更广一些，这类顾客购买能力也略好于普通顾客。

（6）按购买商品的日期排列。这样整理顾客档案的好处就是可以了解顾客购买时间和购买商品的频率，及时开发和督促他们二次购买。

（三）建立顾客数据库

可以利用EXCEL系统建立顾客数据库，将所有的资料保存在系统中，方便及时查阅。

（四）拜访记录及时整理

推销并非一次拜访就能搞定的事情，因此推销人员要养成及时记拜访日志的习惯，和顾客接触的时候，对顾客的态度、行为做好记录，如有70%的购买意愿，还需再次进行深度沟通，及时跟进，直到成功攻下顾客。

复习思考题

1. 顾客资格审查的内容是什么？
2. 顾客支付条件审核的意义是什么？
3. 组织购买如何进行购买决策审查？

任务实施

【任务情境】
请自行寻找5名顾客，设定好顾客登记表，并对顾客资料进行等级划分。

【实施目标】
1. 顾客资格审查具体方法。
2. 如何审查顾客需求。
3. 顾客信用审查的判断因素。

【实施要求】
1. 组建任务小组，每组5~6人，选出组长。
2. 根据所给的任务，吸收教材的理论知识，找出准顾客。
3. 每组派出一名代表，将整理的小组讨论结果和大家分享，回答其他组的提问。
4. 课代表要做好记录。

【任务考核】
1. 组长协调效果、组织有序2分。
2. 小组成员团队积极讨论2分。
3. 分析到位，结果准确4分。
4. 回答其他小组提问2分。
5. 满分10分。

项目三 寻找识别顾客

知识点概要

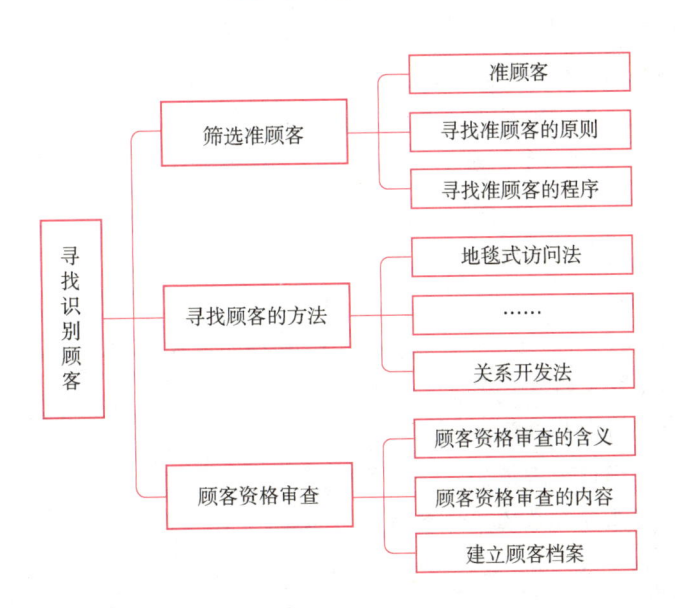

```
                    ┌── 准顾客
         ┌─筛选准顾客─┼── 寻找准顾客的原则
         │          └── 寻找准顾客的程序
         │
         │          ┌── 地毯式访问法
寻找识别顾客─┼─寻找顾客的方法─┼── ……
         │          └── 关系开发法
         │
         │          ┌── 顾客资格审查的含义
         └─顾客资格审查─┼── 顾客资格审查的内容
                    └── 建立顾客档案
```

※重要概念※

顾客 准顾客 地毯式访问法 连锁介绍法 中心开花法 广告开拓法 委托助手法 网络寻找法 电话寻找法 顾客资格审查

※重要理论※

1. 寻找顾客的原则。
2. 寻找顾客的方法及优缺点。
3. 顾客资格审查的内容。
4. 顾客档案采集的内容。

※重要技能※

1. 用不同的方法寻找顾客。
2. 建立顾客档案。

客观题自测

一、单选题

1. 地毯式访问法遵循的是（ ）。
  A. 平衡原则　　　　　　　　B. 平均原则
  C. 连锁反应　　　　　　　　D. 光环效应法则
2. 下列选项内容不属于市场咨询法的缺点的是（ ）。
  A. 有些重要信息，咨询机构难以提供或提供的信息缺乏全面性
  B. 耗费大量时间和资金
  C. 工作处于被动地位，易错失良机
  D. 咨询信息具有间接性、时限性、局限性
3. 寻找顾客的方法中，能够减少推销工作盲目性的方法是（ ）。
  A. 网络寻找法　　B. 市场咨询法　　C. 电话寻找法　　D. 资料查阅法
4. 适用于食品类、日用品类等商品的推销方法是（ ）。
  A. 关系开发法　　B. 会议寻找法　　C. 电话寻找法　　D. 广告开拓法
5. （ ）一般适用于市场需求量大、使用范围广的商品。
  A. 广告开拓法　　B. 委托助手法　　C. 会议寻找法　　D. 中心开花法

二、多选题

1. 顾客资格审查主要应围绕以下哪几个方面展开？（ ）
  A. 明确的购买需求　　　　　　B. 足够的货币支付能力
  C. 购买自主权　　　　　　　　D. 顾客资格条件
2. 顾客支付能力审查的方式是（ ）。
  A. 从推销对象内部打探情况
  B. 通过上级主管部门查看虚实
  C. 通过与企业有业务往来的单位判断

D. 推销人员个人判断

3. 下列选项中,属于寻找顾客的必要性的是( )。
A. 顾客是企业的服务对象　　　　B. 市场竞争的客观要求
C. 降低推销费用的要求　　　　　D. 提高推销成功率的保证

4. 现实的顾客必须满足以下条件的是( )。
A. 对产品有需求　　　　　　　　B. 足够的支付能力
C. 有购买的决策权　　　　　　　D. 有议价能力

5. 个人观察法需要注意哪些方面?( )
A. 明确自我身份,给客户留下好印象
B. 选择正确的广告媒介
C. 制订周密计划
D. 随时保持警觉,留意收集客户资料

项目综合验收

【任务情境】

场景:ZJ省JH市某服装厂张经理办公室

人物:张经理、LS市某高校相关人员

背景:ZJ省L市某高校迎接百年校庆定制校服

任务:运用适当的方法找到顾客

【任务实施】

1. 分别组建销售团队,每组5~6人,选出组长。
2. 每组集体讨论台词的撰写和加工过程,各安排一个人做好拍摄任务。
3. 两组各选出1名成员作为顾客或推销人员的角色表演者,通过角色表演PK的形式来确定各组的输赢。
4. 其他销售团队各派出一名代表担任评委,并负责点评。
5. 教师做好验收点评,并指出待提高的地方。
6. 课代表做好点评记录并登记各组成员的成绩。

【任务验收】

综合验收考核表

考评指标	考核标准	分值(100)	考核成绩	权重/%
理论知识	基本概念清晰	15		40
	基本理论理解准确	25		
	了解推销前沿知识	20		
	基本理论系统、全面	40		

续表

考评指标	考核标准	分值（100）	考核成绩	权重/%
推销技能	分析条理性	15		40
	剧本设计可操作性	25		
	台词熟练度	10		
	表情自然，充满自信	10		
	推销节奏把握程度	40		
职业道德	团队分工与合作能力	30		20
	团队纪律	15		
	自我学习与管理能力	25		
	团队管理与创新能力	30		
	最终成绩			
	备注			

项目四　接近顾客

【知识目标】

1. 熟悉推销接近的准备工作。
2. 领会约见顾客的内容和方法。
3. 掌握接近顾客的方法。

【能力目标】

1. 提升接近顾客准备的能力。
2. 具备接近顾客的掌控能力。
3. 提高接近顾客的能力。

【思政目标】

1. 机智灵活。
2. 沉着冷静。
3. 温故知新。

【二十大精神融入】

推进文化自信自强，铸就社会主义文化新辉煌。

【任务解析】

```
                接近顾客
                   │
      ┌────────────┼────────────┐
 接近顾客的准备   顾客约见的策略   接近顾客的方法
```

任务一　接近顾客的准备

任务情境

任务情境　　　　任务情境剧

任务思考

1. 你觉得小王在拜访侯总前寻找这些信息对接近顾客有用吗？
2. 如果是你，你觉得在拜访顾客的时候要做哪些准备工作？

任务学习

一、接近顾客的准备的含义

所谓接近顾客的准备，是指为了更好地达到接近准顾客的效果，推销人员在接近准顾客之前尽可能多了解一些准顾客的情况，做好一系列的准备工作。推销接近准备阶段实际上是顾客资格审查的延续，其主要目的是为接近顾客时尽量提供一些洽谈的"材料"，事先知道客户的资料越多，越有主动权，避免出现话不投机的尴尬局面。

二、接近顾客的准备的内容

（一）心理准备

推销人员在接近顾客前，最容易出现的问题就是信心不足，忐忑不安，紧张，见客户时心跳加快，说话语速过快、声音过低等。

产生原因：这是推销人员缺乏自信的典型表现。

解决对策：

（1）"看戏的是疯子，演戏的是傻子"，大声说出你心中想说的话。

（2）到客户门口敲门前，深呼一口气，心里默念："自信，自信，再自信！"

（3）战略上藐视敌人，战术上重视敌人，即使被拒绝也没什么大不了，反正没什么损失。

党史百年

> 战略上藐视敌人，战术上重视敌人。1948年1月18日，毛泽东在为中共中央起草的决议草案《关于目前党的政策中的几个重要问题》中说："当着我们正确地指出在全体上，在战略上，应当轻视敌人的时候，却决不可在每一个局部上，在每一个具体问题上，也轻视敌人。"这些论述后来被概括为"战略上藐视敌人，战术上重视敌人"，成为毛泽东战略和策略思想的集中表达。

（二）顾客资料的准备

准顾客一般分为新顾客、团体顾客、老顾客。销售员针对不同顾客进行相应准备。

1. 新顾客资料

（1）姓名。"张先生您好"和"张强您好"这两种称呼给顾客的感觉不同，初次打交道就能直呼新客户姓名会瞬间拉近推销人员与顾客之间的距离，产生亲切感。每个人对自己的名字不但重视还很敏感，因此，拜访前要弄清楚准顾客的姓名。

（2）年龄。个性差异和购买习惯会因年龄不同差别很大，因而兴趣点也截然不同。在拜访顾客之前，推销人员应采取合适的方法途径了解该顾客的实际年龄。

（3）性别。性别不同看问题的方法和角度也不同，为了迎合顾客的个性需求，推销人员要区别对待，了解性别还有一种好处，可以区分重名的顾客。

（4）民族。民族不同风俗习惯自然不同，我国是个多民族国家，如果不能准确了解顾客的民族，难免会犯一些低级错误。

（5）出生地。推销人员在接近准备时，应尽可能了解准顾客的籍贯和出生地。中国人对乡土有浓厚的感情，所谓"美不美家乡水，亲不亲故乡人"，如果准顾客与推销员同属一个出生地，更能缩短双方的距离，"老乡见老乡，两眼泪汪汪"。

（6）职称、职位状况。不同职业的人在价值观念、生活习惯、购买行为和消费内容与消费方式等方面，存在着比较明显的差异。因此，针对不同职称、职位的准顾客，约见方式应该有所差异。

（7）学习、工作经历。对于推销员来说，了解准顾客的学习及工作经历有助于约见时与其寒暄，易形成共鸣，拉近双方间的距离。

（8）业余爱好。任何人都有一定的个人喜好，如果推销人员能够在接近顾客时"不谋而合"，会有利于营造和谐的聊天气氛，会更加容易寻找话题接近准顾客。

案例 4.1

成语典故

顺水推舟（shùn shuǐ tuī zhōu）：意思是顺着水流的方向推船，比喻顺着某个趋势或某种方式说话办事。

出处：元·关汉卿《窦娥冤》第三折："天地也做得个怕硬欺软，却原来也这般顺水推船。"

样例：清·李宝嘉《官场现形记》第十回："他若留我，乐得顺水推舟。"

（9）需求内容。接近顾客的目的主要是希望顾客做出购买行为，而影响顾客购买的主要因素就是顾客的需求。

（10）办公场所及居住地址。准顾客办公室的房间号及家庭住址是推销员非常重要的资料，在接近准备阶段，一定要仔细核对清楚。

案例 4.2

（11）家庭成员。准顾客的家庭成员情况也是推销员提前准备的一个主要内容，有的时候正面无法进入可以通过家庭成员走亲情路线，我国古代就有"枕边风"的典故，了解准顾客的家庭成员可为日后合作提供一个契机。

案例 4.3

2. 团体顾客

团体顾客是指除个体顾客以外的所有顾客，包括政府机关、行政事业单位、企业及其他社会团体组织，团体顾客主要是搞定购买执行人或购买决策人。

（1）基本概况。团体顾客的基本概况包括机构名称、机构性质、办公场所、所有制性质、注册资本、上级主管部门、员工数量等。推销人员还要了解如何能顺利找到接洽人，接洽人所在部门、电话号码及拜访的最佳路线。

（2）购买用途。即团体组织购买商品的主要用意，对于企业组织来讲是用于生产销售还是产品辅料，对于行政事业单位来讲是自用还是作为转赠使用，要摸清具体情况，因为用途不同，订购的数量和对产品的要求都不同。

（3）采购习惯。团体顾客性质不同决定了采购习惯也不同，有的是上半年采购，有的是下半年采购，有的是上级统一采购或者组织政府招标。只有了解了采购习惯，才能决定拜访是否会起到实际作用。

（4）购买决策人。接近顾客前要了解购买流程，搞清楚到底谁才是具体的负责人，换句话说单位里到底谁说了算。

（5）购买数量。团体组织的购买数量既决定成交金额的大小，又决定产品的优惠幅度，本着量大价优的原则，推销人员要大致核算给予对方什么样的优惠力度，因为团体组织的大额购物必然招来同行竞争者进入，如果还是一味抱着价格不撒手，很显然缺乏优势。

3. 熟悉顾客

熟悉顾客又称为老顾客、常客，是推销人员熟悉的、比较固定的买主。保持与老顾客的密切联系，是推销人员保证顾客队伍的稳定、获得良好推销业绩的重要条件。

案例 4.4

对老顾客的接近准备工作与新顾客的接近准备工作有所不同，因为推销人员对老顾客已经有一定程度的了解，主要是对原有资料的补充、更新和调整，是对原有客户关系管理工作的延续。

（三）工具准备

1. 报价单、合同的准备

推销的商品种类很多，价格也有差异，那么报价单是最后的推销工具，打印好的产品报价单既可以让客户清楚报价，又给顾客感觉公司比较正规。

合同事先拟定好，文字表述清楚无歧义，无错别字，合同中要适当留有空白，顾客有特殊要求，可以在原合同的基础上添加和补充。

2. 文件资料的准备

文件资料包括企业产品宣传册、样品、个人名片、身份证、签字笔、笔记本等，推销员应携带与职位匹配的文件包，公文包宜简朴大方，勿有油污及破损。

3. 礼品准备

"礼多人不怪"。初次拜访顾客，可以适当带些礼品，但注意礼品要新颖别致，价格既不能过高，也不能过低，要做到投其所好。

成语典故：
礼多人不怪

任务实施

【任务情境】

假设你是某文具公司的销售代表,要想把文具推销给某学校的总务长王强,你该如何准备客户资料?

现有信息:王强,男,年龄50岁,其他资料不全。

【实施目标】

(1) 加深对顾客准备的理解。

(2) 知晓如何建立顾客资料。

【实施要求】

1. 组建任务小组,每组5~6人,选出组长。
2. 各组分角色分析情境,讨论表演流程,选择一人负责观察、指导。
3. 进行交叉打分,即选取小组表演后,其他小组各选派一名成员担任评委,负责点评。
4. 课代表要做好成绩记录。

【任务考核】

1. 情境表演真实、合理20分。
2. 小组成员团队合作默契30分。
3. 角色表演到位40分。
4. 道具准备充分10分。
5. 满分:100分。

任务二　顾客约见的策略

任务情境

任务情境　　　　任务情境剧

任务思考

1. 该公司产品顾客应该是哪些？
2. 孙经理安排业务员去约见顾客都使用了哪些方法？
3. 请帮小张设计下电话约见他要说什么内容。

任务学习

一、顾客约见的含义

所谓顾客约见，是指推销人员运用一定策略和准顾客见面进行推销联系和沟通的整个过程。

（一）顾客约见内容

约见的基本内容就是4W1H，即Who、Why、When、Where、How，包括确定约见对象、明确约见目的、安排约见时间和选择约见地点及如何约见五个方面。

1. Who——约见谁

进行推销访问，先要明确要约见谁。对于团体组织来说要约见对购买行为具有决策权或对购买活动具有重大影响的人。对于个人用品的推销，约见对象就是打算购买者本人；对于生产用品的推销，对象一般是相关部门的负责人。但是在实际推销工作中，推销人员一般很难直接约见访问对象，要利用"曲线救国"的计策，尽量和总经理助理、秘书，前台接待员，甚至保安等人搞好关系。这些人虽然没有最终购买决定权，但他们可以接近决策层，对决策者的决策活动有很大影响。

【案例4.5】

李梅是某公司的前台接待员，每天都会碰到很多推销人员，一般总是告诉他们把资料留下，由她转交给有关部门，大部分推销人员丢下资料就走了，可是有的来访者交过资料后，对她的辛苦工作表示感谢，还有的会送她小花瓶、小镜子等礼物，虽然东西不多，但也表示一份心意。上次有个广告公司的推销员无意中听到她和朋友抱怨，某歌星的演唱会门票又没买到，第二次来的时候，就帮她买到了，对此她也非常感谢，别小看她这个前台接待员，推销员走后，她会将收到的资料整理下，给她留下好印象的放在下面，送她小礼物的放在中间，那个广告公司的资料放在最上面，至于其他的资料她就投入废纸篓里了。

【案例解读】

每座佛前都要敬香，推销员要想见到某些部门负责人一般是很难的，都要将相关资料交前台转交，这里就有个转交的学问了，如何能保证你的资料及时转交，这是推销员必须搞清楚的地方。每天相同的资料前台收到的不下10份，但并不是都要转交给有关部门，一般重点选择2~3份就可以了，那你要想成功接到相关负责人的电话，如何让前台记住你，对你留有好印象，是你成功的前提。

2. Why——约见事由

"无事不登三宝殿"。约见的第二项主要内容就是为什么约见，约见之后到顾客会得到什么好处或利益。推销人员属于不速之客，任何顾客都不想无缘无故被打扰，顾客是否愿意见你，你的理由一定要充分。

成语典故

无事不登三宝殿（wú shì bù dēng sān bǎo diàn）：指佛教寺庙中有礼拜、供养等法事方入佛殿，无事不得随便在此走动，后引申为有事而来。"三宝殿"即佛教寺院中佛、法、僧的三个主要活动场所。

出处：明·冯梦龙《警世通言·白娘子永镇雷峰塔》："白娘子道：'无事不登三宝殿，去做什么？'"

样例：巴金《猪与鸡》："他无事不登三宝殿的，来了总没有好事情。"

（1）推销商品。约访的主要目的是销售商品，询问顾客是否对商品感兴趣，约访顾客时，推销人员应设法引起顾客的注意和重视，强调该商品的特殊用途、良好效果、显著特点、价格特惠等，让顾客迫切希望能看见。

（2）市场调查。占用顾客几分钟时间了解企业产品的知名度或产品美誉度等，这也是推销人员约访顾客的一种幌子，凸显推销的商品是其实质，通常还会附赠一些试用品。

（3）提供服务。以提供免费服务为约访事由，顾客会很乐于接受，推销本身就意味着服务，把提供服务作为约见顾客的理由，由于服务可以帮助顾客解决一些疑难问题，因此大多数顾客不会拒绝。

（4）收取尾款。无法收回尾款的推销是不完整的推销。收取尾款作为访问事由，对方一般会以种种借口推托，推销人员要想好解决对策。

（5）签订合同。这种约见一般是多次拜访的结果，双方达到一种默契，签订合同。以此为目的的约见，一定按双方事先约定好的时间略提前或准时到场。

（6）回访顾客。以询问顾客使用产品的感受为事由约访顾客，会使顾客感受到企业的温暖，也会把这种温暖传递给身边的人，为企业的下次产品销售打下基础。

3. When——约见时间

推销人员约见顾客本身就是对顾客的一种打扰，因此为了不引起顾客反感，要选择合适的时间，约见的时间应主要采取客随主便的原则，尽量选择顾客较为方便的时间拜访。

巧妙利用"二择一"策略（所谓二择一策略就是给对方两个选项，无论对方选哪个都对你有利），看似让顾客挑选，实际达到你约见顾客的目的。当与约见时间敲定后，推销员要立即记录下来，并和顾客重复确认，如："王经理您看我们明天上午10点见还是下午2点见？""明天下午2点吧。""嗯，好的，王经理，那我明天下午2点准时到您办公室。"

4. Where——约见地点

约见地点一般遵从顾客的意见，尽量选择顾客比较方便的地点，如顾客的办公室、顾客指定的会客区等，如果在公共场合一般也可以选择清静优雅的咖啡厅、茶楼等。

5. How——如何约见

（1）电话约见。电话约见即通过拨打电话的方式约访顾客，这是目前最广泛使用的一种方式，由于直接和被约访人交谈，可以直接反馈信息，且省时省力。电话约访要注意拜访的时间，声音要甜美，谈话要言简意赅。

（2）信函约见。信函约见即通过给目标顾客写信的方式约见，常用的有约见信、邀请函、会议通知、发送 Email、寄发调查问卷等。信函要简明扼要，一般用打印的形式，如果推销员文笔和书法较好，手写信函会让接收者更乐于接受。

（3）托人约见。托人约见即委托熟悉人中间牵线，这种约访的好处是不容易被对方拒绝，关键是如何劝服熟悉的中间人代为联络。

二、顾客约见的方式

1. 面约

面约是指推销员与顾客当面约定拜访的时间、地点。这种约见比较简便，一般是顾客和推销人员在公众场合见面后，推销人员直接提出约见的要求。这种约见往往适用于相对比较熟悉或者初次相逢谈得比较投机，顾客期待着继续找机会和你细谈。

【案例4.6】

方明参加同学生日聚会的时候，和邻座的一个年轻人聊得很投机，互有好感，双方有很多相同爱好，而且对时下比较流行的"杀人"游戏都有浓厚的兴趣，彼此从陌生到熟悉，话语越聊越透。更巧合的是两人星座都是双子座，在融洽的氛围中，那个年轻人也对方明的推销工作给予充分理解，正好他们公司要上一套方明公司的系统，就这样双方商定了拜访的事情。

【案例解读】

待人真诚友善，认识朋友越多，推销渠道越广，就会得到意想不到的效果，做推销有的时候并不是一定那么难，关键看你是否有"心"，有的时候，对面的人就是你要寻找的顾客，关键是你能否及时把握。

2. 电话约见

对于没有谋面的顾客，通常采用电话约见的方法，推销员手里只有顾客的名单和联系方式，其他材料掌握不多，因此适合采用这种电话约见的方式。这些顾客名单可能来自电话本黄页，也可能来自行业协会的资料，上面仅有单位名称、负责人电话，推销员只能尝试使用电话进行约见，从侧面了解顾客所需。

一般来说电话约见的程序包括七个步骤：问好及寒暄；介绍自己及公司；道明电话目的；"二择一"法确定约见时间；确认约见时间；礼貌结束通话。

【案例4.7】

推销员："您好张先生。我是××保险公司的业务员马磊。我听您的大学同学刘松说，您太太刚给您生了一个宝贝儿子，祝贺您啊！"

顾客："谢谢啊！可是你找我有什么事情吗？"

推销员："哦，张先生是这样的，我们公司有一款少儿产品非常适合您的宝宝，不仅保障价值高，红利也丰厚，每月交的钱不多，可获得的好处却不少。"

顾客："真的吗？不过我和太太还没考虑过买保险。"

推销员："那没关系，张先生，我先把投保意向书给您带过来，再顺便给您看看我们保险公司的介绍资料。您先了解一下，如果觉得不划算，不买也没关系的。"

顾客："哦，是这样的啊，那也行吧！"

推销员："您认为什么时间面谈方便呢？是这个星期三上午10点还是星期四下午3点呢？"

顾客："那你星期四下午3点到我办公室来吧，我应该有空。"

推销员："那好，张先生，我再和您确认下，星期四下午3点××保险公司的业务员方磊去您办公室拜访您，您办公室在东华路A座16-03号，是这样的吧？"

顾客："对，没错。"

推销员："好的，谢谢您，张先生，我们星期四见。"

【案例解读】

电话预约见面，要开门见山，别故弄玄虚，顾客没么多时间陪你，其次要简明扼要地说明电话的目的，和顾客确定好时间，尽量用"二择一"法则，按照顾客的意图选定你要约访的时间，千万别忘了确认，有的时候顾客过于忙碌，会将你约好的时间忘掉，所以要再次确认，最后礼貌告别，务必给客户留下好印象。

3. 信函约见

信函约见是推销人员用写信的形式约见顾客的一种方法。信函通常包括个人书信、单位信函、参会邀请等，信函可以打印可以手写，不过手写时应注意字体美观大方。

4. 他人引见

他人引见即委托第三人代为约见顾客的一种方法。因有中间人代为约见，更能使顾客易于接受约见，缩短与推销员的心理距离。

5. 广告约见

广告约见是指推销员利用广告形式约见顾客的方式。如辽宁某保险公司利用当地电台搞讲座的形式发出广告信息，约见对保险感兴趣的听众。推销人员可选用的广告媒体主要有电台广播、电视、报纸、杂志等。利用广告进行约见可以把约见的对象、具备的资格、约见目的、约见时间、约见地点等准确地告知受约者。现实中企业在媒体上发布的招聘广告实质就是广告约见。

6. 互联网约见

互联网约见是推销人员利用互联网与顾客在网上进行约见的一种方法。互联网约见包括电子信箱（Email）、商业网站留言、在线咨询、二维码填写信息等。

互联网约见的优点是快捷、便利、适用范围广。缺点是目标顾客关注度不高，难以及时沟通。各种约见方式的优势及注意事项见表 4.1。

表 4.1　各种约见方式的优势及注意事项

约见方式	优势	注意事项
面约	省时，直接，成功率高	要有信心，观察顾客反应，注重仪表，优秀的谈话技巧，娴熟的话术
电话	方便快捷，经济实惠，反馈及时	真心实意，优秀的谈话技巧，娴熟的话术
信函	准备时间充分，专业，第一印象好，表达内容丰富	适用于专业人士及企业决策人，配合电话约见
第三人	成功率高，见效快	找好第三人，优秀的谈话技巧
广告	传播速度快，受众多，提升推销者形象	选准媒体，防止竞争者模仿
网络	快捷，便利，费用低，传播范围广，无地域限制	网页制作精美，及时答疑

【案例4.8】

李浩是个旅游爱好者，每天茶余饭后都喜欢打开电脑查找一些旅游网站，看看有没有新奇的旅游景点，尽量做到花钱少、实惠大。最近他迷上了"团购"，看到五花八门的旅游景点实在的价格，非常想去凑个热闹，可是随着浏览的多了，不禁也有点怀疑，原价 4 800 元的港澳六日游，团购仅需 480 元，这有点太离谱了吧？他就按照提示，在线咨询网站工作人员，可是每次都无人回应，虽想参团，但总是疑虑重重，慢慢地也就没有购买的冲动了。

【案例解读】

网络一通，连着你我。如今是网络普及的时代，据媒体报道中国现在有网民总数超过 4 亿人，通过网络约见顾客非常便捷，但是顾客看到网站，能否大胆踏进门是需要推销员用点时间去沟通的，在线咨询如果长期没人应答，顾客心中的疑惑不能消除，那你是永远也不能约见成功的。

复习思考题

1. 什么是顾客约见的 4W1H？
2. 顾客约见的路径有哪些？

任务实施

【任务情境】

约访对象

1. 某校，教导主任张某。
2. 某工厂，叶总工程师。
3. 某机关，工会主席王某。

【实施目标】

1. 加深理解顾客约见的意义。
2. 掌握各种约见方式。

【实施要求】

1. 组建任务小组，每组5~6人，选出组长。
2. 各组分角色分析情境，讨论表演流程，选择一人负责观察、指导。
3. 进行交叉打分，即选取小组表演后，其他小组各选派一名成员担任评委，负责点评。
4. 课代表要做好成绩记录。

【任务考核】

1. 情境表演真实、合理2分。
2. 小组成员团队合作默契3分。
3. 角色表演到位4分。
4. 道具准备充分1分。
5. 满分10分。

任务三 接近顾客的方法

任务情境

任务情境　　　任务情境剧

任务思考

1. 孙凯使用了几种推销接近方法？
2. 每种推销接近方法应注意的事项是什么？
3. 你觉得他使用的方法当中，哪一种最有成效？为什么？

任务学习

接近准备和约见客户的工作完成后，终于有机会看到顾客的庐山真面目了，但是顾客愿意不愿意给你一个接近的机会，那要看推销人员的实际本领了。在这个任务章节里，我们着重讲推销人员接近顾客的方法，它直接影响到推销工作的成败。最常见的接近方法有以下几种：

一、介绍接近法

介绍接近法是指推销员通过自我介绍或第三人介绍接近准顾客的方法。

介绍接近法

1. 分类

介绍按媒介人不同可分为自我介绍和他人介绍两种形式。

（1）自我介绍法是推销员接触顾客后主动亮明自己的身份，进行自我展示的一种方法。推销人员在自我介绍时候，尽量要有特点，不可千篇一律。采用借"名人"之势来报出自己的名字更容易让对方记住，如"您好王先生，我叫周伟华，周就是周恩来的周，伟就是伟大的伟，华就是中华的华，丽水山耕农产品销售专员，这是我的名片。"

（2）他人介绍法是指推销员借助与顾客熟悉的第三者，通过其打电话、写推荐信、当面介绍等方式接近顾客的一种方法。一般来说，介绍人与顾客之间的关系越紧密，介绍的作用就越大，顾客也就越愿意接纳推销员。

2. 注意事项

（1）落落大方，给对方留有好感。
（2）沉着、镇静，说话举止有分寸。

成语典故

落落大方（luò luò dà fāng）：是指人的言谈举止自然大方。

出处：清·石玉昆《三侠五义》第六十九回："杜雍却不推辞，将通身换了，更觉落落大方。"

样例：郭沫若《蔡文姬》第四幕："对于我们也是非常宽大的，还有他的夫人也落落大方。"

3. 实战例句

"您好马先生，您听过郑和下西洋的故事吗？对，我叫郑海国，郑成功的郑，大海的海，国家的国，三通销售公司的推销员，很高兴认识您，这是我的名片，请多关照！"

"来，小王，这个是 HC 公司的技术员马强，清华大学毕业的高才生。"

【案例 4.9】

王海大学毕业后到一家保健品公司做业务员，由于是营销专业科班毕业，职业素养又好，为人真诚实在，工作又勤奋，很多顾客接触他后，都愿意和他打交道，工作不到一年就积累了很多顾客。由于王海工作之余认真研读顾客心理学，对老年人的心理掌握得非常透彻，这些老年顾客都把他当自己的孩子，虽然他没主动提出，但这些老年顾客都很愿意把他介绍给自己的朋友、同学、同事，这样一来，王海的顾客越来越多。

【案例解读】

小时候我们都玩过堆雪人，用一个雪球慢慢地在地上滚，滚了几圈后，就会发现雪球越来越大，于是雪人也就这样堆起来了。顾客的第三人介绍的力量是无穷的，只要你得到顾客的认可，产品又过硬，那么你的顾客就如同滚雪球一样，越来越多。

二、产品接近法

产品接近法又称为实物接近法，是指推销员直接利用推销的产品实物或者模型接近顾客，以引起顾客对推销品产生直观的认识、兴趣，转而进入洽谈的接近方法。产品接近法是用产品直接向顾客说话，让产品默默地推销自己。精心策划的实物接近法能够调动顾客的感觉、嗅觉器官，让产品通过自身的魅力与特性引起顾客的兴趣，达到顺利销售的目的。

产品接近法

1. 注意事项

（1）要有吸引力，最好色香味俱全，要能引起顾客注意。

（2）要设计精美，既便于推销员携带又方便顾客操作。

（3）要有形商品，可以摸得着看得见。

（4）质地优良，耐磨，经得起顾客把玩，不变形，不掉色，经久耐用。

【案例 4.10】

刘明和女朋友走在大街上，迎面走来一个穿红衣服的小女孩，问道："大哥哥，您买束玫瑰花好吗？看这花多鲜艳啊，才 5 元钱 1 支，您买了，我和我妈妈就可以买点包子吃了。"小女孩穿着很寒酸，小女孩的妈妈蹲在角落里，一副病恹恹的样子。玫瑰花确实很

项目四 接近顾客

101

新鲜，幽香四溢，才要5元钱，于是刘明掏出10元钱，买了两支送给了女朋友。

【案例解读】

"耳听为虚，眼见为实"，当用推销品接近顾客的时候，顾客看到后会产生直观的购买意愿，于是推销就顺利实现了。

2. 实战例句

"来，这位先生感受一下我们的5D按摩椅，这款式、这质地都是全市最好的。"

三、利益接近法

利益接近法又称为实惠接近法，是指推销人员利用产品能为顾客带来的利益、实惠，能满足顾客的需要，引起顾客的关注和兴趣，从而接近顾客的一种方法。用这种推销方法接近顾客时不是从宣传自身产品的优点入手，而是强调顾客购买后可带来的好处和收益。利益接近法主要采用直白或陈述的方式，语言可以没有惊人之处，但是一定要告诉顾客购买推销品会带来哪些好处，如跳楼价甩货、挥泪大甩卖等。

1. 注意事项

（1）利益要真实存在，不可为了吸引顾客，把产品功效夸大，一旦顾客觉得被欺骗，就不会再信任推销员。

（2）有真凭实据。商品利益最好有第三方权威证明。

【案例4.11】

"好消息，好消息，本店因经营不善，回笼资金需要，商品一律2元。2元钱你买不到吃亏，2元钱你买不到上当，所有商品统统都2元。"如今2元店遍布各中小城市，低廉的价位吸引了很多顾客光临，顾客在店里精挑细选，纷纷带着自己喜欢的商品满意而去。

【案例解读】

顾客之所以愿意光临，是受了2元店内的高音喇叭广告的吸引，"这里买不到吃亏，买不到上当"，因此给顾客带来了实在的利益，所以顾客才愿意走进店内挑选自己喜欢的商品。商品之所以便宜，是店主经营不善，为了资金回笼，货物肯定要贱卖啊！

2. 实战例句：

"大减价，全场清仓，最后一天！"

"打折了，打折了，赔钱甩卖了！"

四、好奇接近法

好奇接近法是推销人员利用顾客的好奇心引起顾客的注意和兴趣从而接近顾客的方法。好奇之心，人皆有之，好奇心理是人们的一种原始驱动力，这种驱动力促使顾客去了解和接触商品。使用好奇接近法时，推销人员一般抛出一个问题，或者描绘一种奇怪的现象，使顾客的视线集中到推销员或推销品上，从而通过解除顾客的疑虑，促成销售。

1. 注意事项

（1）推销员发挥创造性的思维，制造新奇的环境或氛围。

（2）推销人员的做法要新颖别致，要收放自如、张弛有度。

2. 实战例句

"地上是谁的钱包……"

"其实您每天都在丢钱，难道您没注意到吗？"

【案例 4.12】

某小区菜市场早市

小贩："走，跳，走，跳！"

一些市民循着喊声观看，白色纸板上有个5厘米高的小木头人，在一走一跳，让人觉得很奇怪。

小贩："来，走一个，再跳一个。"

一顾客："哎，真好玩，多少钱，怎么卖？"

小贩："每个10元，买了就告诉你怎么弄。"

顾客："给你10元。"

小贩从袋子里拿出个新的木偶人，大家才恍然大悟，原来有一条绳子拴在小木偶人身上，因为有白板做底衬，所以不仔细看就根本看不到细绳。

顾客无语地笑着拿着木偶人走了。

【案例解读】

顾客之所以围观小贩，就是被小贩的声音和夸张的动作所吸引，都觉得好奇：为什么木偶人那么听话？小贩也正是利用顾客好奇，卖出好多木偶人。

五、震惊接近法

所谓震惊接近法，是指推销人员设计一个令人吃惊或震撼人心的事物来引起顾客的注意和兴趣，从而进入洽谈的接近方法。

1. 注意事项

（1）震惊提示有醒目效果。

（2）唤醒日常顾客疏忽的事情。

促使顾客正视现实，提高说服力，利于推销成功。生活中的很多事情经常发生，大多顾客已经习以为常，震惊接近法让顾客从平淡中惊醒，因此对销售很有效果。

【案例 4.13】

老张有20年吸烟历史了，从来就没想到过要戒烟，孙峰作为某戒烟烟嘴的推销者几次接触老张都没有任何进展，这次拜访老张的时候，他没有一如既往地说产品，而是丢给老张2张照片："您希望您的身体也这样吗？"老张一看，原来是一张肺癌患者的肺部×光片，照片上肺特别恐怖，看了都觉得恶心。另一张是一个奄奄一息的中年男子，脸色蜡黄，手捂着肺部，一副痛苦的表情。再仔细一看，画面上的中年男子长得和自己几乎一模一样，老张大受震动，立刻购买了戒烟烟嘴。

【案例解读】

这位推销员使用的方法别出心裁，起到了很强的震撼效果，使老张瞬间警醒，为了不至于英年早逝，购买了戒烟商品，渐渐远离了香烟。

2. 实战例句

"大妈，你家有净水器吗？看这就是您小区购买我们产品后三个月的滤芯。"

"哇，太恶心了，都黑乎乎的。你这净水器多少钱啊……"

六、马戏接近法

马戏接近法又称为戏剧化接近法、表演接近法，是指推销人员利用戏剧性情节和表演技法唤起顾客注意和兴趣，从而接近顾客的一种方法。马戏接近法是一种比较古老的推销方法，如今还在使用。古时候，小贩在大街小巷以耍杂技、玩把戏、吹喇叭等方式吸引顾客，如今也有用搭舞台唱戏、表演节目的方式吸引顾客。马戏化接近法既要有艺术性又要有科学性，能使顾客有耳目一新之感，激发起对商品的兴趣。

1. 注意事项

（1）表演要有艺术性和戏剧效果，要能够引起顾客的注意，唤起顾客的兴趣。
（2）表演要扣人心弦。
（3）表演要能引顾客入戏。
（4）表演和推销的商品要有关联性。

【案例4.14】

某钢化玻璃杯厂推销员去某酒店推销钢化玻璃杯，他没有简单地把玻璃杯拿给酒店经理看，而是带了一把小锤子，对经理说，如果经理能用锤子能砸烂这只杯，他可以免费提供给酒店100只同样的酒杯。经理瞧了瞧桌上的杯子，掂了掂分量，什么都没说，拿起锤子使劲一砸，结果杯子碎了，经理哈哈大笑。可是推销员又拿出一只杯子，对经理说，刚才那个是经理所在酒店里目前正使用的杯子，他是花了10元在餐厅里购买的，这个才是他们公司生产的杯子，并请经理再用力砸，结果经理铆足劲，杯子一点痕迹都没有，于是经理很爽快地购买了500只这样的玻璃杯。

【案例解读】

东西好坏，有时不是简单放一起就可以比较出来的，需要让顾客自己通过实践去做对比。用一种戏剧化的开场，把顾客导入剧情中，他自然能感受到推销品的优势，于是购买就可以顺利实现了。

2. 实战情景

"卖彩色棉花糖嘞！"一边说一边用木棒缠绕糖絮，很多孩子闻声围了过来。

七、问题接近法

问题接近法也叫提问接近法或谈论接近法，是指推销人员通过直接提问来引起顾客注意、唤起顾客兴趣，而接近顾客的方法。提问接近法以提出问题拉开对话序幕，通过一问一答的形式，拉近与顾客的距离，消除其戒备心理，在问答中促成交易实现。在现实推销中，推销人员根据推销品的某些特征和功能向顾客提出相关问题，容易引起顾客的注意和思索，顾客回答问题就已经流露出他对商品的需求。问题接近法一般选项是"是"或"否"，但推销员通过设计，让对方回答"是"。比如："看你眼圈有点发青，是不是昨晚没睡好啊？""是啊，昨天半夜3点我都睡不着。"……

1. 注意事项

（1）问题要精心设计，推销员要能掌控对话局面，使顾客回答围绕推销员的思路。
（2）问题与商品紧密连接，迅速引起顾客注意，能促进果断成交。
（3）问题简单明了，诱导顾客倾向于回答"是"，切莫不着边际，令顾客匪夷所思。

【案例 4.15】

一位中年女顾客逛超市的时候，路过超市的保健品专柜，女营业员看了她一眼，微笑着问道："大姐，您昨天晚上没休息好吗？您看你满脸的疲惫。"

顾客："是啊，最近总失眠。"

推销员："如果有种药非常适合您，价钱也合理，您愿意看看吗？"

顾客："那当然，失眠的滋味多遭罪啊！"

推销员："大姐，那我向您推荐这个曲美口服液，这个对失眠效果非常好，这几天搞促销，原价16元/盒，现在是10元/盒，相当于每天不到1元！"

顾客："那，好吧，先给我拿一盒，有效果我再多买。"

【案例解读】

提问接近法所提问题应与推销品有比较紧密的关系，从顾客自然状况入手，使顾客乐于接受，但要把握推销对象的具体情况，如果一个身体健康的人，就不适用刚才的开场白，而问其父母或其他长辈的身体状况，也许就非常奏效。

2. 实战例句

"大妈您最近睡眠不好吧？看您气色不是很好。"

"大哥，最近是不是缺乏运动啊？看您比去年又胖了很多。"

八、求教接近法

求教接近法又称征询接近法、请教接近法、咨询接近法，是指推销人员抛出一个问题，以虚心的态度向顾客征寻问题答案的一种接近顾客的方法。在现实推销工作中，多数顾客由于年龄、资历、阅历等因素都有些好为人师的心态，一般不会轻易拒绝虚心求教的推销员，他们往往会以过来人的身份，耐心地解答问题，这样的接近方法就非常受此类顾客的欢迎。

1. 注意事项

（1）先赞美再提问。提问的时候毕恭毕敬，先给顾客戴一顶高帽子，然后抛出自己精心设计的求教问题，以拉近与顾客的距离。

成语典故：好为人师　　　　成语典故：毕恭毕敬

（2）只求教，不推销。谈话的重心在求教上，不要让顾客感觉你有推销之嫌，对求教的问题最好认真做记录，让顾客放松警惕。

（3）表情关注，态度真诚。向顾客求教时不可心不在焉、东张西望，要给对方留下虚心好学的好印象。

（4）勿耗时间，控制好求教时间，且不可纠缠顾客，若顾客愿意和你交谈除外。

【案例4.16】

"出去，我不是警告过你，不要再来烦我了吗？我对你们的产品不感兴趣。"张经理烦躁地冲推销员喊道。

推销员："张经理，麻烦您能给我5分钟吗？"

张经理："有话快说，时间一到赶紧走，我真的不想再见到你了，烦死了。"

推销员："是这样的，张经理，您讨厌我，那么我拜访您的时候肯定有很多失礼的地方。为了以后不至于我再让顾客讨厌，您能帮我分析下吗？谢谢您了，我一个刚走入推销岗位的大学生还有很多地方不懂。"

张经理：（面色有所缓和）"你看你拜访客户的时候，穿着那么寒酸，进门的时候敲门声太小……"

推销员认真地听着张经理的说教，认真拿笔记录。

张经理："啊，你家乡是汶川的？哦，怪不得你总穿得那么简朴呢，不过总体上你也做得不错了，行了，明天把合同带过来吧。"

【案例解读】

求教问题法其实也可以称作主动示弱法，都说软刀子才伤人，这话一点都不假，当我们遇到久攻不下的客户时，不如换个方法，主动求教于对方，用自己柔弱的一面来"攻克"对方，就如同平常我们说的"以柔克刚"。

2. 实战例句

"王经理，您看我是一个刚出校门的新业务员，听说您已经有10多年的推销经验了，可以给我粗略地讲下推销技巧吗？"

"李姐，我才入行，按您这么多年的经验来看，我该怎么找到目标客户呢？"

九、馈赠接近法

馈赠接近法又称有奖接近法、赠品接近法，是指推销人员以赠送礼品给顾客获取对方的好感而接近顾客的一种方法。"礼多人不怪"，在某些情况下，推销员可以用一些小礼品来吸引顾客的注意力，从而使其对推销品产生购买兴趣和意愿。初次拜访顾客的时候，顺便带点小礼物，可能会起到意想不到的效果，比如带有公司LOGO的笔记本、钥匙扣、启瓶器等，等推销员走后，顾客看着小礼物，还会对其留有印象，能为今后合作打下基础。在现实推销工作中，推销人员利用礼品可以快速拉近与顾客之间的距离，营造和谐的推销气氛，利于成交。

1. 注意事项

（1）礼物要精致。礼物不在于贵重而在于适用，选送礼物最好对顾客有所了解，投其所好。

（2）礼物价值要适当。初次谋面彼此不知底细，礼物过于昂贵，对方会提高警惕，过于低廉又会遭对方嫌弃。

（3）与企业产品相关联。礼物只是媒介，重要的是产品的销售，要使顾客能记住你的公司或产品，为今后推销做铺垫。如某公司业务员前去拜访顾客的时候，都会顺便送个刻有公司名称的16G的U盘，虽然价值不高，但是却使顾客牢牢地记住了其公司的名字。

【案例4.17】

一推销员去某大公司拜访业务经理前，打听到该经理是个典型的京剧迷，就特意去收藏店购得一套正版的《霸王别姬》DVD，双方见面嘘寒问暖后，推销员拿出准备的DVD，经理看到正是自己苦寻好久没找到的好片子，特别高兴，双方交流非常愉快，签订合同也指日可待。

【案例解读】

拜访本身属于公事公办的事情，但是因为推销员精心准备的一份小礼物，顾客觉得推销员有"心"，因此在同等情况下，自然而然会选择与有"心"的推销员合作了。

2. 实战例句

"王老师，这是我们出版社60周年社庆特意为每个老师赠送的U盘，上面印有我们社的LOGO，送给您，希望您喜欢。"

"马女士，这是我们为前来到店咨询的有意向装修的客户送的除湿器，您确定好联系我们，到时候我向经理申请给您个内部优惠价。"

十、赞美接近法

赞美接近法又称为恭维接近法、夸奖接近法，是指推销员为博得顾客的好感多说赞美、恭维的话，从而接近顾客的方法。赞美接近法的实质是推销员利用人们都希望获得别人对自己赞美的心理来达到接近顾客的目的。爱美之心人皆有之，喜欢被夸奖和赞美是人们的共性，用这种方法接近顾客，可以很好地满足顾客的优越感、自豪感，缩短与推销员的心理距离,从而达到接近的目的。恰到好处的赞美会快速拉近推销员与顾客之间的距离。

1. 注意事项

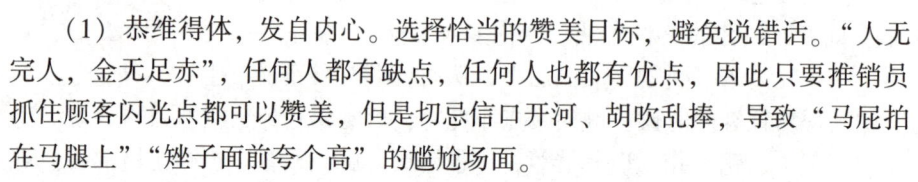

（1）恭维得体，发自内心。选择恰当的赞美目标，避免说错话。"人无完人，金无足赤"，任何人都有缺点，任何人也都有优点，因此只要推销员抓住顾客闪光点都可以赞美，但是切忌信口开河、胡吹乱捧，导致"马屁拍在马腿上""矬子面前夸个高"的尴尬场面。

（2）掌握火候，适可而止。赞美不等于奉承，推销员赞美顾客，一定要把握分寸，说话不可以太绝对，不可夸大其词。推销人员不合实际的虚假赞美，会让顾客感到虚情假意，甚至会引起顾客的反感。

（3）因人而宜，方式妥当。赞美不可千篇一律，要根据顾客类型、特点有所变化。对于表情严肃的顾客，赞语应自然朴实，点到为止；对于爱慕虚荣的顾客，则尽量多说赞美之词；对于年长的顾客，应多用委婉的赞语；对于年轻的顾客，则可用热情的赞语。

【案例 4.18】

一个推销员向一位体态发胖的中年女性推销化妆品。"这位女士，您生活真滋润，一看就知道您过得非常舒心，您先生工作也非常顺心吧，因为您长了一副旺夫相。"

女士起初还不解，疑惑地看着推销员。

"您看你这眉毛向下弯曲，这叫富月眉，您的眼睛略上翘，这叫登高眼，这在古代是大富大贵之相。"

女士嘴上没说，但是表情却很自得。"嗯，我们家的条件还行吧，也还别说，上个月我老公刚提了正处。"

两人越说越近乎，化妆品也很顺利地销售出去了。

【案例解读】

遇见顾客要积极寻找其闪光点，夸赞别人没注意到的地方，只要顾客觉得有道理，自然就能拉近与推销者的距离，距离近了，买卖自然就顺利了。

2. 实战例句

"大妈您气色真好，一看就生活特别幸福……"

"大姐，您真是天生丽质，您太会穿衣服了，这衣服显得肤色特别白……"

十一、调查接近法

所谓调查接近法是指推销人员利用走访、了解市场的机会接近顾客的一种方法。在许多情况下，无论推销人员事先如何进行充分准备，总会有一些无法弄清楚的问题。因此，在正式洽谈之前，推销人员必须进行接近调查，以摸清顾客的需求，确定顾客是否可以接纳推销品。该方法可以看成是一种销售服务或销售咨询，它比较容易消除顾客的戒心，成功率比较高。推销人员可以事先设计好一份调查问卷，征询顾客的意见，同时捕捉到顾客的真实需求，再从问卷着手比较自然地转为推销。调查接近法和问题接近法的区别是，调查接近法不一定以问题的方式来开场，而问题接近法也无须使用调查问卷。

1. 注意事项

（1）要目的明确，围绕推销主题。调查的目的不是了解顾客的想法，而是要和推销挂钩，利于成交。

（2）要精心设计，避免顾客怀疑。顾客本身对推销调查员充满警惕，甚至抱着敌视的态度，推销人员要精心设计调查氛围，让顾客放松警惕，缓解调查压力。

（3）要适当补偿。通常来说顾客大多不愿意花费自己的时间配合推销人员做问卷调查，即使配合也都比较敷衍，很难了解顾客的真实意愿。给予顾客物质或精神方面的补偿，可有效激励顾客参与调查。如赠送小礼品、幸运抽奖等方式。

【案例 4.19】

一家治疗脱发的生产厂家产品问世后，并没有急着投放各大超市，而是雇了很多推销人员，让他们拿着公司设计好的调查问卷，找一些中年秃顶的顾客进行调查，了解他们平时洗发、护发情况，在调查过程中，发些试验装小样品，通过这样的走访方式，该公司的产品逐渐打入市场。

【案例解读】

我国古代有个典故叫"围魏救赵"，看似做些不搭边的事情，其实又密切相关。通过问卷调查、提供服务来接近顾客，往往会化解顾客的防备之心，赢得顾客的好感，使生意顺利成交。

成语典故：围魏救赵

2. 实战例句

"大妈，您好，我们公司在小区做个问卷调查……"

十二、搭讪接近法

搭讪接近法又称为聊天接近法、拉关系接近法、哈罗接近法、问候接近法，是指推销人员通过主动与顾客打招呼、问好等方式接近陌生顾客的方法。搭讪接近法可以形象地比喻为咸嘴淡舌法，看到目标顾客，通过闲聊、问事、问路、打听消息等方式，拉近与顾客之间的距离，建立顾客对推销人员的好感，借以进行推销。

成语典故：咸嘴淡舌

搭讪接近法不会很快进入推销主题，有时要用很多话语接近顾客，因此要花费很多时间。

1. 注意事项

（1）积极主动。寻找到目标顾客后，在没有其他更好的方法接近的情况下，搭讪接近法是最好的一种方法。遇到合适的准顾客，积极主动上前搭讪，不要犹豫。

（2）真诚大方。推销人员应主动创造条件和顾客搭讪，给对方以真诚之感，如问个路、借个火、打听个事儿等。

（3）话题简单。"话不投机半句多"，要想和顾客建立好感，双方至少得聊得愉快，话题不要让对方感到尴尬，要简单轻松，如："你昨天看过《县委大院》没？""看了，我和爱人天天看……"

（4）面带笑容。初次见到陌生顾客，尤其你主动和对方搭讪，微笑的表情非常重要。

【案例4.20】

张明在劳动节带着儿子逛公园时，看到一位衣着华丽的中年女士，巧合的是都是带着孩子逛公园，张明就主动找机会和这位女士搭讪："今天天气不错，您也带孩子逛公园啊？"

"嗯，是的，这几天孩子刚考完试，我带她出来放松放松。"

"一看您就是一位贤妻良母啊，您女儿长得真像您，尤其是眼睛太像了，一对凤眼，真是人见人爱。"

"谢谢，还好了。"

双方就这样搭讪中，张明知道了该女士的工作单位和职位，她的单位正在采购一批打印机设备。张明也主动自报家门说其公司正好是生产打印机器材的，并且提出可以带产品资料给该女士做下参考。由于双方在孩子教育问题上聊得很开心，该女士同意了其拜访要求。

【案例解读】

"无心插柳柳成荫"，作为推销员充分利用各种机会寻找顾客，与目标顾客主动搭讪，说不定对方就是你产品的潜在购买者，搭讪顾客抓住时机，认清目标顾客后，尽量多获得对方的信息，但是绝对不能让对方厌烦。

成语典故：
无心插柳柳成荫

2. 实战例句

"先生，18路车站怎么走？"

"大姐，你也天天早晨锻炼啊！"

"大兄弟，现在几点了？"

接近顾客的技巧方法除了上述12种外，还有连续接近法、接近商圈法等，其实在实际工作中，推销员可灵活运用，既可以单独使用其中的一种方法，也可以多种方法配合使用。

复习思考题

1. 接近个体准顾客时需要做哪些准备？准备的资料有哪些？
2. 常用的顾客约见方法有多少种？各有何优缺点？
3. 接近顾客的方法中，你觉得哪种最实用？请说明理由。

任务实施

【任务情境】

场景：美化公司孙经理办公室

咚，咚，咚，小王敲经理室门。

孙经理："请进！"（看了一眼小王，表情严肃）"怎么你又来了，我都说了我们不需要打印机，怎么你们推销员都像狗皮膏药，死缠烂打啊。"

小王："别啊，孙经理，我不是属狗的，我属兔子的。"（表情扮可爱）

孙经理："得，我甭管你属什么的，我顶多给你5分钟，我马上就要去开会。"（看了一

眼手表）

小王："孙经理，您好，您是说你们公司的所有打印业务都交给下面的复印社去做吗？"

孙经理："是的啊，你看我们公司负责的业务都是大客户，这些零碎的东西，我们的员工实在忙不开啊。"

小王："哎呀，孙经理，您脚底下有张100元啊。"（说着用手指着孙的脚下）

孙经理：（立刻低下头，发现没有任何钞票，很是生气）"你小小年纪怎么忽悠我，我这年龄都赶上你爸爸大了。"

小王：（态度可亲地）"其实，孙经理我真没和您开这种玩笑，我就是打了个比方，您想您公司客户很多，那一年要打印的东西很多吧，而且一台打印机不单是一个办公工具，还是连接客户关系的纽带，打印出来的东西好坏代表着一个公司的形象，虽然看起来一台超清打印机要40万元，但是可以无故障使用5年，那每年也就8万元，我大致匡算了下，你们一年打印的数量有80万张，除去打印纸，年消耗量是10万元，而你们委托给复印社打印，每年要花费20万元，就算您再雇个专职打印员，年薪水3万元，那你们也会节省7万元，一年365天，是不是相当于您每天至少丢100多元啊？"

孙经理：（眼睛发亮，略微沉思）"嗯，想想也是啊。不过，你们的技术……"

小王："孙经理您放心，我们HK公司是家外资公司，科研技术实力雄厚，是世界上最强的生产打印机的公司之一，在业界有很好的口碑，拥有很多高端客户，连丽水市政府的打印机都是用我们公司的。"

秘书："孙经理，开会了。"

孙经理："告诉他们，稍等我一会儿。"（又仔细看产品说明书）

小王拿面巾纸擦去汗，眼睛却一直盯着说明书。

孙经理："小王，你先回去吧，我再考虑下，等我电话。"

小王：（立刻起身）"好的，孙经理，再见啊，我等您电话。"（始终面带笑容，走出办公室）

旁白：次日9点钟，小王正在写拜访日志。

场景：小王办公室。

桌上的电话响了起来，三声铃响后，小王接起电话："喂，您好，这里是HK公司，啊，孙经理啊，嗯，好的，那我准备合同，我们下午3点见。"挂上电话，"哦，耶！"

【实施目标】

1. 加深理解推销员接近顾客的方法。
2. 进一步熟悉接近顾客的准备内容。
3. 感受接近顾客的艺术性。

【实施要求】

1. 组建任务小组，每组5~6人，选出组长。
2. 各组分角色分析情境，讨论表演流程，选择一人负责观察、指导。
3. 进行交叉打分，即选取小组表演后，其他小组各选派一名成员担任评委，负责点评。
4. 课代表要做好记录。

【任务考核】

1. 情境表演真实、合理2分。

2. 小组成员团队合作默契3分。
3. 角色表演到位4分。
4. 道具准备充分1分。
5. 满分10分。

知识点概要

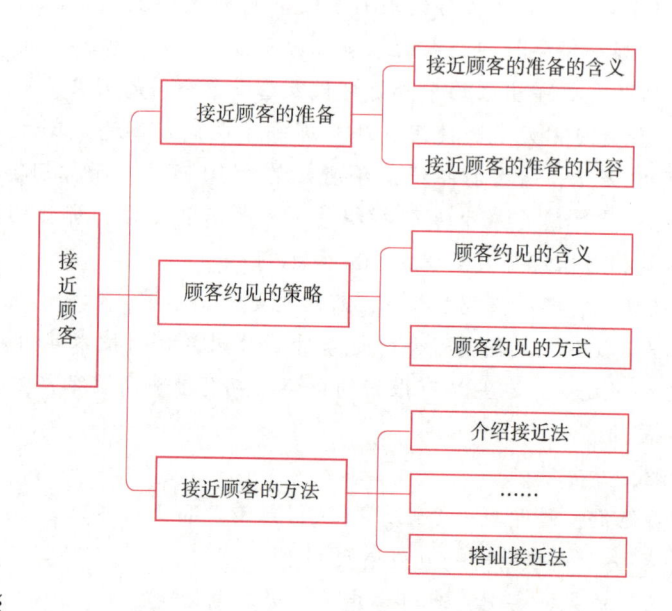

```
                    ┌─ 接近顾客的准备 ─┬─ 接近顾客的准备的含义
                    │                 └─ 接近顾客的准备的内容
接近顾客 ───────────┼─ 顾客约见的策略 ─┬─ 顾客约见的含义
                    │                 └─ 顾客约见的方式
                    └─ 接近顾客的方法 ─┬─ 介绍接近法
                                      ├─ ……
                                      └─ 搭讪接近法
```

※重点概念※

接近准备　团体顾客　介绍接近法　好奇接近法　震惊接近法　求教接近法　馈赠接近法　搭讪接近法

※重要理论※

1. 接近顾客要做哪些准备工作？
2. 如何进行顾客约见？
3. 顾客约见的方法有哪些？

客观题自测

一、单选题

1. "其实您每天都在丢钱，难道您没注意到吗？"是属于哪种方法？（　　）
   A. 产品接近法　　　　　　　　B. 利益接近法
   C. 好奇接近法　　　　　　　　D. 求教接近法

2. 推销人员利用顾客的虚荣心多说赞美、恭维的话，博得顾客的好感，从而接近顾客的方法是？（　　）
   A. 赞美接近法　　B. 求教接近法　　C. 利益接近法　　D. 产品接近法

3. 接近顾客要做什么准备？（　　）
   A. 资金准备　　　B. 心理准备　　　C. 礼品准备　　　D. 形象准备
4. 接近个体准顾客与团体准顾客的准备工作有什么不一样？（　　）
   A. 年龄的考虑　　　　　　　　　B. 用途的考虑
   C. 采购习惯　　　　　　　　　　D. 采购人兴趣爱好的考虑
5. "王经理，您看我是个刚出校门的新人，听说你已经有10多年的推销经验了，可以给我讲讲推销的技巧吗？"这使用了什么接近法？（　　）
   A. 求教接近法　　B. 问题接近法　　C. 馈赠接近法　　D. 好奇接近法

二、多选题

1. 求教接近法又称为什么接近法？（　　）。
   A. 征询接近法　　B. 请教接近法　　C. 讨论接近法　　D. 咨询接近法
2. 准顾客分为（　　）。
   A. 新顾客　　　　B. 老顾客　　　　C. 团体顾客　　　D. 个体顾客
3. 使用搭讪接近法应注意哪几个细节？（　　）
   A. 积极主动　　　　　　　　　　B. 真诚大方
   C. 话题简单　　　　　　　　　　D. 面带微笑
4. 下列哪些是属于利益接近法的？（　　）
   A. 跳楼价甩货　　　　　　　　　B. 挥泪大甩卖
   C. 怒砸茅台酒　　　　　　　　　D. 店面到期全场清仓
5. 好奇接近法是推销人员利用顾客的好奇心引起顾客的什么？（　　）
   A. 注意　　　　　B. 瞩目　　　　　C. 喜爱　　　　　D. 兴趣

项目综合验收

【任务情境】

你的主管给你一份任务，让你去拜访某公司的马经理，主管只告诉了你他的年龄、工作单位，其他情况并不清楚。

任务要求：你拜访时要了解马经理哪些情况？接近对方要使用五种以上接近方法。

【任务实施】

1. 分别组建一支销售团队，每组5~6人，选出组长。
2. 每组集体讨论台词的撰写和加工过程，各安排一个人做好拍摄任务。
3. 两组各选出1名成员作为顾客或推销人员的角色表演者，通过角色表演PK的形式来确定各组的输赢。
4. 其他销售团队各派出一名代表担任评委，并负责点评。
5. 教师做好验收点评，并提出待提高的地方。
6. 课代表做好点评记录并登记各组成员的成绩。

【任务验收】

综合验收考核表

考评指标	考核标准	分值（100）	考核成绩	权重/%
理论知识	基本概念清晰	15		40
	基本理论理解准确	25		
	了解推销前沿知识	20		
	基本理论系统、全面	40		
推销技能	分析条理性	15		40
	剧本设计可操作性	25		
	台词熟练度	10		
	表情自然，充满自信	10		
	推销节奏把握程度	40		
职业道德	团队分工与合作能力	30		20
	团队纪律	15		
	自我学习与管理能力	25		
	团队管理与创新能力	30		
最终成绩				
备注				

项目五　推销洽谈

【知识目标】

1. 熟悉推销洽谈的目标及内容。
2. 了解推销洽谈的原则、步骤。
3. 掌握推销洽谈的方法。
4. 理解推销洽谈的技巧。

【能力目标】

1. 提高洽谈目标的理解能力。
2. 提升推销洽谈的掌控能力。
3. 提高推销洽谈方法的运用能力。

【思政目标】

1. 谨小慎微。
2. 防微杜渐。
3. 善辩多思。

【二十大精神融入】

推进文化自信自强，铸就社会主义文化新辉煌。

【任务解析】

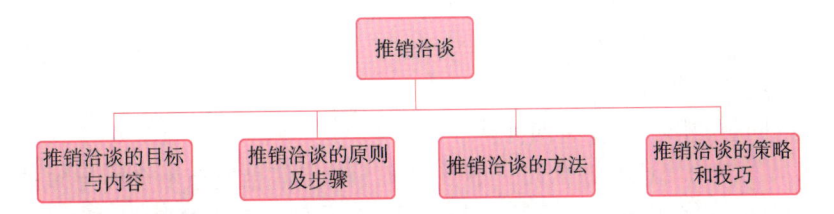

```
                        推销洽谈
        ┌───────────┬───────────┬───────────┐
   推销洽谈的目标   推销洽谈的原则   推销洽谈的方法   推销洽谈的策略
      与内容          及步骤                         和技巧
```

任务一　推销洽谈的目标与内容

任务情境

任务情境　　　　任务情境剧

任务思考

1. 请分析推销洽谈中推销员要完成哪些任务？
2. 推销洽谈过程中要注意哪些原则？
3. 小张使用了哪些洽谈方法？
4. 小张顺利卖出手机，使用了哪些洽谈技巧？

任务学习

一、推销洽谈的目标

推销洽谈的目标

所谓推销洽谈，是指推销人员接近顾客后，运用各种方式和手段推荐商品，想方设法说服顾客做出购买行为的过程。

顾客接近是推销洽谈的前提，推销洽谈又是商品成交的基础。推销洽谈的具体目标如下：

1. 传递推销信息

顾客对推销品不熟悉、甚至完全陌生，因此推销员在推销洽谈中的第一任务就是向顾客准确传递产品品牌、功能等推销信息，顾客只有充分了解相关信息后，才会有针对性地比较，从而做出购买决策。推销员传递给顾客的信息越多、越全面，就越有利于顾客对产品的感性认知，可以帮助其尽快了解和熟悉推销品的特性及其所能带来的好处，增强顾客对推销品以及生产企业的好感，激发顾客产生浓厚的购买兴趣，便于实现洽谈的目的。

2. 解除顾客困惑

在推销洽谈中，顾客接收到推销员传递的有关推销品的信息后，往往会提出一些问题或建议，比如询问商品的材质、功能等，作为推销员要认真耐心地给予解答，只有消除了顾客的疑虑，才会激起顾客的购买兴趣。

顾客提出的问题的原因主要有四种：

（1）推销员发出的信息不够全面、不够准确。对于信息发布不全面导致的问题，推销员要迅速补足信息，更全面客观地介绍商品；对于提供的信息不准确而难以让顾客信服的地方，推销员要拿出尽可能多的证据，展示给顾客，让顾客放心。

（2）推销员传递信息的方式不恰当或不正确。对于信息沟通不当出现的问题，推销人员应设法更换沟通方式，再次发送推销信息，使顾客有效接收，如有的顾客文化层次低听不懂普通话，可采用当地方言；对于不熟悉本地语言的顾客直接用普通话交流；对于外国友人或聋哑人员用书写板代替口语交流。

（3）顾客对产品一无所知。此类问题是推销中最常见的，消费者不是专家，对商品没有清晰的概念，这就需要推销员像专家一样，一一解答顾客的疑问，只有这样才能帮助他加深对产品的印象。

（4）顾客的误解或偏见。顾客出于对某种商品的不信任而道听途说、听信谣言导致故意扭曲产品的，推销员要耐心解释，通过举例子、摆事实、讲道理，更新顾客的认知观念。

3. 主动发现并满足顾客需求

推销的实质是满足顾客的需求，要想满足顾客的需求，首先要发现顾客的购买需求和动机，顾客对产品的关注和兴趣直接影响着购买需求，因此就会形成一连串的连锁反应。顾客的购买行为是受购买动机支配的，而购买动机又取决于顾客的需求，顾客的需求又受顾客兴趣的影响，只有保持顾客长久的持续的兴趣，有效诱导顾客的购买动机，顾客才会主动提出购买商品。为此，推销员在洽谈之初就必须先了解顾客的心理需要，并投其所好进行推销洽谈。

为了更好地发现顾客的需求，推销员可以有针对性地展示推销品，通过对顾客的面部表情、心理变化察言观色，来捕捉顾客的需求，顾客只有接触商品才能意识到推销品的价值和功能，从而确定是否购买。推销品的展示要因人而异，不同的顾客对该产品有不同的需求。

4. 促使顾客做出购买行动

推销人员寻找、接近、说服顾客的最终目的是促成交易，否则推销洽谈就是失败之举。顾客购买活动的心理过程，在认识商品、明确动机阶段之后，还要经过情绪变化和意志决定这两个发展阶段。顾客接受了推销员对产品的介绍，认同了推销员的看法，并不表示愿意做出购买决定，这就要求推销员准确地把握顾客购买决策前的心理冲突，利用各种方法或手段刺激顾客的购买欲望，引导顾客做出购买决定，做出购买行为。

二、推销洽谈的内容

在洽谈方案中，必须事先确定洽谈可能涉及的内容，洽谈的内容也应针对顾客关心的问题来确定。一般包括以下内容：

推销洽谈的内容

1. 推销品的品质

推销品的品质是推销品内在质量和外观形态的综合体现。推销品质量好坏是顾客是否愿意购买的一个重要原因。不同品质的商品具有不同的使用价值，可满足不同层次的需求。商品的品质还是决定商品销售价格的实质性因素，不同的品质决定了价格的差异，但是质量因素也不是影响顾客做出购买行为的唯一因素，因此推销人员与顾客洽谈中重点介绍推销品的品质时应善于利用产品质量标准。洽谈推销品的品质要联系其实用性，即与顾客关注点相融合。如顾客注重享受，要凸显品质优良；顾客贪图实惠，要凸显品质符合大众要求。洽谈推销品的品质时还要凸显主次，重点向顾客传递其最感兴趣的品质特点，其他优点可一语带过。

2. 推销品的购买数量

购买数量是也是推销洽谈中比较关键的一个因素。因为顾客购买商品数量的多少直接关系到交易形式及交易价格。推销人员应本着利益最大化原则，在不违背公司利益的前提下，

项目五　推销洽谈

适当给予价格优惠，当然推销员也可以充分利用量大价优的道理，说服顾客增加购买数量，实现双方利益均衡。

【案例5.1】

"咚，咚，咚"。

"请进，哦小李啊，快请坐。"

"王经理，上次和您谈订货合同的事情都过去一周了，您考虑怎么样了？"

"嗯，是有些日子了，不过你们的价格确实有点高，关键我怕卖不动啊。"

"王经理，我公司给您的价算很优惠了，每盒才3.4元，已经很低了，因为您是老主顾了，我们给别人都是3.7元呢。"

"你要是降到3元钱嘛，我立刻和你签合同。"

"王经理您真是太难为我了，这个价格肯定是不行的，你也知道现在所有的原材料都上涨，你的量才2 000盒，又不是很大，要是您能订5 000盒，我就可以按大客户为您特意申请。我们这个产品在市面上卖得非常好，您上次订的货应该也快售完了吧？您分着拿货真不如一次订货，可以省很多钱呢。"

"嗯，你说得也有道理，你们的产品确实比较好卖。"

"王经理你要信老弟的话就订5 000盒吧，我再帮你和我们老总说说，再给您要点赠品，价格也就相当于3元了。"

"行，你帮我多要点赠品，我就订货5 000盒吧，明天你把合同带来吧。"

"别明天了，我今天合同都带来了。"

"好，把合同给我吧。"

【案例解读】

价格和数量是天生的一对，遇到价格谈不拢的时候，可以考虑用量换价，反正钱都进企业的账户，如果每件商品少赚0.4元，数量却增加了3 000，只要有盈利，企业还是有赚头的。这就像大家去买衣服，一件80元，2件120元，3件150元，很多明明打算买一件的反而去花150元买走3件。

3. 推销品的价格

商品价格是推销洽谈的最关键因素，价格的高低是推销洽谈中顾客比较关心的问题，它直接影响顾客做出购买行为，所以价格是推销洽谈中最重要的内容。但是价格高低，不同顾客会有不同的看法，并不是所有价格低的商品都好卖，也并不是所有价格高的商品就滞销。价格还受到顾客心理的期望价值影响，它与顾客的购买需求强弱、迫切程度、购买力大小等因素紧密相关。

每个顾客对商品价格都有自己不同的理解，有的顾客对价格会非常在意，有的顾客对价格却抱有无所谓的态度。因此在价格洽谈中，推销人员要摸清顾客购买的实际情况，针对顾客的不同要求，灵活运用价格策略。

4. 货款结算

在商品交易中，货款的支付也是一个关系到双方利益的重要内容：是一次性支付，还是分次支付；是发货前支付，还是货到付款。在推销洽谈中，双方应明确货款结算方式及结算使用的货币、结算时间、结算地点等具体事项。

5. 销售服务

销售服务是推销洽谈中不可缺少的一个环节，推销人员应综合考虑本公司的生产运营能力、供应能力等因素，将承诺的服务范围准确地传递给顾客，以免发生不必要的麻烦。需要明确的项目主要有：

（1）明确交货日期。日期要具体，如 2012 年 8 月 5 日，而不是 2012 年 8 月。

（2）明确是否提供送货及运输的方式和地点。要注明运输费用谁承担，用什么交通工具，运达到地点。

（3）明确是否提供售后维修、养护服务及服务期限。

（4）明确是否提供技术指导及技术员培训工作。

（5）明确是否有偿提供零配件及工具。

6. 保证条款

保证条款是指在交易过程中，买卖双方对买进、售出的商品要承担某种义务和责任，以担保的方式保证双方的利益。保证性条款的最主要内容是担保。通常情况下，一些涉及金额比较大、承担风险较大的合同，往往会就双方的责、权、利、纠纷诉讼、处理办法等事项事先进行协商，权利方都会要求义务方提供担保。

复习思考题

1. 推销洽谈的内容是什么？
2. 推销洽谈的目标是什么？

任务实施

【任务情境】

一业务推销员与某公司经理推销洽谈电风扇。

【实施目标】

1. 加深理解推销洽谈的含义。
2. 熟悉推销洽谈内容。
3. 掌握洽谈的目标。

【实施目标】

1. 组建任务小组，每组 5~6 人，选出组长。
2. 各组分角色分析情境，讨论表演流程，选择一人负责观察、指导。
3. 进行交叉打分，即选取小组表演后，其他小组各选派一名成员担任评委，负责点评。
4. 课代表要做好记录。

【任务考核】

1. 情境表演真实、合理 2 分。
2. 小组成员团队合作默契 3 分。
3. 角色表演到位 4 分。
4. 道具准备充分 1 分。
5. 满分 10 分。

任务二 推销洽谈的原则及步骤

任务情境

任务情境　　　任务情境剧

任务思考

1. 分析推销洽谈的含义和原则。
2. 黄明在拜访孙经理时采用了什么步骤拉开洽谈的序幕？
3. 黄明为什么能拿下订单？
4. 黄明的成功之处在哪里？

任务学习

一、推销洽谈的原则

推销洽谈又称为交易谈判，是指推销人员运用各种方法和手段，向顾客传递、灌输推销信息，并设法说服顾客购买产品或服务的磋商过程。推销洽谈实质上是买卖双方沟通和寻找利益共同点的过程，推销人员希望在洽谈过程中，对方能接受或认同自己的观点，从而达成购买意向。推销洽谈是推销接近的后续工作，它受到多种因素的影响，局面也更加错综复杂。为了更好地与客户洽谈，我们要遵循的原则主要有以下几点：

1. 针对性原则

所谓针对性原则是指推销洽谈应该服从推销目的，必须有明确的指向性，要做到针对推销环境、针对推销过程、针对顾客、针对商品。具体包括以下几个方面：

（1）针对顾客的需求动机。推销洽谈应该从顾客的需求动机出发，通过交谈、观察来了解顾客需求动机。了解顾客需要是推销人员推销成功的前提。一般来说，如果按照顾客的年龄分类，老年顾客需求动机是实惠、耐用、低价，推销人员就要推销大众款式的商品；年轻顾客的需求动机是时尚、新潮、功能丰富，推销人员就要推销最流行的款式。顾客图名，推销人员就推货真价实；顾客图利，推销人员就推物美价廉。

（2）针对顾客的心理特征。顾客不同，必然个性心理特征具有很大差异。例如有的顾客性格内向、不善言辞，推销人员在与其洽谈时，就要主动热情，避免冷场；有的顾客性格外向，推销人员就可以大方地从其爱好出发，以顾客为中心，少说多听，让顾客有优越感。

（3）针对顾客的敏感程度。顾客不同，对产品的敏感程度也有很大的差异，因此推销人员与其进行洽谈时，应事先设计好洽谈方案，采取适当的策略。例如，对价格特别敏感的顾客，推销人员要多强调质量好、功能全、品牌知名度高、企业信誉好等因素，证明物超所值，贵有贵的道理，从而提高产品的竞争优势。

成语典故

物超所值（wù chāo suǒ zhí）：指一样东西超过原有的价值，形容物品的性价比高。

出处：清·郑观应《盛世危言·禁烟下》："如派人学制，复储一年，则物超所值，争先乐购。"

（4）针对推销品特点。市场竞争激烈，产品既有同质性又有异质性，推销人员要根据推销品的特点精心设计洽谈方案，增强说服力。从产品包装、工艺设计、产品功能、售后服务等方面推荐产品，使顾客感到与众不同，从而采取购买行动。

2. 鼓动性原则

所谓鼓动性原则，是指推销人员在推销洽谈中用执着的信念、激情的话语、积极的进取态度，凭丰富的专业知识有效地激励、感染顾客，通过说服和劝说让顾客采取购买行动。推销人员要做到以下几点：

（1）拥有自信心。推销人员激励、感染顾客的动力来自自信，要对自己推销的商品、对自己所在的企业、对推销员的工作都充满自信。

（2）坚定的信念。作为一名推销人员，热爱自己的本职工作，相信自己的推销能力，认可自己的产品，不忘初心，牢记使命，坚定成功的信念。

案例 5.2

党史百年

"不忘初心，牢记使命"主题教育是在全党开展的教育活动，是推动全党更加自觉地为实现新时代党的历史使命不懈奋斗的重要内容。

2017年10月18日，习近平总书记在十九大报告中指出，在全党开展"不忘初心，牢记使命"主题教育，用党的创新理论武装头脑，推动全党更加自觉地为实现新时代党的历史使命不懈奋斗。

2019年5月13日，中共中央政治局召开会议，决定从2019年6月开始，在全党自上而下分两批开展"不忘初心，牢记使命"主题教育。9月，《关于开展第二批"不忘初心，牢记使命"主题教育的指导意见》印发。11月，《关于第二批主题教育单位基层党组织召开专题组织生活会和开展民主评议党员的通知》印发。2020年9月，中共中央办公厅印发了《关于巩固深化"不忘初心，牢记使命"主题教育成果的意见》。

（3）积累丰富的推销知识。推销人员在推销洽谈中用广博的推销知识、富有感染力和鼓动性的语言可以更快速地说服和鼓动顾客。

（4）熟练使用推销工具。推销人员要熟练使用各种推销工具，营造融洽的推销气氛，打造壮观的推销场面，吸引顾客的注意力，激发顾客购买的欲望。

3. 诚实性原则

诚实性原则是指推销人员在推销洽谈过程中要真心诚意、实事求是、不弄虚作假、信守承诺、对顾客负责，这是推销人员基本的行为准则。推销人员在推销洽谈中要做到以下几个方面：

（1）实话实说。真诚是人与人交往的前提之一，再美的谎言也经不起

成语典故：实事求是

项目五 推销洽谈

121

时间的考验，因此推销人员要如实介绍自己的产品，不能随意夸大产品功能，不能虚报产品价格。

（2）表里如一。推销人员推销的产品必须与企业产品完全一致，不能以次充好，更不能假冒伪劣。

（3）出示证明。可靠的证明包括推销人员身份证明和推销品的相关证明，如产品生产许可证、获奖证书、专利技术证书等。

（4）<u>一诺千金</u>。对产品的售后服务内容、产品的质量等细节问题，不要随意许诺，做不到的事情不要随意答应。言一出，事必行。

成语典故：
一诺千金

【案例 5.3】

张明是一名复印机的推销员，每天和不同的客户打交道，由于业务知识丰富，注重推销礼仪，得到了很多客户的订单。但是张明在查找资料时了解到，本公司生产的复印设备比别的公司价格整整高出 20%，性能上却无任何区别，于是就如实地和已签订订单尚未发货的客户说明价格差异，并在信中提议，如果客户介意，可以暂缓履行合同。很多客户收到信后，都仔细了解了价格差异，但是只有 10% 的客户取消了订单，90% 的客户表示，合同可以继续履行，并表示可以和小张长期合作。

【案例解读】

诚实是做人的准则，也是做人的标准，对于推销员来说，诚实就是推销员最好的名片，当你如实地向顾客说明事情的真相时，顾客会和你走得更近，因为他觉得和你打交道很放心。

4. 倾听性原则

所谓倾听性原则是指推销人员在推销洽谈过程中，不要只顾自己说起来没完，而要注意倾听顾客的意见。推销洽谈是双向交流的过程，推销员在向顾客传递推销品信息的时候，也要注意观察顾客的反应，因此倾听就很重要。从心理学的角度看，顾客的想法能被推销员认真聆听，本身就会获得一种心理的满足；顾客感到被推销员尊重，必然也愿意聆听推销员的讲解。

倾听性原则就是不与顾客争辩，积极创造各种机会让顾客多说话，多表达个人意见，更利于成交。顾客文化层次不同，素质也有高低差异，难免会遇到一些爱发牢骚、喜欢抱怨的顾客，推销人员耐心地听他把话说完，而不是去阻止他说话，这样才能了解对方的真实意愿，从而有针对性地做好解释说明，使其打消顾虑。

5. 参与性原则

参与性原则是指推销人员在推销洽谈过程中，积极地鼓励顾客主动参与推销洽谈，促进买卖双方信息的有效沟通，推进推销洽谈关系融洽，增强推销洽谈的说服力。坚持参与性原则，就是要求推销人员与顾客关系融洽，有共鸣，让顾客产生认同，达到提高推销效率的目的。推销员要努力做到以下几点：

（1）与顾客保持一致。通过寻找相同的或近似的元素来缩短顾客与推销员的距离，比如相同款式的西服、皮鞋，类似的经历，同一所学校毕业，相似的爱好，相同的观念，相同的语气等。这些与客户保持一致的因素，会使顾客更加认同推销员，双方洽谈的氛围也最和谐，从而提高推销的效率。

（2）引导顾客说出想法。坚持参与性原则，还要求推销人员积极想方设法把顾客引导到推销洽谈中，推销员要运用推销策略，让顾客说出自己的感受，只有知晓顾客的真实感受，才可能有效开展推销，准确辨别顾客需求，为之提供更合适的商品。推销员要引导顾客发言，欢迎顾客说出自己的想法和意见，让顾客与商品近距离接触，例如，可以通过试吃、试饮、试用、试玩等询问顾客的感觉，<u>循序渐进</u>地引导顾客讲出感受。

成语典故：循序渐进

【案例5.4】

现在很多幼教中心都提供一次免费试听课程，让家长带着孩子一起上课，课后为每个家长发一份调查问卷，来了解家长最希望自己的孩子接受哪些课程的培训、每节课愿意支付多少费用，将这些资料汇总后，再确定班次和价格。

【案例解读】

产品是为顾客提供服务的，如果你不能及时捕捉到顾客的需求，那你的产品如何生产？把顾客"拉进"设计里，了解到顾客的想法，产品做到适销对路，自然就好卖了。

6. 灵活性原则

灵活性原则是指推销员应根据不同情况采取不同策略，<u>随机应变</u>，见机行事。推销洽谈不是个固定过程，推销的对象不同，推销的形式也会不同。从现代推销理论来讲，灵活性原则是推销洽谈的基本原则，推销员在推销洽谈中要做到以下几点：

（1）善于应对突发状况。虽然每一个推销员在进行推销洽谈前都会做周密的准备工作，但是在现实推销活动中并不一定都是按照事先设想的情节进行，因此推销员要随时调整自己的洽谈策略、目标，以达到推销洽谈的目的。

（2）<u>出奇制胜</u>。推销环境不同，推销的洽谈方式也不会相同，推销员只有充分利于每一个推销机会，在推销洽谈中审时度势，才能达到成功。

成语典故：随机应变　　成语典故：出奇制胜　　灵活原则

【案例5.5】

张明在拜访某公司销售部王经理的时候，偶然听到同事向王经理祝贺，原来王经理的儿子今年中考考上了重点高中，于是就从公文包里拿出给自己孩子买的电子词典当礼物送给了王经理，并说了很多祝福的话。王经理也非常高兴，双方在愉快的气氛中顺利签订了购销合同。

【案例解读】

灵活、随机应变是推销员的基本能力，只有善于捕捉微小变化，抓住常人看不到的细节，才能获得意想不到的效果。

二、推销洽谈的步骤

推销洽谈虽然灵活多变，没有固定的形式，但还是有阶段可以划分，推销洽谈按时间先后顺序大致可分为准备阶段、摸底阶段、提议阶段、磋商阶段和促成阶段，阶段不同，特点不同，工作重心也不同。

1. 准备阶段

"良好的开始是成功的一半"，推销人员在洽谈前做好充分、细致、全面的准备工作，才能有一个良好的开局。

（1）制订周密的洽谈计划。

①洽谈的预期评估。"不打无准备的仗"，在推销洽谈之前，推销员要对推销洽谈结果做个预期评估，看能否实现推销洽谈成功，最低的期望结果是什么，最好的预期结果又是什么，下一步又该采取什么策略。

②确定推销洽谈的时间、地点。洽谈时间、地点的选择对推销洽谈的成功关系紧密，如果洽谈时间较短，就会造成洽谈内容难以深入，向顾客传递的有效信息较少或不全，从而导致洽谈结果失败。洽谈地点、时间的选取尽量方便顾客，与顾客洽谈前，应大致告诉对方洽谈需要多长时间，使客人尽量选择比较方便的洽谈时间。

③核实顾客信息。顾客的资料必须翔实准确，不可张冠李戴，更不要叫错顾客的名字，如果是间接资料要进一步核对。只有掌握顾客真实信息，才能制定相应策略。个体顾客信息包括姓名、性别、年龄、学历、资历、个性、爱好等。

④提供产品和服务信息。制订洽谈计划时，应详细标注产品的性质、性能、价格等要素，这样向顾客阐述时能更加清晰准确，也能节省时间。为了方便顾客选择，对于竞争者的同类产品最好也要列明，这样顾客就能更直观清楚地了解你的产品的优势。

⑤选取对策。根据前期掌握的顾客的兴趣、爱好、个人情况等信息，找准适合洽谈对象的策略，这样既可以有效拉近双方的距离，投其所好，又有利于洽谈结果的最终实现。

（2）推销洽谈的工具准备。"智者当借力而行"，推销人员在推销过程中采用适当的工具，可以有效增加说服力。

①样品或模型。推销洽谈中适时展现样品或模型，可以让顾客更直观地感受产品的优点，更能激起顾客购买的意愿，也能增强说服力。如"我们的产品外形小巧美观，看，这是样品，只有巴掌大小"，让对方一目了然。

②产品资料。产品资料包括文字资料和图片资料，对于比较复杂的性能参数，顾客单听推销员讲很难立刻消化，也不能记全，顾客事后翻阅产品资料，会使其加深印象。

③证明资料。推销洽谈中如果推销员能提供一些纸质的证明材料，顾客会更加信赖，获奖证书、节能环保荣誉证书能使顾客更喜欢产品，从而提高购买概率。

2. 摸底阶段

推销洽谈的摸底阶段是洽谈双方试探性地提出问题，试图了解对方，关注对方的价格底线或成交的要求。

（1）开场陈述。推销洽谈尽量营造一种轻松愉快、友好和谐的气氛，推销员要给对方留下热情、诚挚的良好印象，最好先谈一些非业务性、轻松的话题，即"破冰"。开场陈述一般采用口头、书面或二者结合的形式，正面陈述自己的观点和立场。开场陈述时间不宜过长，点到为止，使对方能很快提问，从而展开沟通与交流。

（2）交换意见。双方要及时阐明推销的目的、实现的目标，如果是推销员主动拜访，推销员要在提出明确要求后，聆听顾客的意见，及时了解顾客的心理动态。

（3）探听"虚实"。查明对方的成交底线及预期目标，提出建设性参考意见，力争买卖双方达到意见一致。

3. 提议阶段

提议阶段是推销洽谈的重要阶段，双方交换意见后，将对方的信息加以归纳和处理，便进入推销洽谈的提议阶段。推销人员必须尽可能从对方的语气中大体判断顾客所能接受的条件和范围，如果对方不能完全接受，是采用备选方案，还是坚持自己的条件。如态度比较坚决地告诉对方："抱歉，我们的产品非常好卖，这是我们的最低价，贵方接受不了，那我们只能答应其他公司了。"提议阶段要做到表达清楚、观点明确、意志坚定、不卑不亢，但话不能说死，尽量留有商量余地，便于双方达成一致。

4. 磋商阶段

推销洽谈的磋商阶段也称"互相退一步"阶段，是指洽谈双方为了各自的利益，进行"攻"与"守"的较量阶段，是双方为实现合作，寻求利益的共同点，并对各种具体交易条件进行磋商和探讨，以逐步减少彼此分歧的过程。即双方都对自己的洽谈目标进行调整，通过讨价还价方式，争取达到协商一致。

（1）探究对方的真正意图，适时适度地阐述自己提议的依据。

（2）找准还价时机，给对方造成压力，影响或干扰对方的判断，接近对方的目标，触及对方接受的底线。

（3）让步协商，绝不做无条件的让步。即使让步要让在表面，先妥协次要的条件，再让步较重要的条件，如发货日期可以延长，但成交价格不松口。因不知道对方的价格底线，所以不要承诺做同等幅度的让步，每一次让步都要让对方感觉很困难，想方设法让对方主动让步。如："张经理，您真的让我太难了，我真的没办法降那么多，每公斤最多只能降低五毛钱，再多，我实在是无能为力。"

（4）打消对方进攻的念头，推销员适时地选择示弱以求怜悯，有的时候也会收到意想不到的效果。如："啥都别说了大兄弟，我要不是没完成这月销售任务，这价格我真的不能卖，连成本都不够。"

5. 促成阶段

推销洽谈的促成阶段是推销洽谈的最后阶段，也是收获最终战果的阶段。当双方进行实质性的磋商后，经过彼此的"退""让"取舍，意见已经大体统一，谈判趋势逐渐明朗，最终双方就有关的交易条款达成共识，于是推销洽谈便进入了促成阶段。

（1）明确发出收尾的信号。推销员要表明立场、表明态度，让顾客明白洽谈已经进入尾声。

（2）面带微笑，顺利成交。和气生财，推销员要时刻保持微笑，缓解顾客压力，对个别无伤大局的争执，可以做适度让步。如："好，这样吧，合同签订，这个样品就送您了。"

复习思考题

（1）接近顾客的方法有哪些？

（2）如何分辨求教接近法和问题接近法？
（3）相对来说，哪种接近顾客方法适用最广？
（4）"见人减岁，见物加价"实际指的是哪种接近顾客的方法？

任务实施

【任务情境】
甲乙两家公司经理进行洽谈，背景如下：甲方条件，乙方条件自拟，具体情境是双方争执不下互不相让，要求自行设计洽谈场景。

【实施目标】
1. 加深理解推销洽谈的原则。
2. 掌握推销洽谈的流程及各步骤该注意的工作重点。

【实施要求】
1. 组建任务小组，每组5~6人，选出组长。
2. 各组分角色分析情境，讨论表演流程，选择一人负责观察、指导。
3. 进行交叉打分，即选取小组表演后，其他小组各选派一名成员担任评委，负责点评。
4. 课代表要做好记录。

【任务考核】
1. 情境表演真实、合理2分。
2. 小组成员团队合作默契3分。
3. 角色表演到位4分。
4. 道具准备充分1分。
5. 满分10分。

任务三　推销洽谈的方法

任务情境

任务情境

任务思考

1. 推销洽谈的方法有哪些？
2. 情景剧中张明共使用了几种方法？
3. 使用这些方法时应注意的细节是什么？

任务学习

推销洽谈是一项高雅的艺术工作，能否掌握合适的推销洽谈方法决定推销的成败。推销洽谈的方法很多，大致可归结为两大类：提示洽谈法和演示洽谈法。

一、提示洽谈法

所谓提示洽谈法，是指推销人员在推销洽谈中利用语言的形式，启发、引导顾客产生购买意愿，从而实现购买目标的方法。按照提示的方式不同还可以细分为以下几种方法：

（一）直接提示法

直接提示法，是指推销人员接近顾客后直接主动夸赞推销品的优点和特点，劝说顾客购买的洽谈方法。

直接提示法

1. 优点

（1）简洁明快，加快洽谈速度。

（2）高效省时，符合现代人的思维习惯。

2. 注意的细节

（1）提炼卖点。提示的话语要言简意赅，废话连篇没有重点的提示，顾客是不会买账的，直接将产品最主要的卖点说给顾客听，如"新上货""最新款式""功能齐全""大减价"等，这样顾客会被卖点吸引，才能听进去。

（2）内容精准。推销员所提示的产品卖点、优点、性能指数准确到位，要让顾客能理解，用肉眼可以直观地观察到。

（3）灵活掌握。推销洽谈中要及时留意顾客的购买动机是否有调整，如原来打算买贵一点的，现在突然改为价格实惠的产品；同时要注意辨析顾客的个性差异，有的顾客想购买减价处理的便宜货，但又有很强的虚荣心，若推销员直白地陈述"降价清仓"会使顾客面子上过不去，应顺势说厂家搞活动，让利于民，马上就恢复原价，催促其马上购买。

（4）动机匹配。直接提示法要直接宣讲产品的好处、优点，贴近顾客的需要，剖析商品的特点要与顾客购买动机相匹配。

【案例5.6】

商场海尔电器的推销员迎接前来买洗衣机的顾客，问明需求后，直接把顾客领到某型号洗衣机前："这款洗衣机能效比是1级，洗净比是0.9，5公斤的容量，不锈钢滚筒，具有预约、烘干功能，全自动操作，一键清洗，价格也非常合适，特别适合你们三口之家。"

顾客仔细看了说明书，又问了几个细节后，买走了洗衣机。

【案例解读】

直白地将商品的优点、特点介绍给顾客，为顾客提供购买的建议，为顾客节省了很多时间，顾客也更容易采纳购买建议。

3. 实战例句

"我的瓜都是早上刚摘的，个个都甜，随便尝，不甜不要钱。"

"我们的衣服都是最新款，货真价实。"

（二）间接提示法

间接提示法，是指推销人员利用他人间接地夸赞商品好，建议顾客购买的洽谈方法。

1. 优点

有效地缓解洽谈压力；避重就轻，制造有利的洽谈气氛；避免了"王婆卖瓜自卖自夸"之嫌，更利于顾客接受。

2. 注意事项

（1）借用他人说法。"群众的眼睛是雪亮的"，借用第三者的身份提示产品的优点，让顾客觉得更真实可信。

（2）见机行事。推销员使用间接提示，不要漫无边际地举例，要围绕推销洽谈的主题，可以配合其他洽谈提示法，引导顾客采取购买行为。

【案例5.7】

某手机专柜的推销员对前来看手机的顾客说："这款手机卖得可快了，买的顾客都觉得性价比高。10分钟前，一个顾客就刚买走一台，她还说明天带她表姐过来买呢！目前存货也不多了，这个月已经卖掉400台了，现在库里只有8台了，您真是好眼光啊。"

【案例解读】

"王婆卖瓜自卖自夸"，推销员说"好"的商品，其实未必是好，但是陌生的顾客评价，就是准顾客评价商品的镜子，这也是为什么大家网上购物，在付款之前，一定要看网友的评价，评价差，购买的欲望自然就低了。

3. 实战例句

"刚才一个顾客买走我两个西瓜，说从没吃过这样甜的瓜。"

"你们办公室的王姐昨天买走了两件,还说要给她再留一件红色的呢!"

(三) 明星提示法

明星提示法,又称名人提示法或威望提示法,是指推销人员利用顾客对名人的崇拜心理,借助名人的"明星效应"来说服顾客购买推销品的洽谈方法。

1. 优点

利用了一些名人、名家、名厂的声望,消除顾客的疑虑,使推销品在顾客的心目中产生明星光环效应,让顾客更青睐产品。

2. 注意细节

(1) 明星应被认可和喜欢。使用明星提示法所涉及的明星,应该具有较高的知名度,是被观众所熟悉和认可的正面形象的明星。

【案例5.8】

> 一推销员拿着产品向顾客展示道:"您认识这个明星吧?她就经常使用我们的产品,看她的头发比以前更柔更顺了。"
> "哦,这个明星我和我闺女都喜欢,那给我来两瓶吧!"
>
> 【案例解读】
> 明星如同榜样的力量,既然明星都在使用,就说明产品好,用行动支持喜欢的明星,消费者愿意掏钱。

(2) 真实使用。要确认明星确实使用了推销品,不要随意捏造,把虚假的事情作为产品的卖点向顾客陈述,否则一旦被顾客识破,商品就很难推销了。

(3) 弃用负面明星。如果明星出现负面信息,果断弃用。

(4) 并非适合所有顾客。并不是所有的顾客都对明星感兴趣,有的时候使用明星提示法反而会导致失败。如:"你说谁代言?哦,她啊,还说什么当红的明星呢,戏演得那么差,我最不喜欢她演的电视剧了,算了我不买了。"

3. 实战例句

"超能洗衣液可是孙俪代言的,洗涤效果非常好。"

(四) 自我提示法

自我提示法又称自我暗示法,是指推销员利用各种提示、暗示唤起顾客的兴趣,从而让顾客做出购买行为的洽谈方法。

1. 优点

使顾客进行自我暗示,引发顾客产生某种联想,激发顾客的主动购买意识。

2. 注意细节

(1) 提示物要真实可靠,能令人浮想联翩。推销员运用自我暗示法时,应选择合适的提示物,让顾客的联想符合实际,形成美感。如:"您购买了这台60英寸的液晶电视,每天下班后,您和您爱人依偎在沙发上一起看电视,该是多么惬意的事情啊!"

(2) 符合逻辑。

自我提示运用恰当可以满足顾客的情感需求与动机,刺激其购买,但是不可过于夸张,一定要符合逻辑。例如一个脸上有很多痘痘的顾客前来购买祛痘产品，你说"这个产品，你买了后，明天痘痘就消失了"，这样过于夸张的自我提示法就很失败。

3. 实战例句

"大哥，这瓜老甜了，您买回去，嫂子肯定会夸您会买东西……"

"大妈，这窗帘您买回去，挂在窗户上肯定非常典雅大方，家人肯定会喜欢。"

（五）鼓动提示法

鼓动提示法又称动意提示法，是指推销人员通过传递推销信心、启发建议顾客，激起顾客购买欲望的方式从而达成购买的洽谈方法。例如"今天是买一送一活动的最后一天""这个是限量版，库存已经不多了""今天全场九折，明天恢复原价"，等等。

1. 优点

有效传递推销信息；刺激顾客的购买意愿，引起顾客的行为反应；利于快速成交。

2. 注意细节

（1）好感在先。鼓动提示法要建立在顾客基本认同商品的前提下，尤其适用于犹豫不决的顾客。

【案例5.9】

张明去购买一款米奇MP3，在柜台里看到自己喜欢的款式非常高兴，然而试用了商品后看了看价格又犹豫起来。这款MP3明显比网上查到的价格高出了100元，可店员告诉他这里是明码实价，不议价的，在犹豫中他很难做出决定。这时店长走来："这款MP3很畅销，是米奇公司限量版的，我们这个是正宗行货，买假双倍赔偿，今天购买此款MP3还可以享受免费抽奖，最高奖是一台笔记本电脑呢！如果您明天来不但抽奖活动没了，恐怕这款MP3也没了。"

于是张明就掏钱买了这台MP3，抽奖时候还抽到一包面巾纸。过了两天张明顺路又来到柜台前，发现这款MP3真的没货了，为此张明很开心。

鼓动提示法

【案例解读】

鼓动提示法的目的就是在顾客犹豫不决的时候帮他下定决心，让他付诸购买行动，即所谓的临门一脚，前面就是球门，球在脚下，你不踢怎么会进球？不进球又怎么会得分呢？

（2）信息真实。鼓动信息真实，不可虚假。

（3）因人而异。对说话比较冲、个性较强、性格偏内向、自以为是的顾客慎重使用。

（4）言简意赅。使用鼓动提示法时，推销员说话要言简意赅，不要长篇大论，给出一个明确的鼓动信号，就可以快速地被顾客接收。

成语典故

言简意赅（yán jiǎn yì gāi）：形容说话写文章简明扼要。

出处：宋·张端义《贵耳集》上卷："言简理尽，遂成王言。"

3. 实战例句

"今天是买一送一活动的最后一天，明天就恢复原价了。"

"这个是限量版，马上售完，再不买就没了。"

（六）积极提示法

积极提示法是推销人员用积极的语言、方式劝说顾客购买推销品的洽谈方法。积极提示法使用正面的提示、肯定的语言、贴切的赞美，使顾客对商品产生浓厚的兴趣。

1. 优点

积极提示法主动宣讲推销品的利益和优点，搭配实物更能产生很好的说服力。

2. 注意细节

（1）正面提示。用"这商品质量非常好"代替"这商品质量不差"。

（2）有理有据。提示信息真实有效，不要误导、欺骗顾客。

【案例5.10】

某保险公司的业务员张宏正积极地向王先生介绍某款保险产品，王先生很认同保险产品的利益，但是觉得花这么多钱买保险并不是很划算，所以一直犹豫不决。于是张宏拿出一张纸，在上面纵向画出一条线，左边写的保险带来的利益：人生保障、疾病保险、账户价值、红利分享等，右边写出买保险带来的问题：花5 000元保费，买保险没能立刻产生作用，是一种积累。王先生看到左边的好处有7项，右边只有4项，并且保费每天不到15元钱，也算不了什么，决定购买。

【案例解读】

积极提示法是用积极的正面语言来描述商品，激起顾客购买的意愿，从而实现成交的过程，顾客需要推销员的鼓励，正面语言就是对他购买决心的最大支持。

（3）优点叠加。

如："您觉得购买冰箱应注意什么？""节能省电、保鲜才是选择冰箱的关键，我们这台冰箱采用进口压缩机，容积大、耗电省，采用最先进技术，可以长时间保鲜……"

3. 实战例句

"欢迎光临我们小店，我店商品货物齐全，价格公道，质量好，信誉高！"

"你看这是登有今年中考状元的报纸，他手上拿的就是这款电子词典，小巧方便、发音准确、坚固耐用、免费更新……这款词典非常适合孩子学习英语。"

（七）消极提示法

消极提示法是指推销员用消极、反面、否定的语言或方式来劝说顾客购买推销品的洽谈方法。

1. 优点

消极提示法主要用于提示消费者疏忽的问题和现象，引起顾客产生积极的心理效应，从而刺激消费者做出购买行动。

2. 注意细节

（1）反话正说。针对顾客本身或随身物品，直接使用否定的字眼，如"您皮肤不好"

"您状态很差""您的包太破了，真有损您形象"。

> 【案例5.11】
>
> 还记得一则广告吗："你是不是早起来恶心、干呕、嗓子疼痛啊？感觉喉咙有东西……可是咳不出来又咽不下去？这是病，这是慢性咽喉炎的典型表现，你得用慢咽舒宁！"
>
> 【案例解读】
>
> 消极提示法是让顾客听到消极、反面、否定的语言，故意引起顾客的坏心情，使其注意自己的问题，从而采取购买行为解决问题的方法，有时候这招很管用。

（2）要顾及顾客颜面。"良药苦口利于病，忠言逆耳利于行"，消极语言可能会使顾客感到面子上不好看，所以推销员要注意自己的语气，避免惹顾客生气。与其"您穿得也太土了"，不如"您穿得不够时尚，赶紧试试我们这款衣服吧，保您大变样"。

（3）留有余地。推销员在使用消极提示法时，要给自己留有余地，且不可把话说得过于绝对，消极提示的目的是借消极话语产生积极的购买效应。

（4）以消极助积极。如果你是卖鞋的，必然观察顾客的鞋子，找出脱漆、磨损之处，然后夸你的鞋子如何好，让顾客买走鞋子。你卖手套必然指出对方手套脱线、掉色之处，然后热情推荐你的手套，让顾客买走你的手套。

3. 实战例句

"先生，您年龄不大，但有很多白头发了，这很影响您形象，不如试试我们的洗发液吧，它可以自然增黑，保证您用一个月，头发就会像我这样乌黑发亮的。"

"小姐，您的包边缘已经磨损了，真是太影响您整体形象了，要不要看看我们新款包包。"

（八）逻辑提示法

所谓逻辑提示法是指推销人员利用逻辑推理来说服顾客重视现实问题，从而购买推销品的洽谈方法。通常来说采用逻辑推理法要使用三段论，即大前提、小前提、结论三个部分。逻辑提示法是一种提高推销效果的常用方法，它可以帮助顾客正确认识问题，并为顾客改变现状提供参考，从而促使顾客采取购买行动。

1. 优点

推销员的提议其实就是和顾客摆事实、讲道理，让顾客接受商品。

2. 注意细节

（1）以理服人。对不同类型的顾客，选择不同的推销方法，对一些具备丰富产品知识的顾客，他们对产品已经有所了解，推销人员使用逻辑洽谈法可以有效与之形成共鸣，有利于销售，相反对于产品认识模糊或层次比较低的顾客，应该使用其他洽谈方法。

（2）科学论证。对于比较昂贵、功能比较复杂、最新面市的商品，顾客购买一般比较谨慎，基本上属于理性消费，使用逻辑提示法可以进行科学论证，便于顾客接受。

（3）形成共鸣。推销人员使用逻辑提示法时，应站在顾客角度思考问题，提出符合顾客心理期望的推销逻辑，即双方的逻辑推理要趋于一致，形成共鸣，否则就失去了意义。

（4）避免出错。推销人员要正确使用三段论，进行科学规范的推理，防止出现概念混淆、以偏概全、结论失当等现象发生。

(5) 情理共进。使用逻辑提示法不但要讲事实摆道理，更关键的是要以情感人，双管齐下。

【案例 5.12】

一顾客来到某金店专柜，左挑右选，看中一款金项链后，试戴很满意。
"现在金价多少钱1克啊？"
"千足金400元每克。"
"那帮我算下，这款项链多少钱？"
营业员看着标签，敲着计算器："19.45克，总共是7 780元。"
"啊？还这么贵啊！"眼睛却还是盯着手里的金项链。
"大姐，现在是钞票贬值，物价上涨，银行存款负利率，'你不理财，财不理你'，要想保值增值还是买黄金最划算，项链既美观又保值，趁着现在国际金价下调，您还是早点买吧，上周搞活动还是395元每克呢，听领导说还要涨价，也许您下周来就变成420元每克了呢，早点买其实划算的。"
"哦，那你给我开票吧。"
"好的，这是小票，收银台在那边。"

【案例解读】

购买贵重物品，一般顾客都会犹豫，推销员正确使用逻辑推理法，就可以实现快速成交，关键是顾客通过你的推理已经认识到购买商品的紧迫性，这比你用语言直接催他更管用。

3. 实战例句

"先生，我们应该知道，所有皮肤好的人都注意保养，这种护肤产品对皮肤保养效果很好，所以您应该买这种护肤产品。"

二、演示洽谈法

演示洽谈法又称直观示范法，是推销人员主要借用非语言的方式，通过实际示范利用推销品或辅助工具的动作，使推销品信息直接有效传达到顾客的视觉、听觉、触觉、味觉、嗅觉等器官，激发其购买兴趣，实现购买推销品的洽谈方法。演示洽谈法主要有以下几种：

（一）产品演示法

产品演示法，是指推销人员通过直接演示推销品或模型来劝说顾客购买推销品的洽谈方法。推销品是推销活动的客体，其实也是一名不开口的推销员，为何不能让它发挥自己的推销魅力呢？从心理学角度来说，推销员介绍得再好，再生动的描述与说明，都不能比产品自身留给消费者的印象更深刻，更没有让顾客直接接触推销品的说服力强，推销员通过对产品的现场展示、操作表演等方式，可让顾客直观了解产品的性能、特色、优点。

1. 优点

(1) 形象生动。介绍推销品的优点很多，推销人员很难用语言来表达全部推销信息，

产品演示法

133

费尽口舌也不如让顾客通过感觉器官直接与推销品面对面零距离接触。

(2) 直观现实。"耳听为虚眼见为实",产品演示法可以制造一个真实可信的推销情景,事实胜于雄辩。

2. 注意细节

(1) 依特点来选择方式。如果推销品体积过于庞大或者携带很不方便,就要考虑采用模型代替,或者邀请顾客到公司内部现场参观。如果推销洽谈中顾客已经明确表示无充足时间,那么使用产品演示的时候只考虑重点演示顾客最感兴趣的内容,其他内容可省略。

(2) 找准时机。使用产品提示法不是单纯将产品展示给对方看,要根据洽谈的实际需要,如果客人已经明确表示对这类产品没兴趣,你再用此法就失去了意义。

(3) 演示解说同步,邀请顾客共同参与。通过试玩、试用使顾客亲身感受到推销品的优点,提高其认同感。

(4) 演示动作规范,讲解内容要清晰,便于顾客理解和接受。

【案例 5.13】

如今很多大商场都有按摩器材专柜,很多按摩机器只要顾客感兴趣都可以免费试用,推销员再主动上前询问,介绍该按摩器的特点与好处,很多腰酸背痛的中老年人试用后都主动询问价格和售后服务等细节问题,30%以上的顾客会选择购买或表示明确的购买意愿。

【案例解读】

让产品自己"说话",让推销品主动"张口",更能说服顾客。

(5) 借助广告宣传,增加产品"鲜活"力。

3. 实战例句

"先生,来感受下我们的按摩椅……"

"大妈,您坐这儿休息一下,我们的沙发坐起来特别舒服……"

(二) 文字演示法

文字演示法是指推销人员通过展示与推销品有关的文字资料来建议顾客购买推销品的洽谈方法。文字是记录推销信息的重要载体,也是较好的演示工具。在不能和不便直接用语言或者即使用语言也难以解释说明推销品的情况下,推销人员可以通过向顾客展示推销品文字资料的方式,提高顾客理解信息的速度,使之更进一步认同推销品。

1. 优点

节省信息传递时间,便于顾客比较,加深印象,容易使顾客信服和理解。推销员可以使用的文字资料有企业的宣传资料、产品的价目表、产品宣传彩页等。

2. 注意细节

(1) 资料要真实可靠,不可弄虚作假。

(2) 根据推销洽谈的进展需要,适时抛出资料。如一些旅游景区特产店的老板向前来问价的外国游客展示手中的计算器上显示的数字,其实也是文字演示法。

(3) 当面演示,解说同步。不要只是让顾客查看资料,要适时地提醒顾客资料的意义,如:"马厂长,这是我们公司的车体广告的价目单,第三页是优惠额度和具体细则,第四页是和我们合作的企业名单。"

【案例 5.14】

"王先生，您很相信党报吧？您看这是 10 天前在《人民日报》上刊登的我们泰康人寿保险公司总经理的陈东升关于养老社区建设的重要观点：泰康人寿保险股份有限公司董事长兼首席执行官陈东升提出，将人寿保险与养老社区相结合，建立连锁式养老社区，是养老商业模式的一大创新，也是在打造'从摇篮到天堂'人寿保险全产业链。"业务员小张把报纸画红线的地方指示给顾客看，顾客边看报纸边说："哦，看来你说的好像都是真的啊，你们公司还是全国 500 强企业，连年盈利，资本赔付率真高，嗯，这保险我可以买！"

【案例解读】

文字资料如同证明信，推销员说得再多再好，也不如借用第三方证明。

（4）资料及时更新，注重时效性。文字资料随时更新，拿着一年以前的报纸、杂志给顾客展示就失去了演示的意义。

3. 实战例句

"王经理，这是我们公司产品的价目表，请您查阅。"

"张先生，您看这是我们产品的专利证书，这是媒体的最新报道。"

（三）图片演示法

图片演示法是指推销员通过有关图片资料展示推销品，建议、说服顾客采取购买行为的推销洽谈方法。

1. 优点

方便灵活、形象直观。相同大小的图片资料与文字资料相比，图片所蕴含的信息量远高于文字，一些用语言、文字难以表达的信息，完全可由图片替代，如汽车发动机结构图、洗衣机功能构造图等，会使顾客产生更强烈的视觉冲击感。

图片演示法

2. 注意细节

（1）图文同步。图片注重整体感，文字凸显闪光点，方便顾客接收信息，更容易产生自我暗示。

（2）制作精美。图片代表产品的基本性能，画面越清晰越有利于顾客理解。

（3）具有震撼力。图片要让顾客有"怦然心动""呼之欲出"的感觉，更利于顾客购买。

【案例 5.15】

张明是一家广告公司的设计师，某天接待一名顾客时，根据顾客对产品的表述、要求和想法，迅速用电脑做出了效果图，顾客看到美化后的效果非常满意，当场就签订了合同。

【案例解读】

图片演示法给顾客带来冲击式感觉，顾客当然可以迅速成交了。

（4）针对顾客特点。不同顾客心理特点不同，同一图片会产生不同的效果，如内向型顾客喜欢含蓄内敛的图片，外向型顾客却喜欢奔放夸张的图片，年龄层次也有所差异，老年人喜欢怀旧的图片，年轻人更喜欢时尚的图片。

3. 实战例句

"王经理，这是我们公司的宣传画册，请您翻阅。"

"张先生，您看这是我们产品的宣传资料，这个是产品的内部结构图。"

（四）证明演示法

证明演示法是指推销人员通过展示有关的证明资料或进行破坏性的表演，来劝说顾客购买推销品的洽谈方法。顾客最希望买到的是"正品""行货"，取信于顾客是顾客购买产品的前提，因此证明演示法是现代推销洽谈最常用的方法之一。推销人员可以使用的证明材料主要有生产许可证、产品质量鉴定书、企业营业执照、专利证明、产品获奖证书等。

1. 优点

口说无凭，说话办事要有证据，言之有据，让顾客更信服。

2. 注意细节

（1）资料真实。证据确凿，不可随意篡改，更不可冒充。

（2）破坏性试验要注意场合，防止忙中出错。比如演示产品耐刮、耐磨，一定不要出现失误。

【案例5.16】

"张经理，我们厂生产的瓷碗非常结实，它使用了获得国家专利的工艺技术，特别耐摔。"

"真的假的？看这碗那么轻，不像是很结实啊。"

"张经理，您看这是专利许可合同材料，你不信的话，可以使劲用力摔几下，摔坏算我的。"

"好，我就试试。"说着用力往地上摔去。除了发出沉闷的响声外，瓷碗还真没有任何变化，张经理又试了几次，都完好无损，就很高兴地订货了。

【案例解读】

东西好不好，一试就知道，使用破坏性表演，就足以说明一切。

（3）选择恰当的时机和方法进行证明演示，令人信服。

【案例5.17】

李强去手机店买一款心仪很久的手机，试用了相关功能后非常满意，就希望推销员在价格上给一些优惠，推销员没办法最后给出了880元的底价，李强还觉得高，于是推销员拿出开票本让李强查看，说这款手机今天一直都卖900元呢，要是查到低于880元的，免费送李强一台。李强随手翻阅开票单，发现确实都是最低900元卖的，就很高兴地掏出880元买走了手机。

【案例解读】

顾客不信服售货员很正常，双方考虑问题的出发点不同，但是用一些可以证明自己的"依据""凭证"就能很好地进行沟通，任何事情都要强调"证据"。

3. 实战例句

"大叔，我们的插座防水，您看我直接丢在水桶里它都不漏电，照样可以使用，您拿电笔测下。"

"先生，我们这挂钩可以承受3公斤，您看这一大桶水挂上去一点都没事。"

（五）音响演示法

音响演示法是指推销人员通过演示推销品的录音及音频资料来刺激顾客听觉转而劝说顾客购买推销品的洽谈方法。音响声音分贝高，传递更有效果。

1. 优点

具有很强的感染力；扩大影响力；增加顾客的听觉维度，可以使顾客有身临其境的感觉。

2. 注意细节

（1）音响工具与洽谈需要相融合。如卖大众保健品可以使用电台广播，街上卖商品可以使用小型扩音器。

（2）音响资料因人而异。带有家乡方言、土语的光盘会增加本地顾客的认同感；使用通俗语言受面更广。

【案例5.18】

现在很多商贩卖东西时候使用耳麦扩音器，一是传播声音大，二是可以录音，将卖货的信息通过扩音器直接传出来，既不用货主大声招呼，也吸引了很多感兴趣的人前来购买。

【案例解读】

推销员使用音响资料演示法，更富有感染力，这就如同大家看足球的时候，足球解说员的解说，会让大家看得更起劲。

（3）资料需准备充分，避免张冠李戴。部分资料磨损会导致音质下降，播放设备电量低或无电会直接影响演示效果。

3. 实战例句

音响里播放着《好人一生平安》，残疾人一边用麦克唱歌一边用话筒对募捐的路人说着："谢谢大叔、谢谢阿姨、谢谢大姐……"

音响里："厂家清仓大甩卖了，低于成本价甩货了。"

（六）影视演示法

影视演示法是指推销人员利用与推销品有关的录像、光盘、视频多媒体资料等现代工具进行演示，共同刺激顾客听觉和视觉，来劝说顾客购买推销品的洽谈方法。

1. 优点

影视演示法声情并茂、有声有色，通过精彩的画面，搭配富有感染力的声音更能刺激顾客的感官，更容易使顾客产生对推销品的认同感，从而快速做出购买决定。这也就是为何生产厂家愿意花高价钱选择电视广告而不愿意使用价格相对低廉的电台广告的最主要原因。

2. 注意细节

（1）资料与洽谈匹配。

【案例 5.19】

某戒烟工具的推销员为了推销该产品,在夜市中播放视频,很多顾客围拢观看。视频介绍这种戒烟工具可有效过滤烟毒、消除尼古丁的危害,由于画面声情并茂,富有很强的感染力。看着一个个烟民因患肺癌早逝的画面,真是触目惊心,很多妻子纷纷给丈夫买了该戒烟产品。

【案例解读】

影视演示法给顾客传递的信息更直观、醒目,所产生的效果远比推销员讲述好。

(2) 播放技术熟练,避免忙中出错。

(3) 产品融合剧情,淡化广告痕迹。现在越来越多的生产厂家愿意出资和制片方合作,将产品巧妙地融合到影视剧中,或作为道具,或作为背景,让观众在欣赏影片的时候,默默接受产品,即所谓的植入式广告,效果非常显著,如电影《手机》中平均几分钟就出现一次摩托罗拉手机。

3. 实战例句

超市的电视里一直滚动播出"妈妈壹选"宣传画面。

复习思考题

1. 推销洽谈方法的种类及适用范围。
2. 消极提示法和积极提示法的区别。

任务实施

【任务情境】

假设你是苏宁电器电视专柜的营业员,一名年轻白领去你那儿打算购买32英寸液晶彩电,请至少使用三种以上的方法和他洽谈。

【实施目标】

1. 加深理解各种推销洽谈方法的含义。
2. 熟悉推销活动的流程。
3. 掌握推销洽谈的方法及应用条件。

【实施目标】

1. 组建任务小组,每组5~6人,选出组长。
2. 各组分角色分析情境,讨论表演流程,选择一人负责观察、指导。
3. 进行交叉打分,即选取小组表演后,其他小组各选派一名成员担任评委,负责点评。
4. 课代表要做好记录。

【任务考核】

1. 情境表演真实、合理2分。
2. 小组成员团队合作默契3分。
3. 角色表演到位4分。
4. 道具准备充分1分。
5. 满分10分。

任务四　推销洽谈的策略和技巧

任务情境

任务情境　　　　任务情境剧

任务思考

1. 推销洽谈策略有哪些？
2. 情景剧中张明和老板都使用了哪些策略？
3. 你觉得张明买贵了还是买便宜了，为什么？

任务学习

推销洽谈的策略和技巧多种多样，巧妙运用推销洽谈的策略和技巧可以起到事半功倍的作用，能够顺利化解僵局，最终使双方顺利成交。

一、推销洽谈的策略

最后通牒策略

（一）最后通牒策略

最后通牒策略是指推销员向顾客提出最低的成交条件、最后的成交期限，以促使对方就关键性、实质性的问题迅速做出决定的策略。在推销洽谈过程中，富有经验的推销员常常领悟到，通常约有90%的时间用于讨论一些无关紧要的事情，而关键性、实质性的问题却是在最后剩下的不到10%的时间里达成一致的。

1. 优点

（1）对于一些棘手的难以达成一致意见的问题，推销员可以利用最后的交易日期、最低的成交价格、自己成交的底线等条件，迫使对方妥协，从而达成协议。

（2）压缩推销时间，提高推销效率，避免长时间拉锯拖延。例如："今天是优惠活动最后一天了。""这台机器最低800元，再低我就不卖了。""今天是春节前最后一个工作日，如果价钱还是不能商量的话，这批货我们就不要了。"

2. 注意事细节

（1）谨慎使用，避免"触礁"。
（2）仅可根据实际情况偶尔使用。
（3）通牒条件必须真实。

【案例 5.20】

张明去步行街的某服装城买衣服，看中了某款式，试穿后打算购买。可是标价 280 元的服装，老板要价 200 元，张明觉得该服装只值 100 元，双方讨价还价后，最后老板说，诚心要 150 元拿走，否则不卖。张明想买，但是又觉得不值，最后看了老板一眼："我兜里只有 100 元，你卖不卖？"说完扭头就往外走，老板看他快走出店门口了，喊回了他，最后以 100 元成交。

【案例解读】

最后通牒法适用于双方都对实质、关键的内容争执不下时，由其中的一方做最后的报价，往往可以促使另一方妥协，从而达成交易。

3. 实战例句

"这台机器最低 800 元，再低我就不卖了。"

"今天是店庆优惠最后一天了，明天就恢复原价了。"

（二）自我发难策略

自我发难策略是在推销洽谈中针对对方可能会提出的问题，先自行提出，再加以解释并阐明理由，博得对方认同的洽谈策略。这种策略必须建立在深入调查、知己知彼的基础上，问题必须选得突出、恰当，理由充足，论据充分，令对方信服，否则会使自己处于被动的尴尬地位。

1. 优点

让顾客觉得真诚实在，迅速拉近买卖双方的距离，凸显卖方的诚意。

例如："小姐，这款手机价格的确贵了点，但是它是最新产品，宽屏，双核，无论是上网，还是打游戏速度非常快，手机按键也是最流行的巧克力键盘，触摸起来非常舒适。"通过这种自我发难，解释缘由，使对方感到"价高质优"，因为功能、款式确实很好，所以才要高价，从而转向购买。

2. 注意细节

（1）找准靶位。发难应该瞄准顾客最关注的地方。如果商品价格比较高，就以价格为靶位；如果产品功能略显过时，就以功能为靶位。

【案例 5.21】

"先生，您是想要这款学习机吗？您真是一位实实在在过日子的人，这款学习机款式虽然有点过时，又没有复读功能，但是其他功能还是不错的，虽然它不是彩屏的显示器，但是给孩子学习还是很实用的，它的使用范围是从小学一年级一直可以用到初中三年级，里面备有试题库，给上小学三年级的孩子买，还是很实用的。再说现在学习机更新速度也快，今年买和明年买价格差很多呢，先买一台价格实在的用着，等遇到机器调价的时候再买高档的就能节省好几百元呢，那还能给孩子买好多实用的学习用品呢，别看很多机器广告吹得很好，其实就是一些噱头，中看不中用的……"

顾客："那好吧，给我来一台这种款式的吧！"

【案例解读】
自我提示，就是没等顾客察觉商品的实质问题的时候，由卖方先提出来，然后再一一解释，这样在推销洽谈活动中就占据主动优势，顾客也更容易接受。

（2）发难处不过三。发难之处不可过多，最好只说一处，如感觉顾客还有疑虑就再补充一处。不要面面俱到，否则顾客就感觉商品"千疮百孔"，失去了购买意义。

3. 实战例句
"这台机器虽说款式有点过时了，但功能还是非常不错的，比新款节省了 800 元呢。"
"这床单确实不是纯棉的，但睡着却很舒服，价格也比纯棉便宜。"

（三）折中调和策略
折中调和策略是指在推销洽谈处于僵持局面时，由一方提出折中调和方案，使对方也相应做出一些让步达成协议的策略。

1. 优点
（1）以退为进，缓和紧张气氛，有利于迅速成交。
（2）将心比心，表明自己的诚意，拉近买卖双方的距离。例如："我方同意你方价格上涨 10%，但你方也得同意将订货数量起点由 3 吨降为 1 吨。"这种折中调和貌似双方都后退一步，但实际上并不一定对双方完全公平，对付这种策略要权衡得失，经过仔细计算，用数字说明问题。

2. 注意细节
（1）不可大幅度让步，要显得每次让步都很艰难。
（2）最好先让对方让步，以便摸清对方底线。
（3）摆事实、讲道理，用数据说话，让对方认同自己降价的难度和无奈。
（4）打感情牌，为后续成交做铺垫。

【案例 5.22】
刘明代表企业去和另一家公司洽谈采购 A 型号电机一事，洽谈中双方对价格始终很难达成一致，于是刘明电话请示公司领导，领导指示可以在每台降低 6 000 元 的前提下，考虑订购 2 台。于是刘明对对方说："您这样僵持价格，很难成交。这样吧，我们再买一台电机，但是您要每台降价 10 000 元，行的话我们就可以签订合同了。"对方想想后，觉得可以考虑，最后双方达成一致意见：购买 2 台，每台比原价降低 5 000 元。

【案例解读】
洽谈中出现冷场的时候，双方都后退一步，就可以形成新的成交条件，很多问题也会迎刃而解。

（5）善于使用沉默，逼对方继续让步。如顾客说："行了，两双鞋 150 元我拿走。"推销员沉默不语，不理不睬，让顾客觉得价格确实有点低。"算了，160 元就 160 元吧，我也不差那 10 元。"

3. 实战情景
"小妹啊，这衣服你给价 100 元也太少了，我进货价就 120 元，加上运费 20 元，怎么也得140元吧，你要是诚心要再给添点，再添20元就卖给你……添10元行了吧……算了你再添5元吧。"

看顾客执意不添钱要走的样子，装作痛苦的表情："算了，你可气死我了，赔钱卖给你吧，下次你可要再带几个顾客到我这买衣服啊，我这件真的是赔钱卖你的！"一边说一边给装进袋子里，递给对方。

（四）留有余地策略

留有余地策略又称"留一手"策略，是指在推销洽谈过程中在与对方协商时要留有余地，不要全盘端出，以备讨价还价之用。

1. 优点

在洽谈中对方停止进攻，己方也能获得较大利益；若对方继续纠缠，则可以有继续回旋的余地。在现实推销洽谈中，不论己方多么有诚意，对手都会认为有所保留，必然会对某些条件提出疑问，如果不做出适当让步，对方很难做出购买行为。同样，对方提出任何成交条件，即使己方可以全部满足对方，也不要立即应允，一定要在思量后，让对方觉得你做了很多牺牲后，才满足了自己的要求，这样对方更乐于成交。

2. 注意细节

（1）对初识顾客可大胆使用，对老顾客慎重使用。
（2）对方若没有诚意，使用此法会逼其现"原形"。
（3）要缓慢应答。

【案例5.23】

张明在夜市上看到一件儿童衬衣，觉得自己5岁的儿子穿上肯定会很好看，看了标签要50元，就希望老板便宜点，老板："那就45元吧。"张明觉得太贵了，老板让张明自己报价，张明看了看说："30元吧。"老板忙着理货看了张明一眼说："行，卖你了。"可张明觉得老板答应得太痛快了，衣服的价格肯定给高了，就找个理由拒绝购买了。

【案例解读】

买方和卖方是两个矛盾的统一体，买方希望价格便宜点，卖方希望价格贵一点。顾客缘何不买？就是顾客不知道衣服的成本，顾客大胆降低了价钱，如果对方不答应或答应很迟缓，就认为讲的价格比较贴近成本，这样买下来就会很划算；反之就认为老板赚了很多钱，从而不再愿意买了。

3. 实战情景

底价100元的衣服老板标价180元，遇到顾客砍价120元，老板说："从来不讲价，看你诚心给你让10元。"双方折腾几次后，最后140元成交。

（五）步步为营策略

步步为营策略是指在洽谈中不是一次就提出总目标，而是先从某一局部目标入手，争取得到对方的认同，然后再谈另一个局部目标，以此类推，步步为营，直至完成整个目标的洽谈策略。

1. 优点

这种洽谈方法有利于取得阶段性的胜利，可以一步一步掌握洽谈的主动权，相反，谈判中如果将己方目标全盘托出，会令对手瞬间难以接受。例如，向一位顾客推荐冰箱的时候，先让他认同颜色、款式、容积大小、品牌知名度、能耗比，最后再谈到价格，顾客前面全部认同了，也许在实质的关键因素——价格方面会不认同，只要稍加引导，强调一分钱一分货，顾客就会妥协，从而做出购买行动。

使用步步为营策略就是先将整个洽谈方案梳理后，从顾客最能接受的项目开始进行，如先就订货数量、产品规格、型号、质量标准等进行洽谈，待达成一致意见后再就产品价格进行洽谈，然后，再就付款方式、交货时间等进行洽谈，等等，在每个具体问题上都取得了成果，也就完成了总的洽谈任务。

【案例5.24】

一位顾客前来购买某品牌的按摩床，推销员询问他的需求后，为其介绍某款式的产品，顾客看到淡蓝色的床面很喜欢，推销员让其躺在床上感受一下。顾客对于按摩床的功能、材质都比较认同，最后谈到价钱的时候，顾客面部表情有点严肃，明显对价钱有很大的异议，推销员解释道："这款按摩床是最新科技产品，获得12项国家专利，完全按人体工程学设计，可以保证10年不变形，流线型的设计对人的颈椎有很强的康复作用，人每天很多时间都是在床上度过的，因此还是非常划算的。"

顾客听了，觉得其他的都还不错，虽说价格略高了点，但是为了康复自己的颈椎，而且又能保证使用10年，再贵点也是要买的。

【案例解读】

步步为营策略就是推销员向顾客介绍商品时，有意识地避开顾客最关注的地方，如果先上来谈价格，也许顾客一声"太贵了"就失去了购买意愿，介绍也不听了，就走掉了。

2. 注意细节

（1）选择合适的突破口，避免开局失利。如："我们的产品主要是选用当下最流行的蓝色基调，显得清新自然。""都是蓝色的啊，我最不喜欢蓝色的了，那我不要了。"

（2）关注对方表情，防止对方识破你的策略。

（3）必要时让对方尝点甜头。

（4）认同价值后再谈价格。如："这速热水龙头多少钱一套？""大哥多少钱到不重要，您不知道它有什么效果，再便宜你也不一定要吧？您看……"

3. 实战例句

"先生，这款式您喜欢吧？功能满足您要求吧？……"

（六）参与说服策略

参与说服策略就是推销员让顾客在不知不觉中和自己一道参与说服顾客的策略。由于买方和卖方两者所处的位置不同，彼此的观念在某些方面存在差异，所以在推销洽谈过程中，如果推销员自行说出要求、成交条件，往往并不能得到顾客的认同，因此聪明的推销员鼓励顾客先开口说出他们的意见，在顾客提出自己能够接受的条件后，推销人员再结合实际情况做出适当的补充和修改。

1. 优点

进一步洞察顾客需求，减少了顾客反对的概率。

【案例 5.25】

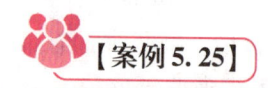

一顾客想购买一双鞋子，选好样式后，双方在价格上发生了争执，推销员很为难地说："这位女士您好，这个价格我做不了主。要不这样吧，您看您能出多少钱，我再问下经理能否卖您，否则我们这么争论下去，也没办法达成协议是吧？"

"这鞋，我在京都商城看到过，就是不愿意再跑过去了。要是150元，我就要了。"

"您稍等，我去问下我们经理。"推销员转身去库房了。

过了一会儿，推销员走过来："好了，这位女士让您久等了，我们经理说本来这鞋一直都不讲价的，因为今天销售形势很好，就破例卖给您了，那我帮您包好！"

顾客很满意地付款离去。

【案例解读】

顾客之所以不再讨价还价，是因为她主动提出了成交条件，如果再还价，就是对自己的一种否定。

2. 注意细节

（1）以顾客认同商品为前提。

（2）鼓励、诱导、劝说顾客说出购买条件。

（3）顾客条件过于苛刻时，应想好对策。"对不起，您给的价太不靠谱了，您诚心要，至少再加 50 元。"

3. 实战例句

"您看这衣服款式那么好，您最多给多少钱？"

"这柜门太高了？那您说要多高的，我们可以定制的。"

二、推销洽谈的技巧

1. 洽谈中的倾听技巧

所谓的倾听技巧就是在推销洽谈的过程中，推销人员不要一味旁若无人地向顾客介绍产品，让顾客购买，要养成善于倾听的好习惯。顾客是商品的使用者，如果我们不听顾客的意见或建议，就不能发现他们的需求，不能提供满足其需要的商品，顾客怎么会成为真正的买主呢？在推销谈判中，倾听能了解顾客的真实想法，捕捉到顾客的需求，判断顾客的意图，避免推销中的失误和差错。并且推销员在倾听的过程中容易赢得顾客的好感，拉近与顾客的距离。推销员在倾听顾客谈话时应注意如下细节：

（1）眼神与顾客交流。眼睛是心灵的窗口，当我们主动倾听顾客想法的时候，眼睛一定要适时地和顾客交流，通常对年长者我们的眼睛停留在其额头处，对同辈顾客我们的眼睛停留在其鼻子三角区域，对年幼的顾客我们的眼睛可停留在其嘴巴的位置，切不可长时间盯着对方眼睛看，避免引起顾客的尴尬。

（2）不打断顾客。在倾听的过程中，即使顾客对产品存在误解，说了一些不符合实际的事情，或者冒犯推销员的话，推销员都要笑而不答，切不可中途打断顾客或给予驳斥。有的顾客纯粹就是发牢骚，当心中的牢骚说完了，心情好了，就会主动购买商品了。

（3）包揽过错。顾客发表意见的时候，要善于分析，寻找解决原因。如顾客言语比较模糊、意思不明的时候，应耐心询问："非常抱歉，刚才您的话我脑袋没反应过来，最近休息不好，脑袋有点混乱，麻烦您再和我详细说下好吗？"

（4）倾听要配合。顾客发表自己的意见或表达自己的想法时，推销人员要做出积极的回应："嗯，您说对了，我一开始也是这样认为的。""哦，真的啊。""可不是吗！"以引导顾客把话说完。

2. 洽谈中的语言技巧

推销洽谈过程中，推销人员主要用语言和顾客进行沟通、协商、谈价、议价，以至最终达成协议，在这一过程中语言技能高低就显得非常重要。为此，推销人员应当熟练掌握一定的语言沟通技巧，以确保推销洽谈的顺利。

（1）陈述的技巧。在洽谈中，陈述自己的观点，向对方表明自己的立场。陈述技巧有两种方式：一种是先发制人，即推销员先陈述自己的意见，再留意观察对方的态度，思考解决的对策；另一种是后发制人，即先请对方表达，了解对方意图后，再说出自己的意见。无论是哪种方式，阐述时力求做到语言准确，不可用似乎、好像、大概等含混词语。涉及商业机密问题，即便对方盘问也要委婉拒绝。如："你的裤子从哪进货？""你进货成本多少？""抱歉，我不知道，老板也不告诉我们。"

（2）发问的技巧。推销人员在洽谈中，发问是为了更好地了解对方需求，引起对方注意，要善于使用一定的方式或技巧。

（3）回答的技巧。在推销洽谈中，对于顾客的提问，推销人员首先要坚持诚信的原则，给予客观公正的回答，赢取顾客的信任和好感。诚实地回答顾客的问题，并不意味着对于顾客要有问必答，对涉及商业机密的问题及无关商品质量的问题应巧妙回避。

（4）处理僵局的技巧。在推销洽谈中，推销人员与顾客双方的利益会有冲突，有时候双方都不愿意退步，容易陷入僵局状态，这就需要推销人员正确处理。

一要规避僵局。推销员是卖家，比顾客更清楚商品的成本，因此可以在洽谈中占据主动权。为了防止僵局出现，可在不违背原则的前提下，适当做些妥协和让步。

二要绕过僵局。在洽谈中，若僵局已形成，一时无法解决，可采取搁置、冷却、同理心、引进外援等方法绕过僵局。

三要打破僵局。僵局形成之后，绕过僵局只是缓兵之计，最终要想办法打破僵局。打破僵局的方法有扩展洽谈内容、更换洽谈人员、小幅降价等。

【案例5.26】

一中年女顾客提着前一天买的特价商品来退货，女营业员检查商品后说按规定不能办理退货，双方发生了争吵，引起了一些顾客围观。正在双方僵持不下的时候，一名男营业员走来，把女营业员支走。"这位大姐，我是店长，您有什么要求和我说吧，刚才的营业员才工作不久，有服务不周之处我替她向您道歉。"顾客把退货的事情又说了一遍，男营业员态度诚恳地说："真是抱歉，像这种情况非产品质量问题真的没办法退货，您的心情我也很理解。要不这样吧，毕竟您的不满意是我们服务不周引起的，我送您一个厂家的赠品吧，这赠品超市里也要四五十元呢。"

女顾客看着店长，接过赠品，满意离去。

【案例解读】

出现僵局，解决的最好办法是更换洽谈人员，再适度给对方一点小诱惑，毕竟要考虑对方的心理平衡，用小的东西换长久的利益，顾客满意了，生意就不难做了。

复习思考题

1. 推销洽谈要注意哪些原则？
2. 推销洽谈的方法有哪些？
3. 推销洽谈的策略涉及哪些方面？
4. 推销洽谈中有哪些提问技巧？

任务实施

【任务情境】

场景：张经理办公室

人物：推销员王明、张经理

时间：某天的上午 11点30分

"啥、啥、啥。"

张经理："请进！"

王明：（态度很诚恳）"您好张经理！我叫王明，不好意思打扰您，快下班了不会耽误您多少时间，给您说点私事！"

张经理：（想反正也快下班了就听他说说也无妨，另外他说的是私事，还好奇：在公司你跟我有什么私事？）"你说吧，什么事？"

王明：（从包里拿出来一个比火柴盒大一倍的方块东西）"这是我们公司推出的保健按摩器，非常实用，您看一下。"

张经理：（很好奇）"这么小的东西能按摩，不会吧？"

王明："那我给做个试验，您体验一下好吗？"

张经理："好的。"

旁白：王明又拿出了一条线、两个小圆片，让张经理把领口打开，并且把圆片和线、小方块的机器连在了一起，把机器启动以后，两个小圆片贴在张经理的肩背上。

张经理很惊奇，一会儿的工夫就体验了捶背、按摩、捏拿三种按摩方式，感觉还真是舒服，可以调节按摩时间，还可以调节按摩的力度，张经理体会到一种说不出来的享受，感觉这是一个好东西，小巧耐用。

王明："这个产品是高科技而且很实用，是采用电脉冲原理，两节七号电池每天用两个小时可以用30天，像您经常看电脑，脖子累了可以按摩，您爱人在家做饭的时候也可按摩，家里长辈了也可以按摩。您看这是你们这栋写字楼上的其他客户购买我们产品的资料，××公司的×××买了2台，××公司的×××买了……"

张经理：（很高兴地）"这东西多少钱呀？"

王明："这个产品我们公司统一的销售价是200元。"

张经理：（心理上感觉是稍微贵了一点，于是犹豫）："这么小的东西，这么贵！"

王明："不过没关系，我们最近在搞活动，打五折，现在是每台100元。"（接着又打开一个包装十分精致的盒子，里面有两台这样的机器）"我还没说完，其实我们原来300元一台，现在是200元两台。"

张经理：（感觉东西确实不错，惦记着给自己的父母还有岳父岳母也都买一台）"我要三台，你再便宜点呗，200元我拿三台。"

王明：（表情很为难）"好吧，不过用好了您要帮我宣传宣传。"

张经理很麻利地用微信扫码支付，让对方帮其填好了单据和保修单，双方也互加了微信。

【实施目标】

1. 加深理解推销洽谈的内容。
2. 掌握推销洽谈的方法和策略。
3. 体会洽谈的技巧。

【实施要求】

1. 组建任务小组，每组5~6人为宜，选出组长。
2. 各组分角色分析情境，讨论表演流程，选择一人负责观察、指导。
3. 进行交叉打分，即选取小组表演后，其他小组各选派一名成员担任评委，负责点评。
4. 课代表要做好记录。

【任务考核】

1. 情境表演真实、合理2分。
2. 小组成员团队合作默契3分。
3. 角色表演到位4分。
4. 道具准备充分1分。
5. 满分10分。

知识点概要

```
                    ┌─ 推销洽谈的目标与内容 ─┬─ 推销洽谈的目标
                    │                      └─ 推销洽谈的内容
                    │
                    ├─ 推销洽谈的原则及步骤 ─┬─ 推销洽谈的原则
        推销洽谈 ───┤                      └─ 推销洽谈的步骤
                    │
                    ├─ 推销洽谈的方法 ──────┬─ 提示洽谈法
                    │                      └─ 演示洽谈法
                    │
                    └─ 推销洽谈的策略和技巧 ─┬─ 推销洽谈的策略
                                           └─ 推销洽谈的技巧
```

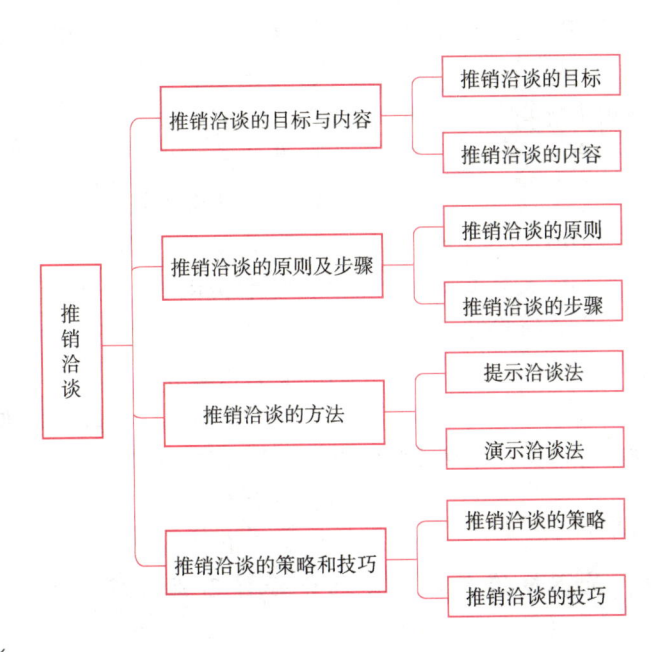

※重点概念※

推销洽谈　针对性原则　鼓动性原则　诚实性原则　倾听性原则　参与性原则　直接提

示法　间接提示法　明星提示法　积极提示法　消极提示法　文字演示法　图片演示法

※重要理论※

1. 推销的原则。
2. 推销的目标。
3. 积极提示法和消极提示法的区别。
4. 推销洽谈的策略。

客观题自测

一、单选题

1. 推销人员在推销洽谈过程中，积极地鼓励顾客主动参与推销洽谈，促进买卖双方信息的有效沟通，推进洽谈关系的融洽，增强推销洽谈的说服力，是推销洽谈中的哪个原则？（　　）
  A. 鼓动原则　　　B. 倾听原则　　　C. 参与原则　　　D. 针对性原则
2. 直接提示法，是指推销员接近顾客后直接向顾客呈现推销品，陈述推销品优点和（　　）。
  A. 特点　　　　　B. 质量　　　　　C. 性能　　　　　D. 服务
3. 下列哪个不是推销洽谈的内容？（　　）
  A. 保证条款　　　B. 销售服务　　　C. 解除顾客困惑　　D. 推销品价格
4. 推销的品质是推销品内在质量和（　　）的综合体现？
  A. 外观形态　　　B. 实际因素　　　C. 价格差异　　　D. 使用价值
5. 推销洽谈的第四个步骤是什么？（　　）
  A. 准备阶段　　　B. 提议阶段　　　C. 磋商阶段　　　D. 促成阶段

二、多选题

1. 推销洽谈的原则有哪些？（　　）
  A. 鼓动性原则　　　　　　　　　B. 灵活性原则
  C. 针对性原则　　　　　　　　　D. 参与性原则
2. 演示洽谈法包括哪些？（　　）
  A. 产品演示法　　B. 文字演示法　　C. 图片演示法　　D. 证明演示法
3. 逻辑提示法应注意的细节有（　　）。
  A. 因人而异，以理服人　　　　　B. 贵重商品及新产品更有效果
  C. 推销逻辑达成共鸣　　　　　　D. 研究逻辑理论，防止推理失当
4. 推销洽谈的方法有很多，大致可归结为以下哪几类？（　　）
  A. 提示洽谈法　　　　　　　　　B. 演示洽谈法
  C. 游戏洽谈法　　　　　　　　　D. 创意洽谈法
5. 直接提示法，是指推销人员间接地夸赞自己商品好，以下哪些做法是正确的？（　　）
  A. 虚构或泛指顾客，借用第三者的身份
  B. 语言委婉，亲切自然

C. 注意掌握流程
D. 直接指责其他厂商的产品质量不行

项目综合验收

【任务情境】

假设你是健身器材的推销员,知道某小区活动站需要购置一些健身器材,负责人是一个在企业推销的老书记,但是文化水平不太高,试想一下你该如何去和他洽谈,并争取让他们购买你的产品。

任务要求:使用六种以上推销洽谈方法,根据人物性格撰写任务情景剧。

【任务实施】

1. 分别组建一支销售团队,每组5~6人,选出组长。
2. 每组集体讨论台词的撰写和加工过程,各安排一个人做好拍摄工作。
3. 两组各选出1名成员作为顾客或推销人员的角色表演者,通过角色表演PK的形式来确定各组的输赢。
4. 其他销售团队各派出一名代表担任评委,并负责点评。
5. 教师做好验收点评,并提出待提高的地方。
6. 课代表做好点评记录并登记各组成员的成绩。

【任务验收】

综合验收考核表

考评指标	考核标准	分值(100)	考核成绩	权重/%
理论知识	基本概念清晰	15		40
	基本理论理解准确	25		
	了解推销前沿知识	20		
	基本理论系统、全面	40		
推销技能	分析条理性	15		40
	剧本设计可操作性	25		
	台词熟练度	10		
	表情自然,充满自信	10		
	推销节奏把握程度	40		
职业道德	团队分工与合作能力	30		20
	团队纪律	15		
	自我学习与管理能力	25		
	团队管理与创新能力	30		
	最终成绩			
	备注			

项目六　处理顾客异议

【知识目标】

1. 了解顾客异议的分类和成因。
2. 掌握处理顾客异议的方法和技巧。
3. 掌握处理顾客异议的原则和策略。

【能力目标】

1. 提高对顾客异议的识别能力。
2. 提高对顾客异议的处理能力。
3. 提高与顾客的沟通能力。

【思政目标】

1. 去粗求细。
2. 真诚耐心。
3. 换位思考。

【二十大精神融入】

推进文化自信自强，铸就社会主义文化新辉煌。

【任务解析】

```
                    处理顾客异议
                         │
      ┌──────────────────┼──────────────────┐
  顾客异议的           顾客异议的           顾客异议的
  类型及成因           处理方法           处理策略和技巧
```

任务一　顾客异议的类型及成因

任务情境

任务情境　　　　任务情境剧

任务思考

1. 林先生的异议按性质划分属于哪种异议，按成因划分又属于什么异议？
2. 小梁在处理林先生的异议过程中，存在着哪些不足？
3. 当林先生提出价格异议的时候，有没有比小梁处理更好的方式？如果你是林先生，你会怎么做？
4. 当顾客异议发生时，正确处理顾客异议的策略是什么？
5. 从最后结局来看，林先生为什么从不愿意到愿意去紫金路店提货？对你今后从事推销工作有什么启发？

任务学习

一、顾客异议的意义

顾客异议的意义

所谓顾客异议又称推销障碍，是指顾客在与推销员接触过程中对介绍内容存有疑虑或对具体内容、条款不认同甚至反对而表现出来的语言、态度和行为的总称。在商品交易过程中，推销人员和顾客既是买卖合作关系，又是利益对立者，双方都希望回避风险并最大化保护自己的利益，因此难免产生异议，顾客异议就是顾客为获取更有利的成交条件所采取的一种策略。

在买卖双方的推销洽谈中，由于双方看问题的角度不同，顾客对推销人员的推荐并不一定完全赞同，也会提出自己的一些看法，这些看法可能直接导致成交受阻，如果推销人员不能有效消除顾客异议，就可能导致成交失败。顾客异议的具体意义是：

（一）推销员能获得更多信息

顾客购买商品是为了满足其自身需要，而人与人之间是有个体差异的，因此每个顾客看待商品也不尽相同，他们提出对商品的一些看法、交易条件，使企业获得对自身产品评价的宝贵意见。顾客在购买商品的时候，必然会出于维护自身利益的目的，货比三家，收集、对比不同厂家的产品，从中选出最适合自己的产品，因此从某种意义上讲，顾客的异议恰恰使推销员清楚地认识到自己产品的市场定位及市场反应。

项目六　处理顾客异议

151

> **成语典故**
>
> **货比三家**（hùo bǐ sān jiā）：意思是买卖时多方比较货物的质量与价钱。
> **出处：** 熊召政《张居正》第二卷第十五回："你的话我信，但还是货比三家为妙。"
> **样例：** 柳建伟《英雄时代》第12章："买一棵白菜，也要货比三家。"

（二）判断顾客是否有需求

"挑剔的顾客才是真正的买主"，顾客之所以愿意对商品品头论足，是因为他要对商品仔细挑选，怕花了钱却难以买到称心如意的商品，因此在选择商品时非常"细心"，不是嫌颜色偏淡了，就是埋怨款式不新。总而言之，再好的商品顾客也会挑出这样或那样的一些问题。顾客挑剔其实是表明他对产品的某种喜爱，有的只是讲价的一种托词，希望价格优惠而已，相反，若顾客没打算购买商品，他会对商品不理不睬。

（三）训练提高推销技巧

任何成功的推销员都是经过多次磨炼的，销售技巧不娴熟，会导致顾客对他们介绍、推荐的商品产生异议。推销员在经过多次磨炼后，才能成为优秀的推销员。在现实推销活动中，有的推销员很害羞，不敢大声推荐商品，导致顾客都不知道他在说什么；还有的开口称谓不当，遇见年长的老人不尊敬或者遇见年少的人却称呼为长辈；有的推销员脾气暴躁，顾客话没说完就粗暴地打断。这些不良现象都会导致购买中断，推销员只有在挫折中成长，才能成为一名优秀的推销员。

【案例6.1】

> 张明今年28岁，可是由于皮肤保养得不好，看上去确实不够年轻，一次去菜市场买苹果，苹果没买到不说，还惹了一肚子的气。
> 张明看小贩车上的苹果不错，边挑边说："这苹果多少钱一斤啊？"
> 小贩倒是很有礼貌："哦，大哥，这苹果新上的货，2元一斤。"
> 张明觉得价格也还凑合，可是继续挑苹果的动力就没了，原来卖苹果的小贩胡子很长，看样子足有30多了，竟然管自己叫大哥，那不是明显说自己老吗！于是他非常生气地说："你管谁叫大哥，我明显比你年轻很多，什么破苹果，这么贵，不要了。"
>
> **【案例解读】**
> 顾客本来想买，可是由于小贩推销技巧不熟练，一句"尊重"的话气跑了顾客，这样的异议本身就不该发生。"见物加价，见人减岁"，做推销的可要好好学习啊！

（四）化解顾客异议是成交的开始

顾客拒绝并不是说明顾客不想买商品，只要推销员仔细查找顾客拒绝的原因，及时化解顾客异议，顾客自然就会掏钱买。顾客拒绝，有时是顾客个人理解问题，对产品产生误解；有时是推销员解释得不明确，让顾客产生疑问；有时是顾客觉得产品有瑕疵，不符合自己的心理需求。只要是抓住异议的症结所在，及时化解顾客异议，购买就是很简单的事情了。

【案例6.2】

"你的核桃这么贵啊，前面都卖15元一斤，你要25元一斤，这也太离谱了吧？"

"兄弟，你说得没错，我的核桃确实比别人贵，但是我这核桃是深山老林产的，没漂白、没添水，自然风干的核桃，不像别家的核桃经过水浸、化学漂白，您尝一个就知道好坏了。来，拿着，买不买没关系。"（说着把剥好壳的核桃递了过来）

"嗯，是挺干的。"

"我这核桃皮薄，2斤生核桃就可以剥出1斤1两核桃仁，不像别家的看着很便宜，但是很湿、压秤，3斤核桃都剥不出1斤核桃仁，你说哪个合算？"

"行，给我称5斤吧！"

【案例解读】

核桃外表分不出等次，但是吃核桃不是吃皮，只要和顾客解释清楚了，让他认同了你的产品和价格，异议自然就消失了。

二、合理对待顾客异议

（一）鼓励提出异议

顾客看待商品和推销员看待商品是有本质区别的，顾客更多地从使用者角度提出他的看法，毕竟顾客是产品的最终使用人，因此作为推销员应欢迎并鼓励顾客说出自己的想法，通过顾客的异议，推销员可及时了解顾客的需求愿望，从而更好地为顾客服务。

（二）认真倾听异议

推销员应该本着"顾客是上帝"的宗旨，宽容地面对每一个顾客，对于脾气暴躁、认识偏激的顾客说出指责商品，甚至"侮辱"商品的话，要保持良好的心态，面带微笑，做到不反驳、不打断顾客的异议。对于顾客的异议，适当的时候可以写在本子上，并用提问的方式复述顾客的异议，如："先生，您的问题是这台冰箱是不是省电，是吧？"对待异议，推销人员显得处处尊重顾客，也能化解顾客心中的抱怨。推销员态度越诚恳，顾客的异议声就越轻。

【案例6.3】

"营业员，你看你们的鞋子，这款式怎么这么老土，这皮质也不好，一点都不像正宗的牛皮，这个还是松紧的，都没有穿鞋带的，跟还这么高，这个左边和右边还不完全对称……"

营业员始终面带微笑："嗯，这个我会反馈给厂家的，是的，真抱歉。"

顾客指责了一大堆，见营业员始终面带微笑，也不反驳，就觉得不好意思起来："这也不是你们的错，算了，帮我开票吧！"

【案例解读】

面对顾客异议，最好的方式就是倾听，有的顾客可能当天心情不好，想找个人发泄一下，他对商品的意见多数是一种发泄的表现，如果推销员对此反驳，必然发生争吵，生意自然就没了。

（三）适时合理答复

顾客表达对商品的某些顾虑，其实是希望推销员给予解答，因为他要等待消除疑虑后才能放心购买商品，如果顾客发现对自己的异议推销员避而不谈，情感上就会感觉被忽视，自然就生气离开。对于顾客提出超出推销员职权范围的异议，不可急于答复，应给顾客一个准确的答复期限，不可随意应付。"这个产品再赠送一个电饭锅我就买。""抱歉，这个送不了，等我请示我们领导再答复您可以吗？不过现在的价格已经很优惠了。"

（四）精准判断根源

"射人先射马"，对于顾客提出的异议，推销人员要及时准确地判断异议存在的根源，找到"病症"，去掉"病根"，方可消除推销障碍。对与推销无关的异议应不予回答，对真实异议区分具体情况回答。

三、顾客异议的类型

顾客异议往往是顾客对自己行为的一种保护伞，其本质不具有攻击性，但它的存在不但可能影响本次成交，还可能对今后的交易产生不利影响。要处理好顾客异议，我们先要辨识顾客异议的种类。

（一）从顾客异议性质区分

1. 真实异议

真实异议也称为有效异议，是指顾客有购买需求，也有意愿接受商品推荐，但从自身的利益出发对推销品或成交条件提出疑问和探讨，从而提出拒绝购买。例如，推销品的款式、价格、颜色、功能、售后服务等方面与自己意愿存在差距；自己了解到或听信他人所说商品存在瑕疵，因此质疑；对某品牌商品特殊青睐，因此对其他商品有所不情愿。真实异议简言之就是顾客本人的真心想法，对于顾客的真实异议，推销员要按实际情况灵活处理。

（1）立即处理。

①快速消除负面影响。当顾客的异议是出于个人经验判断或听信他人所说而对推销品产生排斥的时候，推销员要用事实消除顾客的偏见，澄清事实，扭转顾客对产品的片面认识。

②顾客即将下单。顾客对某些关键因素产生异议后，表示该异议消除即可购买，推销员应迅速解决顾客的异议。

③众多顾客共同异议。如果推销现场有很多围观者或多名顾客有相同异议的时候，解决一个人的问题，就相当于解答大家的问题，否则会造成多人对商品的"怀疑"情绪。

（2）延缓处理异议。

①超出权限。当推销员对顾客的异议感到不确定或超出本人的权限时，应及时说明自己暂时解决不了，并告知对方请示相关领导后再予以答复："抱歉，我说了不算，这个我得请示领导再答复您。"

②随口一说。顾客对推销品缺乏细致了解，推销员要延缓回答，否则易陷入被动。如顾客刚进店，看到某衣服标价150元，说"这衣服能便宜点不"，推销员无论如何答复顾客都觉得贵，聪明的推销员会说："衣服不合适再便宜也不值得买，前面就是试衣间，看您身材穿

的就可以，您先试下，试好了我们再谈价格，请放心，我们诚信经营，回头客可多了。"

③一时半刻说不清楚。展示商品时候，当几个顾客问的问题较复杂，应告知顾客稍后会对大家的问题统一答复，请大家不要着急。

（3）实战例句。

"同学，买我们家的竹炭花生吧，价格10元，特别好吃。"

"10元？太贵了，前面卖9元我都没买。"

2. 虚假异议

虚假异议属于无效异议，是指顾客并非真正对推销品存在不满意之处，而是为了拒绝推销员纠缠故意编造的借口或否定意见，用于打发推销员纠缠的一种行为反应。简言之，虚假异议并不是顾客内心的真实想法。

（1）虚假异议产生的主要原因。

①顾客无权或无足够的资金做出购买决定。

②顾客不信任推销员或对推销活动有偏见。

③顾客的需求，自身不明确或根本没意识到。

（2）顾客已购买到商品，验证是否吃亏，来探听虚实。

（3）顾客没空余时间考虑商品，借以打发推销员。

虚假异议并不代表顾客真实的购买意愿，推销人员可以采取不理睬或一笑了之的方法进行处理，不要与其争论，因为即使推销人员处理了所有的虚假异议，顾客也不会做出购买行为。

（4）实战例句：

"先生，买我们的缤纷是干脆吧，10元一罐好吃不贵。"

顾客忙着接听电话，摆了摆手，"不要"。

3. 破坏性异议

所谓破坏性异议，又称所答非所问异议，即顾客听懂推销员的询问后，故意扭转问题给出明显不合情理的答复。

（1）实质。顾客拒绝给出推销员想要的答案，一方面可能反感推销员的推销，一方面可能是对商品不感兴趣，但又不想说拒绝的话。

（2）实战例句。

"先生，到我家吃饭吧，主食米饭、炒菜样样都有。"一店员中午对路过的游客兜揽道。

"啊，我从重庆来的。"

（二）根据异议来源区分

1. 来自顾客方

（1）价格异议。价格异议是指顾客认为商品的价格过高或过低而产生的异议。顾客在接触商品的时候，一般都对商品给出一个心理价位，如果产品定价与心理价位相差悬殊，顾客就会提出价格异议。价格是顾客购买商品最关心的问题，因此价格异议也是最常见的异议。每个顾客购买习惯、购买经验、认知水平都有差异，因此对待同一商品，有的人认为贵而不购买，而有的人又嫌价格低也不愿意购买。

①异议类型：第一种是价格过高。这类异议占大多数，价格高低直接关系顾客的切身利

益，对于顾客而言价格越低越好，即使价格已经很合理了，顾客还是希望能再便宜。第二种是价格过低。顾客觉得产品价格低，肯定是产品质量不过关或者产品来路不正，购买缺乏安全保证，还有的是顾客觉得自己身价高，购买价格便宜的商品有失身份。

②范围：价格异议通常包括价值异议、返点异议、赠品异议、支付条件异议及支付能力异议。价值异议是顾客对产品的价值产生怀疑，认为商品不值这个价。

返点异议是顾客对购买商品的返点认为不合理，希望更多返点。

赠品异议是顾客对购买商品后给予的赠品感到不满，希望获得更多赠品。

支付方式异议是对用现金支付，还是用银行卡、微信、支付宝等的异议。

支付时间异议是对全款付清还是分期付款等产生的异议。

支付能力异议是顾客以暂时无钱购买为由提出的一种异议。

【案例6.4】

某人寿保险公司的推销员去某民办幼儿园门口推销少儿保险，几位年轻的妈妈询问保费怎么缴，这位推销员未加思索脱口而出："年缴3 650元买10份，连续缴到年满16周岁……"话音未落，人已散去。试想，那些月收入在1 000元左右的工薪族，一听每年要缴3 650元，怎么能不被吓跑呢？无奈，推销员也只好失败离去。

没过几天，又有一名人寿保险保险公司的推销员来到幼儿园，他是这样告诉年轻的父母的："只要您每天存上1元零花钱，就可以为孩子办一份保险。"听他这么一说，吸引了不少孩子的爸爸妈妈前来咨询、购买。

【案例解读】

其实，前后来的这两位推销员推销的是同一险种的保险，保费也没有变化，但为什么会有截然不同的两种效果呢？原因是他们的报价方式有别。前者是按购买10份年缴费价格报的，这样报价容易使人感觉价格比较高，而后一位推销员是按买一份保险每天分摊的钱报价的，爸爸妈妈们听起来，会觉得一天省下1元钱是不难做到的，这样他们就会对投保产生浓厚的兴趣。可见，由于后来的这位推销员把价格进行了细分，更容易被顾客接受。

③实战例句

顾客看了一眼价钱："这价格也太贵了，能便宜点吗？""这么贵，谁买啊？""不好意思，钱没带够！"

（2）需求异议。需求异议是顾客提出自己不需要所推销的商品而形成的一种反对意见。通常是推销员向顾客介绍产品后，顾客直接当面拒绝的一种正常反应。需求异议是对推销品的一种全面彻底的拒绝，根本就不给推销员推荐商品的机会。

①需求异议的产生原因：完全是借口，属于虚假性异议；顾客对产品已经了解，确实不需要该商品；顾客对产品了解不多，未意识到需要；顾客不了解商品，单凭主观感觉没必要。

推销员对顾客需求异议应具体问题具体分析，摸清顾客异议的真实原因，妥善处理。如果顾客对商品缺乏足够认识，推销员应强调商品的功效，从而使顾客意识到产品带给其自身的利益。如果是虚假需求，要去伪存真，另找时机向顾客推荐。

【案例6.5】

顾客:"什么保险?我不需要,我现在孩子健康,我超市的生意也不错,挺好的。"

推销员:"是啊!王老板真是一个幸福的人。可是过了10年、20年,谁又敢保证自己一辈子身体健康?超市生意永赚不赔?万一有些意外,将来可爱的孩子谁来抚养,是否还能够得到今天一样高品质的生活?"

顾客:……

推销员:"孩子不幸福,你心甘吗?现在只要花很少的钱就可以给孩子买一份将来的幸福。每个月就是少抽几包烟的事啊!"

顾客:"那保险都保什么啊?……"

……

推销员:"王老板,这是您的保险合同,请签收。"

【案例解读】

顾客对产品的需求产生异议,是其自身没意识到,只要推销人员让他们注意到产品的好处,自然顾客的需求就没异议了。

②实战例句:

"我不需要。""我前几天刚买过。""这个东西没什么用,我不买不活得好好的吗?"

(3)产品异议。产品异议是顾客认为推销品不符合自己的要求,对商品的使用价值、用途、样式、颜色、型号、品牌、包装等方面提出反对意见。产品异议表明顾客清楚自己的需要,却担心推销品难以满足自己的需要。这类异议主要受顾客的欣赏水平、购买习惯,以及其他各种社会成见等因素影响,具有一定的个人主观差异性。

①原因:顾客对产品缺乏系统的了解;顾客的心理期望与产品出现反差;顾客对某些产品有成见。

②对策:产品异议具有一定的挑战性,推销员应在充分了解产品的基础上,适当采用产品演示法、体验法、对比效果法,增强顾客购买商品的信心,从而最大限度地消除顾客的异议。"谁说绿色不好看啊,您背上试试,那里有镜子,看看效果怎么样。""嗯,还别说确实好看,行,给我拿一个吧。"

【案例6.6】

顾客:"这冰箱体积是很大,但是款式我不喜欢,上冷冻下冷藏,那不就是20世纪60年代的款式吗?现在都时兴冷冻室在下头的。"

推销员:"您说得很对,现在市面上的确很多都是下冷冻的冰箱,这个款式也确实有点'过时',但是我们买冰箱主要看是否实用,冰箱不是为了好看才买的,对吧?"

顾客点了点头。

推销员:"这款冰箱是出口转内销的,耗电量小,冰箱压缩机工作起来无噪声,大冷藏室,纯白色箱体,显得高档时尚,关键是价格便宜,不到1 000元,您随便到一个商场215升的冰箱最少也得1 500元,出口的产品检测质量肯定高,这样的紧密程度不外跑冷气，没霜，绝对是大厂家生产的。"

顾客："嗯，其实我也是觉得它价格实在才前来咨询的。这冰箱耗电多少啊？"

推销员："这个是国际三星冷冻的，最节能省电，一天0.77度电，最主要的是它工作起来基本上没声音，不像其他冰箱噪声分贝很高，您看才不到37分贝。"

顾客："行，就是租房子临时用下，开票吧！"

【案例解读】

顾客产品异议可以用以大换小的方式解决，即向顾客强调大的利益来抵消小的麻烦，让顾客的主导利益占据主角位置，从而化解顾客的异议。

③实战例句：

"怎么产品都是黄色的啊，我喜欢红色的，象征着喜庆。""这家具的款式也忒古老了吧，感觉像上世纪的产品。""这包装也太差了，叫我怎么送人啊。"

（4）货源异议。货源异议是顾客在选择商品时对商品的原产地、生产厂家、品牌型号等提出的异议。

①原因：顾客对推销品及生产的厂家不熟悉、不认可，因此提出了购买的反对意见。如对推销品的生产厂家没听过，对不知名的商标没购买过，推销品做工比较粗糙等，都会让顾客质疑。由于市场傍名牌、假冒伪劣现象太多，顾客又不是专家，很难对产品进行真实性鉴定，因此怕上当买到假货，导致越来越多的顾客对货源提出异议。

顾客为了保护自身利益一般习惯说："我们常常用××公司的产品。""你们公司我听都没听过，产品肯定不好。""这种产品的原产地是你那里的吗？""你们的货是正宗的吗？怎么看上去像是水货啊？""你们有产品进口许可证吗？"

②对策：强调<u>货真价实</u>；强调性价比；鼓励少量试用；承诺用不好包换等。

③实战例句：

"对不起，洗发水我只买海飞丝，其他我一概不考虑。"

"你们的鞋是正品吗？怎么看像高仿A货啊，我还是到专卖店吧。"

成语典故：货真价实

（5）服务异议。服务异议是顾客在购买推销品时对推销员及企业所提供的服务表示不满意、不认可而提出的反对意见。

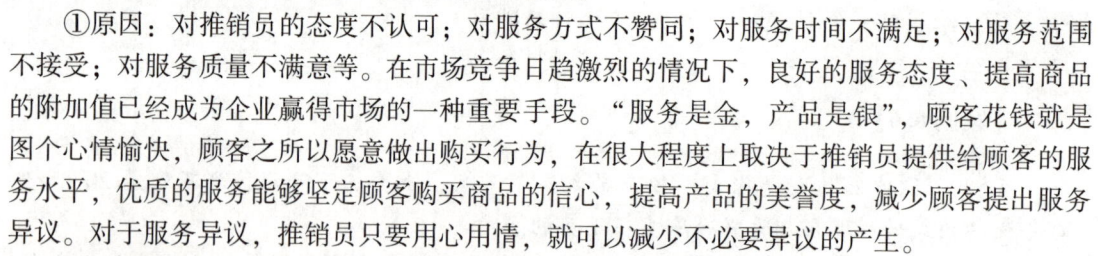

①原因：对推销员的态度不认可；对服务方式不赞同；对服务时间不满足；对服务范围不接受；对服务质量不满意等。在市场竞争日趋激烈的情况下，良好的服务态度、提高商品的附加值已经成为企业赢得市场的一种重要手段。"服务是金，产品是银"，顾客花钱就是图个心情愉快，顾客之所以愿意做出购买行为，在很大程度上取决于推销员提供给顾客的服务水平，优质的服务能够坚定顾客购买商品的信心，提高产品的美誉度，减少顾客提出服务异议。对于服务异议，推销员只要用心用情，就可以减少不必要异议的产生。

②实战例句：

"你话咋说得那么难听，谁买东西不得挑一挑？算了我不买了。"

"问你话，爱答不理的，真是花钱买气受，我不要了，把钱还给我。"

（6）购买时间异议。购买时间异议是顾客觉得不到购买推销品的最好时机，为延缓购买行为所提出的反对意见。如："现在房价国家正在调控，肯定还得跌，再等等吧。""这个先不用了吧，我这台车还可以再用2年。""嗯，让我再仔细想想。"购买时间异议，主要是顾客自身保护意识的一种反应。

①原因：

顾客认同推销品，但从自身经济原因考虑，提出延缓购买。如："等下月发工资再说吧。"

顾客认同推销品，希望通过拖延时间，达到优惠的目的。如："等我转一圈再说。"

顾客基本认同推销品，但拿不定主意，提出推迟购买。如："我回家和老公再商量商量，过几天再给你准信。"

顾客对推销品不认同，又不愿当面拒绝，拿延缓购买做借口。如："我现在有事，过会儿再说。"

②实战例句：

"这手机不错，本来想买来着，这不还没发工资吗，等发工资就买。"

"房子早就想买了，工资每月4 000元，房价6 000元1平方米，现在这么贵，等到年底降了就买。"

（7）购买决策权异议。购买决策权异议是指在推销洽谈中，顾客以没有拍板权而拒绝购买。

①分类：第一种是顾客说的是真实情况，顾客的确没有决策权，推销员应耐心询问顾客，找出决策人，做通决策人的工作，从而打开缺口。第二种是顾客仅仅是托词或借口。推销员要仔细区分，灵活化解。

【案例6.7】

"张先生，您看这套健身器材还不错吧？"

"看着还可以，不过我看了没用的，我在家里说了不算。"

"大哥，您甭和我逗了，像您这样的成功人士买个几千块钱的东西回家还得请示，也太跌份了，男人可是一家之主啊。"

"这个嘛……"

"大哥，您也不会是怕老婆吧？"

"谁说的，你开票吧，我买了。"

【案例解读】

对于购买决策权异议，有的时候用激将法或者诙谐法也许很有效果，击到顾客软肋，顾客准妥协。

②实战例句：

"我只负责跑腿，订货的事都是领导决定。"

"这我可做不了主，我得回去请示下领导。"

（8）支付能力异议。支付能力异议也可称为财力异议，即顾客认为自身支付能力不足而拒绝购买推销品的异议。顾客常常以手头没钱、资金周转不灵为由拒绝购买商品。

①分类：有真实异议和虚假异议两种情况。通常来说，顾客不愿意让人知道自己缺钱，出现这种虚假异议的主要原因可能是顾客早已决定购买其他产品，或者是顾客不愿意动用现金存款，也可能是因为推销员说服力不足，没能让顾客意识到产品的真正价值。

项目六 处理顾客异议

159

②对策：强调推销品的特点、优势，诱使顾客重新认识商品；分解报价，每天只节省很少的钱，让顾客觉得和现金多少无关；如果顾客确实无力购买推销品，推销员推荐其购买相对价位低的产品。

【案例6.8】

"先生，您想买电视机吗？平角的还是液晶的？"
"哦，搬新房子了，打算把家里的平角换成液晶的。"
"恭喜您，喜迁新居啊！您是卧室用还是客厅用啊？"
"客厅用，大概有30平方米吧。"
"哦，那我建议您买稍大一点的，您看海尔这款42英寸的就很不错，它画面清晰、音质不错……"
"好是好，价格也太贵了，新房装修花的钱像流水一样。"
"装修房子是很费钱的，为了提高生活质量，一次投资终身受益嘛，其实这个电视才4 600元，可用10年的话，每年才460元，相当于每天只花不到1元5角钱，那还不如一根冰棒的价格呢，现在冰棒都要2元一根了，您说是吧？"
"道理似乎没错，可是我打算买台4 000元以下的，最好3 000元左右的，现在都有电脑，看电视的时候不多，不买吧又觉得缺了点什么。"
"哦，那您可以看看这台TCL的，这个是锐屏的，新产品在做促销，也是42英寸的，多功能画面，接口齐全……这款才3 200元，还送一个电饭煲。"
顾客用遥控器调换着画面，脸上表情很关注。"这个给免费调试吗？售后服务怎么样啊？"
"您放心吧，实行国家'三包'政策，我们当地就有维修服务站，您打个电话保证24小时内解决你的问题。在我们这儿买电器，都负责免费安装和调试的。"
"好了，就要它了，你开票吧。"

【案例解读】

支付能力异议，可以分三步化解：
第一步：推销员要做到的就是先区分真实异议还是虚假异议。
第二步：通过强调推销品的卖点说服顾客重新选择。
第三步：将整数报价分解到每一天的花销，有意识地引导顾客思考，如果顾客仍觉得"贵"，就迅速推荐价格相对便宜的商品，再重新按刚才的步骤化解。

③实战例句：
"不行，太贵了，我可买不起。"
"啊？1 500元，我身上就只有1 000元，你能卖吗？"

(9) 推销员异议。推销员异议是顾客对某些推销人员的行为举止表示反感而拒绝购买的异议。

①原因：由于推销员本身的工作能力不足而造成；顾客对某些推销员的外貌、穿衣打扮挑剔导致。顾客对推销员不信任提出异议，并不意味着顾客不喜欢推销品，只是希望换一个推销员来为自己服务或让推销员调整服务态度而已。如日本推销之神原一平被顾客指责服

态度不好后,立马醒悟,负荆请罪跪着向顾客道歉,使发誓再也不买其保险的顾客很受感动,转而又增加了一大笔保费。

【案例6.9】

"小姐,您买什么化妆品?"
"我买一款祛痘的洗面奶。"
"哦,我们这款祛痘产品效果很好的。"
顾客看了看产品,又看了看营业员,感觉营业员脸上的皮肤也不好,痘痘也不少。于是摆摆手,走掉了。

【案例解读】
顾客之所以走掉,是感觉营业员的脸上的痘痘让她不舒服,既然祛痘效果好,你营业员脸上的痘痘都没祛掉,顾客怎么会相信呢?

②实战例句:
"你手都生疮了,怎么还敢给我做美容?"
"你手指甲那么长,里面都是黑垢,还给我打粥?"

顾客异议的成因

四、顾客异议的成因

在现实推销过程中,顾客异议的成因是多种多样的:既有顾客因素,又有产品本身因素,还有推销员的因素;既有主观因素,又有客观因素。推销活动的最终目的是实现交易,满足顾客的需求,实现推销员与顾客的共赢。从买方角度讲,顾客希望花更少的钱买到更好的商品,希望物美价廉,他关注并考虑商品交易给他带来的较少的风险和较大的收益;从卖方角度讲,推销员希望能卖出更高的价格,强调优质优价,他关注并考虑商品交易可以带给自己更多的利润。

顾客总是处在有限的购买支付能力和无限的消费需求的矛盾中,总希望用最小的付出获得最大的收益,所以说顾客是天生的推销异议的"创造者"。公平交易,童叟无欺,甚至希望卖者赔钱赚吆喝,是顾客追求的一种最理想的购物环境,从这个意义上讲,顾客与推销员建立起坦诚、可信赖的关系,顾客异议才会减少甚至消失。下面我们从推销三要素来依次分析顾客异议的成因。

(一)顾客方面的原因

1. 规避风险

顾客面对陌生的推销者会心存戒备,保持非常警惕的态度,不相信或不完全相信对方,时刻提防推销人员,来保护自身利益不受损害。当推销人员向顾客推销商品时,怀疑、好奇、疑惑占据顾客心理主体位置,因此绝大多数顾客异议都是顾客在进行自我保护、防范意识加强的结果。

2. 忽略需求

由于顾客思维意识固化,对生活中的某些方式墨守成规,没有意识到自身的实际需要,习惯于以往的购买内容和购买方式,缺乏对新产品、新服务的需求和诉求。推销员对于这类缺乏认识而产生异议的顾客,应通过进一步了解情况,再重新确认顾客的需要,并从顾客利益角度出发，利用各种提示和展示技巧，帮助顾客认识到需要，刺激顾客产生购买欲望，使之接受全新的消费方式和生活方式。

【案例6.10】

"师傅，您平常在家经常刮胡须吗？"
"是啊，怎么了？"
"嗯，我说您的胡须怎么刮得这么干净，肯定不是电动剃须刀刮的。"
"是的，以前用电动剃须刀，觉得刮得不干净，就改用手动的了。"
"那您喜欢用什么牌子的刮胡泡沫啊？吉列吗？"
"刮胡泡沫什么东西，我都是用肥皂弄脸上的，也觉得不错啊。"
"那您也太委屈自己了，肥皂哪有刮胡泡沫的效果好啊，有时候会刮伤的。"
"嗯，也是，有的时候一不小心会刮破，但是一个小伤口对大老爷们也没什么。"
"师傅您错了，其实刮胡泡沫还可以软化胡须令胡须妥帖顺滑，帮助呵护肌肤，减少剃须过程中皮肤刮伤和感染，不信，您试验下，这个是一次性剃须刀。"
"嗯，别说，真的比肥皂感觉好多了，皮肤不那么干涩，这个15元是吧，行，给我拿一瓶试试吧，我也改善改善。"

【案例解读】
顾客尚没意识到需求的时候，肯定抱着不买的态度。只有让顾客感受到和以往的不同，顾客才会有尝试改变的欲望，从而做出购买行为。

3. 认识不足

随着现代科技的发展，产品的更新速度越来越快，新产品层出不穷。有些新产品，尤其是高科技产品的特点与优势，顾客需要较长一段时间去了解、认知，因此顾客会提出异议。一般来讲，顾客的文化程度越低、年龄越大，产生该类异议的概率就会越高。推销员应当以各种有效的展示与演示方式深入浅出地向顾客推荐商品，借助广告等方式对顾客进行有关的启蒙及普及宣传，使顾客对产品有正确的认识，实现消除顾客异议的目的。

成语典故：深入浅出

4. 心情欠佳

人的购买行为有时会受到情绪的影响。推销员和顾客明明约定了见面时间，如果拜访之前顾客偶遇不开心的事情，就有可能提出异议，甚至对此产生敌意。此时，推销人员应保持冷静，见机行事，或者干脆改天再来拜访，切忌给顾客忙中添乱，否则推销就可能陷入尴尬境地。

【案例6.11】

某销售公司的小张如约去某公司采购部的张经理处拜访，进门后发现张经理满脸沮丧的表情，眉头也紧锁。小张犹豫一下，还是张口打声招呼："黄经理，您好，这是我们公司的报价目录。我们公司又开发了新……"
"行了，小张，你把报价单放在茶几上就可以了。"

"那好，黄经理，我不打搅您了，改天我再来拜访您。"
"好的，再见。"

【案例解读】

推销员要养成察言观色的技能，从顾客面部表情就可以知道其心情好不好，心情不好的时候顾客自然没有兴趣和你谈什么生意，如果你硬性推销，必定会使顾客对你产生厌恶感，生意真的就泡汤了。

5. 无决策权

在实际的推销洽谈过程中，顾客常常会说："真抱歉，这个我决定不了。""等我回家和爱人商量商量。""我们回去再研究下，我说了不算。"这表明顾客确实缺乏足够的决策权力，或顾客有权但自己不愿承担责任，也或者找个借口支开推销员。推销员要仔细分析，针对不同的情况沉着应对。

6. 无购买力

顾客的购买力是指在一定的时期内，具有支付购买商品的货币能力，它是顾客满足需求、实现购买商品的经济基础。如果顾客购买力不足，即使认同、喜欢该商品也会拒绝购买。因此，推销员对顾客真实异议可以提出办理分期付款或信用卡刷卡等方式引导顾客消费，如果是虚假异议，就要重新找出解决对策。

7. 偏见误会

偏见与误会一般都带有较强烈、复杂的感情色彩，不是靠单纯说教就可以轻易消除的。比如说有的顾客喜欢从年龄大的女性推销员处购买商品，相反对年龄很小的推销员的推销就比较抵触；有的顾客喜欢在大商场里购买商品，对小商店的东西就比较排斥。

6. 陈规陋习

很多人为图便利不愿意打破固有的购买习惯，一些企业出于规避风险或某种利益的考虑一般不愿意更换原有的进货渠道。推销员要善于用个人魅力，通过摆事实、讲道理等方式，促使决策者重新加以考虑。

【案例6.12】

"张明，你别忙活了，这个 AD 企业的原材料一直都是从 WP 公司购进，据说两家公司的老总关系很密切，我们去过很多次了，都碰了一鼻子灰。"

"是啊，可是我还是想尝试一下，我们的价格、质量都不比那个 WP 公司差啊。"

"没办法，这是两个企业之间内部的事情，我们产品再好也没用啊。"

……

"张厂长，您好，我是 SR 公司的小张，我们能提供比 WP 公司更好的产品，而且我们的价格也只是他们的 60%。"

"哦，是吗？你把资料先放下吧，我有空的时候就看下。"对方正在看手头上的文件。

张明见张厂长似乎不怎么欢迎自己，也不好多说什么，起身想告辞，突然看到墙上的书法字画——"志存高远"，字体浑厚有力，看落款是张飞扬，估计可能就是张厂长的作品。"张厂长，您这'志存高远'四个字真是太大气了，看您这草书写的真是炉火纯青，肯定是个造诣深厚的老艺术家了。"

163

"哦，你能看出这写的是'志存高远'，不简单啊，很多客人来了还半看半猜呢，你一下子就认出来了，真不简单啊！"

"嗯，我也从小练过一段时间毛笔字，我也喜欢临摹怀素的帖子，但是比起张厂长真是差远了，如果张厂长不嫌弃本人愚笨，我真想请张厂长能给我指点指点。"

就这样两个人从书法的字体开始谈了起来，双方越聊越投缘，不知不觉一个钟头过去了，生意自然而然就谈成了。

【案例解读】

没有什么不可以改变的，只要你迎合了顾客的需要，即使对方有稳定的供货渠道，也会因"喜欢""欣赏"而改变，关键是推销员如何让顾客"欣赏"你，愿意与你成为朋友。

（二）推销品方面的原因

推销品是推销活动的客体，即主体共同指向的对象，顾客选购商品因人而异，因此推销品方面存在异议的原因有以下几种：

1. 质量

推销品的质量包括性能、颜色、款式、规格、包装等。如果顾客对推销品的上述某一方面存在质疑、不喜欢，就有可能提出异议。推销品质量异议原因很多，有的是推销品本身质量有瑕疵，功能设计有缺陷；也有的是顾客认识上存在误区或偏见；还有的是顾客为获得优惠的一种托词。所以，推销人员要耐心、仔细辨别异议的真实原因，见招拆招，设法解决异议。

2. 价格

价格异议在推销异议中所占比例最高，一般属于顾客的直觉感受。顾客产生价格异议的原因很多：主观上认为推销品价格与价值不成正比，价超所值；顾客希望通过价格异议达到优惠的目的；顾客缺乏足够的购买能力；顾客处于观望中，防止购买后价格下跌等。要解决价格异议，推销人员应熟练掌握推销技巧，及时了解市场行情，提高与顾客的沟通协调能力。

3. 品牌

品牌是消费者对一个企业及其生产、销售的产品，是否有过硬的产品质量、稳定的使用性能、健全的售后服务、良好的产品形象等形成的一种评价和认知。商品的品牌在一定程度上可以反映商品的质量和价值。在市场中，同类同质的商品就因为品牌不同，售价、销售量、美誉度都有不同的表现，通常来说，顾客出于生活习惯不同或品牌忠诚度的因素，会选择相对固定品牌的商品，对其他的新品牌大多持观望或怀疑态度。解决此类异议，推销员要故意引导，通过试用、试饮等方式，建议顾客更换产品。

4. 包装

商品的包装是商品的重要组成部分，具有保护和美化商品、便于消费者甄别、促进产品销售、提高商品价值的功能，是商品竞争的重要手段之一。通常顾客都喜欢购买包装精美、装潢美观、环保实用的商品。推销品的包装和顾客购买的用途息息相关，推销员要灵活处理，如散装商品可以附赠礼品盒等解决顾客送礼之需。

5. 销售服务

服务异议是顾客对推销员或商品的企业提供的销售服务感觉不满意而提出的拒绝。商品的销售服务范围包括商品的售前、售中和售后服务，在日益激烈的市场竞争环境中，买方占据主要优势，顾客对销售服务的要求也越来越高，销售服务的好坏直接影响到顾客的购买行为。解决这类异议，推销员应提高职业道德修养，全心全意为顾客提供一流的服务，换位思考，为顾客提供尽可能多的便利。

6. 企业自身

企业是推销品的制作者，在推销洽谈中，顾客的异议还会来自企业自身。如企业经营管理水平低下，产品质量缺乏保障，缺少诚信，产品认证资质不全，不重视环保等，这些都会影响到顾客的购买行为。当企业出现负面新闻时，消费者必然出于安全考虑拒绝购买。

质量是关键，信誉是保证，企业只有声誉好，才能引来八方客。

（三）推销员方面的原因

1. 素质低下

推销员素质低下、推销意识欠缺也是导致顾客拒绝购买的原因。具体表现如推销员说话含糊不清，讲解不到位；对推销产品不熟悉，一问三不知；服务态度不端正、缺乏耐心；不尊重顾客、满嘴粗话，服务水平差；推销技能不熟练等。

2. 礼仪欠缺

推销员不注重礼仪，服装不整洁，有油污、破损；不注重形象，身上有异味；站没站样、坐没坐样；该敲门时不敲门，说话声音过大或过小等。

对于此类异议最好的解决方式是企业加强推销人员的培训，提高推销员的职业道德水准，加强服务意识，端正服务态度，正确对待推销工作，<u>全心全意</u>地投入推销工作当中，视顾客为亲人，履行好自己的职责。

复习思考题

1. 顾客异议的种类有哪些？
2. 顾客异议产生的原因是什么？
3. 如何看待顾客异议？

任务实施

【任务情境】

分别表演有效异议和无效异议，如何处理顾客的价格异议和品牌异议，请自行设计推销情境。

【实施目标】

1. 加深理解推销异议的含义。
2. 了解顾客异议的正面效应。
3. 学会辨别各种异议。

【实施要求】

1. 组建任务小组，每组5~6人，选出组长。
2. 各组分角色分析情境，讨论表演流程，选择一人负责观察、指导。
3. 进行交叉打分，即选取小组表演后，其他小组各选派一名成员担任评委，负责点评。
4. 课代表要做好记录。

【任务考核】

1. 情境表演真实、合理 2 分。
2. 小组成员团队合作默契 3 分。
3. 角色表演到位 4 分。
4. 道具准备充分 1 分。
5. 满分 10 分。

任务二　顾客异议的处理方法

任务情境

任务思考

1. 马贵芝化解刘经理的异议使用了哪些处理方法？
2. 刘经理提出的是什么异议？
3. 如何有效化解这类异议？

顾客异议产生的原因多种多样，表现形式也千差万别，为了有效化解顾客异议，推销员要深入辨析根源，探寻有效解决异议的方法，常用的处理顾客异议的方法有以下几种：

一、直接否定法

直接否定法又称为反驳处理法，是指推销员根据比较明显的事实与充分的理由，对顾客的异议进行正面的全盘否定的一种处理异议的方法。推销员采用这种方法给顾客更直接、明确、不容置疑的否定回答，直接驳斥顾客的错误言论或带有歧视、侮辱性的语言，可以迅速有效地输出正确的商品信息，缩短推销时间，提高推销效率。

1. 优点

（1）直接否定，增强说服力度。推销员通过摆事实讲道理，会使顾客认识到自身理解的片面性，认识到自己的论断错误，从而对产品产生正确认识，增强购买信心。

（2）省时高效。对于顾客的片面理解或个人偏见，推销人员即使花费更多的口舌也难以有效消除，使用直接否定法，直接否定了顾客论断的前提，避免双方在混沌状态中继续消耗时间，可以提高化解顾客异议的效率。

（3）直接传送商品信息。将正确的商品信息通过反驳顾客异议的方式直接传达到顾客内心，促使正确信息取代错误、狭隘信息，从而促成交易实现。

2. 缺点

（1）易引起冲突。使用直接否定法，推销员直言不讳，全盘否定顾客的意见，会使顾客感到不自在，容易遭到顾客的强烈反对，产生摩擦，导致交易失败。

（2）顾客难以服气。推销人员使用直接否定法主要是针对顾客的错误观点或错误评价，容易损伤顾客的自尊心和颜面，会使顾客心里添堵，即使推销员是对的，也难以心平气和地接受。

（3）破坏交易气氛。买卖双方对某一问题针锋相对，容易导致剑拔弩张，破坏和谐的交易气氛，使交易难以实现。

项目六　处理顾客异议

3. 注意事项

（1）克制情绪。推销人员关注的重点是推销成功，因此推销过程是次要的，对于顾客的异议，应该保持良好的心态，努力克制自己的情绪，只有把顾客打点好了，让顾客满意了，才能促成交易。在使用直接否定法时要面带笑容、态度真诚、语气恳切，针对事情而不针对顾客本人，处处尊重顾客。

（2）证据确凿。推销员要以理服人，证明材料经得起推敲，绝不可凭自己的主观臆断或随意捏造事实，道理要通俗易懂，不要使用专业术语，说话语气中不能出现"大概""可能"等含混不清的词语。

（3）以传递信息为重点。使用直接否定法的目的并不是把顾客辩论倒，也不是和顾客斗嘴、比输赢，而是传递产品的正确信息，更新顾客对产品的认识。

（4）对敏感顾客慎用。对于思想比较固化、个性敏感的顾客提出的异议，推销人员最好不要使用直接否定法，否则会导致水火不相容的状态。这类顾客在日常生活中总有盛气凌人之感，在单位或家庭中经常是说一不二，听不得别人说半个不字，一旦受到推销员反驳，会导致他们大发脾气，对成交丝毫无益。"凭什么说我说的不对，你那些都是骗人的东西，你能糊弄别人绝对骗不了我……"

（5）顾及顾客的"面子"。推销员要给顾客留"台阶"："不好意思，可能是我没说明白。""抱歉，您拿的是上周的宣传海报，活动已经结束了。"

4. 适用范围

直接否定法主要适用于处理顾客缺乏对商品的了解或对商品有明显偏见、误解等异议。

【案例6.13】

一顾客看了看鞋子说："你们产品质量不好吧，看这做工就比较粗糙。"

"您错了，先生，我们产品质量在全国始终名列前茅，您看墙上挂的就是我们产品在行业评比中获奖的证书，我们企业还获得了 ISO 9000 和 ISO 14000 质量体系认证，这种貌似粗糙的工艺其实是仿古设计，非常符合人体工学设计，穿着起来非常舒适。"

"是吗？我看看，哦，感觉还真不错，你要不说，我还真以为小作坊生产的呢，行，给我拿双 42 码的吧！"

【案例解读】

推销员不与顾客发生争议，但是并不代表要顺应顾客说话，对于缺乏理论依据的猜测、判断，推销员最好的办法就是直接反驳，这样反而会快速纠正顾客的错误思想，从而促进销售。

5. 实战例句

"您的想法不对，我们的产品……"

"您说错了，这个产品原产地是……"

二、间接否定法

间接否定法又称为转折处理法、回避处理法，是指推销员并不直截了当地驳斥顾客的意见，而是用肯定的方式先对顾客异议表示理解和认同，然后用一个转折词将自己的意见反馈给顾客，间接婉转地否定地顾客异议的方法。

1. 优点

（1）创造和谐的推销气氛。间接否定法没有直接否定法那么尖锐，推销员先是肯定顾客异议，让顾客感觉受到尊重，因此利于构建和谐的推销气氛，利于成交。

（2）以退为进，以守为攻。推销人员使用间接否定法，表面上对顾客异议充分理解和尊重，其实话语的重心在后半句话，即全面反驳顾客的观点，这种先扬后抑的话语反而让顾客乐于接受。

（3）更高效地传递信息。相对直接否定法而言，顾客和推销人员能互相尊重，彼此心平气和地交谈，传递的推销品的信息能更有效地被顾客接受，利于成交。

2. 缺点

（1）反驳力度差。由于推销异议是先承认顾客观点是正确的，甚至为取悦顾客而顺便多说顾客几句好话，会使顾客只看重前半部分，忽视推销人员后半部分说话的内容，因此反驳力度不明显。

（2）延缓成交节奏。间接否定法因为不能直截了当地对顾客异议进行直接反驳，顾客会觉得自己的感觉是对的，有可能还会进一步提出新的异议，从而阻碍成交。如："我现在才发现你们产品不单是质地不好，功能也非常单一，你说我一个大小伙子，能买一个粉色的MP3吗？"

（3）易使顾客放弃购买。由于每一次顾客提出异议，推销员都没有明确表示反对，会给顾客造成错觉，似乎推销员明知道产品有许多缺陷，因此哑口无言，从而更坚定自己的判断，放弃购买商品。"算了，产品这也不好，那也不好，真不知道你们到底怎么生产的，我还是到别处转转吧。"

（4）浪费推销时间。顾客提出的异议，不论大小，推销人员都是含蓄否定，或拐弯抹角用一些词汇去迎合顾客，既浪费推销时间，又不能尽快解决异议，导致推销效率很低。

3. 注意事项

（1）忌直接否定顾客异议。间接否定法讲究以柔克刚，因此对于顾客的异议不能正面出击，只能从侧面包围，即避实击虚，利用太极法化解异议。

（2）以传递推销信息为重点。推销员的话重点在后半句，借以表达推销品的正确信息，使顾客自动更新错误信息。

（3）语气婉转，剑藏于鞘。推销人员使用转折句时应不露痕迹，语气婉转，避免多次强调"但是"而激怒顾客，或让顾客识破推销员的策略。现实推销中，不要一"但"到底，可以变换使用其他表示转折的词，如然而、可是、反之、莫不如等。

（4）强调推销重点。推销员要善于控制推销节奏，将顾客引导到自己的意图当中，促成顾客迅速成交。

4. 适用范围

主要适用于各种无效的顾客异议，如对商品缺乏了解而引起的偏见、误解等。

【案例6.14】

早市上，一摊主卖香瓜，条幅上写着"正宗萝卜坎香瓜，假一赔十"。

男士：（上前拿起香瓜弹了弹，又闻了闻）"这香瓜怎么卖？"

项目六 处理顾客异议

169

女摊主:"6元一斤,保甜,不甜不要钱。"

男士:"呀,你卖的也太贵了吧?别人家才5元一斤。"

女摊主:"大哥,您要知道一分钱一分货,别人家看似便宜,但甜不甜不一定,我这是正宗的萝卜坎香瓜,我年年夏天在这儿卖,不像那些流动摊贩,今天来,明天去哪你都不知道。我这瓜您买差了,我可以包退。我这三大篓香瓜200多斤呢,一上午就能卖完,都是回头客。"

这时候又来了两人开始挑香瓜,男士看着付钱后走远的顾客,也买了5个。

【案例解读】

间接否定,你听不到推销员的直面拒绝,但字里行间却隐藏着否定的力量,让顾客在不知不觉中认同了推销员所说的话语,用购买行为否定了自己最初的想法。用绵里藏针、以柔克刚形容这种方法也不为过。

5. 实战例句

顾客:"你们的产品也太贵了,×××品牌同类产品比你们便宜600元呢。"

推销员:"先生,您说得很对,我们的产品确实贵了一点,但是我们的产品在质量、功能、售后上都是数一数二的,产品买了就是为了图个舒心、安心,您希望为省几百元而不停地跑维修部吗?很多顾客购买了我们商品后,都觉得物有所值。"

三、抵消处理法

抵消处理法又称为平衡处理法、补偿处理法、优点处理法,是指推销员认同顾客的异议,提醒顾客可以从推销品及购买条件中得到其他好处或利益,以弥补或抵消顾客异议的方法。该方法的实质是调节顾客的心理平衡,增强购买推销品的信心。推销品无论具有多么大的优点,也难免在某些方面存在不足,因此顾客提出一些真实、有依据的异议时,推销员不必强行否定,而应尊重客观事实,冷静对待异议,尊重顾客对商品的感受,巧妙利用肯定一部分去否定一部分,从而证明推销品优点明显高于缺点,增强顾客的购买信心。抵消处理法用形象的语言描绘就是"兵来将挡,水来土掩"。如果顾客发觉产品款式陈旧,就用较低的价格弥补异议;如果觉得价格昂贵,就用强大的产品功能抵消异议;如果顾客质疑产品包装简陋,就用经济实惠消除异议。

抵消处理法

【案例6.15】

一顾客摆弄着手里的玩具说道:"这个是样品吧?怎么看上去很旧呢。"

推销员微笑着:"嗯,确实是样品,可是功能都是好的,因为是样品,我们价格上也优惠了很多,原来要160元呢,这个我们打5折,只要80元,都是赔钱卖的。"

"行啊,先凑合用吧,好,你开票吧,我买了。"

【案例解读】

用价格的优惠抵消样品的遗憾,顾客会做两者的对比,一旦认定优点大于缺点,购买就很简单了。

1. 优点

（1）创造和谐的推销气氛。使用抵消处理法，并不是当面反驳顾客的反对意见，又没有比较刺耳的"但是"，而是提示顾客产品有很多优点，足以掩饰产品的不足，便于顾客接受。

（2）有效化解异议。传递推销品的正面信息，通过减法原则消除了顾客的异议，一旦在顾客眼里优点明显大于缺点，即意味着缺点被抵消，从而化解了顾客异议。

（3）凸显推销重点。任何一件推销品都会有优点和不足，在顾客发现推销品不足时，反而给推销员更多的强调优点的机会，凸显推销品的实用性。

2. 缺点

（1）顾客易产生消极情绪。当顾客发现产品缺陷，推销员又不能很好地用优点抵消，或者顾客并不一定认同抵消时，就会对产品感到失望，容易产生消极情绪，拒绝购买。

（2）降低推销效率。顾客每提出一次推销品异议，推销员先表示赞同然后再强调优点，个别爱挑剔的顾客会继续发现问题，甚至一直纠缠不休，降低了推销效率。

（3）不利于化解顾客异议。顾客在选购商品时会提出五花八门的异议，如果推销人员不加分辨都使用抵消处理法，就会使一些无效异议难以化解，导致越解释越苍白无力的现象。"什么和什么啊，你说的和我说的根本就是两回事，你这商品我没法买。"

3. 注意事项

（1）分辨异议种类及成因。推销人员要冷静分析顾客提出的异议到底属于哪一类异议，其成因又是什么，采取不同的对策，抵消处理法一般只适用于有效异议，对无效异议应使用其他方法处理。

（2）尊重并肯定对方。对于顾客提出的有效异议，在给予肯定后，再传递产品的相关优点进行抵消。

（3）确保优点能抵消异议。抵消处理法的关键是推销人员强调的优点一定要能遮盖住顾客的异议，如果优点明显不足以掩饰缺点，就难以化解异议，直接导致成交失败。

（4）无效异议禁用。如顾客根本没说真心话就提出了异议，推销员即使再强调优点，也难以打动顾客。

4. 适用范围

主要适用于各种有效异议。

5. 实战例句

"一分钱一分货，虽然我家榛子看上去比隔壁那家的贵，但个包个实诚，个个都饱满，不像别人家的看上去壳很大，其实十有八九都是空的，你随便砸开尝尝就知道了。"

四、转化处理法

转化处理法又称利用处理法、反戈处理法，是指推销员过滤顾客异议中有利的观点，对此加工处理，转化为自己的观点，借以消除顾客异议的方法。这种方法可以形象地比喻为"用子之矛，攻子之盾"。顾客对商品的评价是客观的，既有正面意见又有反对意见，推销人员用顾客认为好的一方面来瓦解顾客认为坏的一方面，把异议转化为有效的推销提示，就有可能破解顾客异议，从而促进顾客购买。如顾客抱怨："对不起，我很忙。"推销人员回答："张先生，正是知道您很忙，我才来找您

转化处理法

的。我为您找到了不必总这么忙的方法。"顾客抱怨:"别说了,我没钱买。"推销人员应回答:"正是知道您钱不宽裕,我才让您购买我们的产品的,它可以让您更省钱。"

【案例 6.16】

顾客提出:"你们的产品好是好,但是价格太贵,我买不起。"

推销员回答:"您说得对,既然是好产品自然有贵的道理,俗话说'一分钱一分货',买东西就是图个安心、放心,小企业生产的东西确实便宜,但指不定哪天就坏掉了,又不能保修,那不是更浪费钱啊!我们保修三年,终身维修,您买了就是放心。"

顾客:"嗯,也是这个理儿,行了,我要了。"

【案例解读】

顾客既然已经承认产品质量好,那就顺水推舟用产品好去消除价格高的缺点,促使他购买。

1. 优点

(1) 化解异议效率高。抵消处理法是用顾客的正确观点攻克他的错误观点,输赢都是他的原话,顾客易接受,异议化解效果好。

(2) 激发顾客好奇心。顾客本身也许是为了拒绝推销员而提出异议,相反推销员针对异议而来,会使顾客产生好奇,利于接受推销品的正面信息。"什么?我没钱你还说这是我买你们商品的理由?"

(3) 创造和谐的推销气氛。整个推销活动中,推销人员只是借势而为,反驳顾客的恰恰是顾客自己,双方能互相尊重,利于顾客购买。

2. 缺点

(1) 顾客易抵触。如果顾客发觉推销人员的话有很多虚张声势之处,容易导致推销中断。"算了吧,别牵强附会了,这些都和我说的那点无关,再见。"

(2) 易被顾客误解。顾客的异议反而成了购买商品的理由,会使顾客觉得自己未得到尊重,甚至认为推销人员在没话找话,反而对推销品产生坏印象。

3. 注意事项

(1) 尊重、赞美顾客。推销人员要通过肯定异议的方式,体现出对顾客的尊重和赞美,有效拉近买卖双方的距离,构建和谐的推销气氛。

(2) 挖掘并利用顾客异议中的优点。推销人员要仔细分辨顾客异议,然后用顾客异议中的优点化解顾客异议中的缺点,论点鲜明,论据要完整,让顾客得以认同,实现快速转化。如:"您说得对,买鞋就是图个舒适。这鞋款式设计新颖大方,鞋底防滑耐磨,穿着舒适,虽不是真皮,可价钱也实惠,比真皮的整整便宜 200 元呢。"

(3) 对无效异议禁用。

4. 适用范围

适用于处理各种有效异议。

5. 实战例句

"没钱就得多省钱,买这台变频空调看上去很贵,但是您细算就发现真的省钱,夏天天气热,1.5P 空调你一个晚上开 6 个小时,定频的就得耗电 6.6 度,而这台变频的才耗费 2.4

度电，整整省了4.4度电。南方天气您也知道，空调得常开，这一年算下来节省的可不是小数目。"

五、沉默处理法

沉默处理法又称为不理睬法、忽视处理法、拒绝处理法、装聋作哑处理法，是指推销员判定顾客所提出的异议与推销活动以及实现推销目的没有关联或没有必要关联时避而不答的处理异议的方法。在推销活动中，如果顾客异议与购买活动没有实际关联，推销员完全可以不予理睬，假装没听见也是很好的处理方式。

1. 优点

（1）节省时间和精力。对顾客提出的无关紧要的异议，推销人员不予理睬，避免双方产生摩擦，节省时间和精力。俗话说"言多必失""说者无心听者有意"，如果推销人员对顾客任何异议都去化解，难免会被对方误解，引起争吵，多一事不如少一事。有的异议纯粹就是顾客随意发发牢骚，他本人都没想到推销员要去迎合他。

（2）提高推销效率。由于主要针对顾客的有效异议进行化解，从而提高了推销效率。推销人员话不多，可没一句多余的话，使顾客认为推销人员敬业、干练，愿意把推销人员当成"专家"，增强购买信心。

2. 缺点

（1）易使顾客受到冷落。顾客喜欢推销人员对自己重视，希望见有呼声，去有送声，而沉默处理法故意忽视顾客的问题，容易使顾客觉得受到冷落，易引起顾客的不满情绪，从而将抱怨情绪带到对产品的挑剔中，使购物行动受阻。

（2）难化解顾客异议。由于沉默处理法是有选择性地解决顾客异议，会造成顾客的抵触情绪，有时会对未解决的异议继续探求答案，而阻断推销员的其他提议。"你先别说别的，请问我刚才的问题你怎么答复我，否则我疑惑越来越大。"

（3）不利于创造和谐的推销气氛。使用沉默处理法会使顾客缺乏尊重感，对推销人员装聋作哑感到厌烦，尤其是一些个性敏感、在单位身居要职、虚荣心很强的顾客，会直接亮起红牌，他们也会以冷落推销员的方式保持心理平衡，双方容易处于冷场状态。

3. 注意事项

（1）认真聆听，尊重顾客。尽管沉默处理法并不需要回答顾客的每一个异议，但是推销员还是从推销的结果出发，认真聆听顾客的异议，处处显出对顾客的尊敬。如顾客走进店里抱怨店铺面积太小，"欢迎光临，店铺虽不大，但是品质好，回头客多，这款衣服卖得可火了……"，"羊毛出在羊身上，门面大，租金也高，来里面请，这些都是今天刚到的广东货，请随便看看，肯定能找到适合您的"。

（2）注重礼仪，文明待客。虽不回答顾客的每个异议，但是也要让顾客感到推销人员对自己的尊重，因此推销人员要注重礼仪，讲究职业道德，全心全意为顾客服务，从而提高顾客的购买效率。

（3）善于使用微笑。眼睛是心灵的窗口，对于顾客提出的与购买活动无关的异议，推销人员可以用微笑代替，既可以缓和推销气氛，又使顾客感受到推销员对异议的回复，顾客会默认为得到推销员的赞同，所以购物的心情也舒畅了。

4. 适用范围

适用于处理各种与购买无关的异议。

【案例6.17】

顾客进入门店后对着营业员说："大热天的你家连空调都不开，这怎么让顾客挑选商品啊？"

营业员："欢迎光临，这些都是从意大利进口的服装，您可随便看看。"

顾客："你家的门面有点小吧？这都是进口货吗？"（脸上露出怀疑的表情。）

营业员："当然是进口货，这一点您尽管放心，这是厂家的授权标志，这是进口销售许可证，我们已经在这开三年了，看这鞋子是国际最流行的款式，您试试吧，看看效果。"

顾客："这款拿双36的给我吧，我先试试。"

【案例解读】

对于顾客无关紧要的异议、抱怨，推销员可以不理不睬，用回避、忽视的方式，将顾客的注意力转移到商品上来，只有顾客关注商品了，才有销售的可能。推销员漠视无关紧要的异议，就可以把主要的时间、精力用于推荐商品上，同时还可以避免节外生枝。

5. 实战例句

顾客："你的店铺真够小的了。"

推销员："先生，您看看我们店的产品都是最新款式，买两件打八折。"

六、自我发难法

自我发难法又称为预防处理法、先发制人法，是指推销人员在推销过程中，预先设想顾客会提出哪些异议，在顾客尚未觉察时，自己先把问题说出来，继而再做恰当解释，来消除顾客异议的方法。自我发难法，顾名思义是推销人员首先自我发难，即自己难为自己，但是却是直接说给顾客听，化解了顾客异议，更有利于成交。

1. 优点

（1）能有效阻止顾客提出异议。由于推销人员抢在顾客发现问题之前，已经把缺点指出，这就让顾客觉得推销人员诚实、善良、为人实在，容易拉近买卖双方的距离，从而减少了顾客进一步提出异议的可能性。

（2）有助于提高成交效率。由于最明显的、主要的异议已经提出并解决，即使顾客再有异议也就变得相对不重要且好解决，因此可以缩短推销时间，提高成交率。

（3）易使顾客暴露隐藏的异议。对于商品而言，如果推销员提出并解决了主要异议，顾客还是不愿意成交，顾客必然会将心中的疑虑告诉推销人员，这种隐藏的异议可使推销人员了然于心，直接化解。

（4）可以创造良好的推销气氛。双方互相尊重，容易达成交易，便于建立良好的客户关系。

2. 缺点

（1）会增加顾客购买的压力。由于推销人员上来就对顾客中意的商品指出"硬伤"，使顾客会对自己的眼光产生怀疑，不敢做出购买决定。

（2）易使顾客先入为主。粗心的顾客本来对商品没有异议，可推销员上来就指出异议，会使顾客认为推销品存在很多问题，也加入挑剔的行列中，会使不是问题的问题显现出来。"呀，你不说我还不知道呢，我得仔细瞅瞅，看这衣服有处跳线，这衣领处没对齐……"

（3）不利于化解异议。并不是所有的顾客都认同推销人员的异议，自以为聪明的顾客会以为推销人员的自我发难只是冰山一角，其后隐藏着更大的问题。"什么呀，你的产品本来就是不好，其实价格也不实惠，噪声46分贝，已经太高了，你还以为我真的好糊弄啊！"

3. 注意细节

（1）针对顾客个性，准确预测顾客异议。顾客个性不同，看商品的重点也不同，个性敏感的顾客总会先对产品的价格比较在意，个性比较宽容的顾客对产品的使用价值比较看重。男顾客购买商品要比女顾客粗心，想问题也不会那么琐碎，因此异议一般集中在产品质量、款式、功能上，相反对价格并不是那么敏感，推销员要在顾客走近商品前准确预测顾客的异议，从而自我发难。

（2）注重推销礼仪，传递重点信息。对待顾客亲切自然，会使顾客内心愿意接受推销人员推荐，推销人员应将重点集中在促使顾客购买上，通过强调推销品的显著优点，增强顾客的购买信心。

（3）对与购买无关的异议不提倡使用自我发难。

（4）自我发难要准，避免顾客再提新异议。

"你说的款式陈旧倒也算了，因为要送给农村的婆婆穿，可关键你这衣服也不是纯棉的啊。"

4. 适用范围

主要适用于各种有效异议和常见异议，如价格异议、货源异议、质量异议等。

【案例6.18】

一顾客正在摆弄手里的数码相机。

营业员："先生您好，这款相机最大的优点就是价格经济实惠，当然从性能上也有些瑕疵，比如它的像素只有600万，它没有锂电池，需要使用两节5号电池，因此显得略微厚重。"

顾客："600万是不是有点太低了？"

营业员："家庭用一般多是冲洗5寸的照片，从理论上讲数码相机达到400万像素，就已经是绰绰有余了，除非是放大20寸以上用于海报或艺术摄影的照片才需要1 000万以上的像素，用1 200万像素的和400万像素的同时洗一张5寸的照片，肉眼根本分辨不出来差别，更何况我们这款是600万像素呢。"

顾客"嗯，确实显得笨重了许多，现在都流行卡片机。"

营业员："虽然厚了点，但也非常实用，比如我们出差旅游，如果锂电池没电了，那我们就真的没办法拍照了，那么多的美景照不到肯定很遗憾，而这款数码相机使用普通的5号电池，随处可购买，一般旅游景点肯定有卖的，这样您就不会错过任何一个美景了，另外我们还赠送充电电池套装，这样用起来也非常方便。其实最主要的是价钱便宜，才500元，如果锂电套装的至少得1 000元呢，性价比还是很高的，而且这款相机拍照效果非常清晰，大厂家生产，肯定错不了。"

顾客："好吧，给我来一台吧，反正是给孩子玩的，孩子喜欢摄影。"

营业员："一看您的孩子就多才多艺。初学者使用这款相机非常划算的。"

【案例解读】

自我发难，可以主动解释说明，显得有诚意，相反如果顾客首先提出来，推销员再去解释，就显得"狡辩"，顾客不一定相信。

5. 实战例句

"大姐，这个产品吧，说实话看起来是比较笨重一些，不是很小巧，可价钱真的实惠，功能也比较齐全，和新款几乎没区别，居家过日子还是划算的。"

七、问题引导处理法

问题引导处理法又称询问处理法、质问处理法、追问处理法，是指推销员对顾客提出的异议，通过询问的方式向顾客探明缘由，再想出对策化解顾客异议的方法。问题引导处理法，顾名思义就是把问题的根源先询问出来，再引导顾客慢慢地说出问题的答案，在引导过程中让顾客毫无察觉地放弃最初提出的异议，实现购买。

1. 优点

（1）探明阻碍成交的根源。由于推销人员刨根问底，能直接探明阻碍顾客购买产品的深层次原因，从而可以对症下药。"哦，王经理，您说了一堆原来问题出在价格上啊，这好说，我们都是老交情了。"

（2）提高处理异议效率。由于直接找到顾客的最主要异议，推销人员可以集中精力化解，从而提高推销效率。

（3）掌控推销节奏。用问题引导法一直都是推销员主动询问，始终掌控着推销节奏，占据主动性。

2. 缺点

（1）破坏推销气氛。由于一个问题接着一个问题，会招致顾客反感、厌恶，甚至对推销人员产生敌视态度，使推销气氛变得紧张。"你老问什么问，你十万个为什么啊，说不买就不买，你赶紧出去。""你算老几，我凭什么告诉你。""跟你说也没用，你以为你是慈善总会啊？"

（2）难以有效化解顾客异议。并不是所有的顾客都愿意配合推销人员将异议全盘说出，有的顾客故意抛出一些虚假异议，即使解决了也对其购买不产生任何作用。如有的顾客明明是没钱，却以产品使用不方便为借口。推销人员化解异议时由于不是对症下药，就会浪费很多时间。

3. 注意事项

（1）询问要掌握火候。由于询问顾客异议是一个问题套着一个问题，因此推销人员为了查找问题真相，必然一直询问，这就会使顾客感到不耐烦，因此推销人员询问时要察言观色，注意火候，适可而止，不可穷追到底，有时即使问到"病根"，可顾客却拂袖而去，得不偿失。"问，问，问，就知道问，来你家买货怎么像进派出所啊，算了，我去别家转转。"

（2）询问要巧妙且只针对异议。询问方式很多可以直接盘问，又可以侧面探寻，询问时直接针对顾客提出的异议，不要针对其他无关的事情，尤其涉及个人隐私的事情不要触及。

4. 适用范围

主要适用于各种具有不确定性的有效异议。

【案例 6.19】

顾客："这个电饭锅很好，样子我也很喜欢，不过，现在我还得考虑考虑。"

营业员："先生，既然电饭锅很好，您为什么还要考虑呢？"

顾客："这电饭锅功能确实不错，但是我觉得有点贵啊！"

营业员："这样精致的做工、完善的功能，太实用了，您觉得应该卖什么价格啊？"

顾客："反正太贵了，我可买不起。"

营业员："看您说的！一看您就是个讲究人，您能出多少钱，合适了就卖给您，今天生意不好刚开张。"

顾客："300元吧，多了我就不要了。"

营业员："大姐，这款电饭锅我们进货成本价就得350元呢，您不让我赚钱也不能让我赔钱啊，加上杂七杂八的费用我卖500元，就没赚多少钱，您诚心要，再给添点。"

顾客："300元不少了，再贵我真的不想要了。"

营业员："行了，大姐啥也不说了，您给我个本钱，350元，我就当交个朋友，白帮您上货了。"

顾客犹豫一下："算了，也不差那50元，我要了，你给我拿个新的。"

【案例解读】

问题引导法，顾名思义就是顺着顾客的疑虑，一步一步挖掘顾客的真正异议，然后就此展开解释说明，将顾客的异议化解掉，诱导顾客做出购买行为。

5. 实战例句

顾客："你家产品售后服务时间太短了。"

推销人员："太短了，那你说多少时间不短？"

八、投其所好处理法

投其所好处理法

投其所好处理法又称为量体裁衣定制法，是指推销人员依照购买者的个人喜好及意见，量身定制，从而化解顾客异议的方法。

1. 优点

（1）最大限度地满足顾客。推销的实质就是满足顾客的需要，使用投其所好的方法就是顾及顾客的真实感受，从顾客实际情况出发，针对顾客的购买动机，采取有效的推销方式，更有利于顾客接受。

【案例 6.20】

"你这产品我没办法买，都不是我喜欢的，尺寸也不对，我们需要小口径的杯子，你这口径太大了。"

"王经理，您觉得除了口径以外，还有什么地方让您不满意吗？"

项目六 处理顾客异议

"这个杯子的颜色,最好再白亮点,这一倒进去红酒才显得晶莹剔透,杯杆再高半厘米,这样客人握起来才比较舒服,重量再增加20克,这样客人拿起来才有质感。"

"好的,我都记下了,我随后就让设计部门做出样品,我下周四再来给您过目,您看可以吗?"

"那你下周五下午过来吧,我下周四可能要出差。"

"嗯,好的,王经理,那我们下周五见。"

【案例解读】

即使顾客再挑剔也不能对自己提出的要求反驳,按照顾客的要求量身定做,顾客的异议就会迎刃而解。

(2) 营造良好的推销氛围。由于让顾客感到推销人员在全心全意为自己服务,真正有"上帝"的感受,能拉近买卖双方的距离。

(3) 有效化解异议。量身定做的产品完全满足了顾客要求,可以使顾客的异议一扫而光,利于提高推销效率。"嗯,都符合我的条件,好,我们可以签订合同了。"

2. 缺点

(1) 难以量化。由于量体裁衣,每个顾客对产品的要求都不尽相同,有的需要尺度长一点的,有的需要尺度短一点的,众口难调,不能批量生产。

(2) 消息有滞后性。计划没有变化快,定制后顾客的需求如果发生改变,就会导致前功尽弃,推销易导致被动。

(3) 存在不可预知性风险。由于顾客可以接受多个推销人员的推荐,但是只有一个推销人员胜出,对于未能胜出的推销人员的量身定做就存在很大的不可预知性的风险。如:"呀,你也带来样品了,可是昨天我们已经和马来西亚的厂商签订合同了,他们的样品比你们拿来的早,以后再找机会合作吧。"

3. 注意事项

(1) 签订协议降低风险。对于需要量身定做的商品或样品,最好和顾客签订书面协议或让其口头承诺,保证在协议期间不做更改或更换服务对象。"王厂长,那咱们说好了,你给我三天时间,我带着样品来,这期间你可千万别再和其他厂家联系了,要不我这又搭工又搭料的样品就白做了。""行,就给你三天时间,你不来我可就换人了。"

(2) 判断是否可行性。如果自己所在企业不能满足顾客条件,也不要硬撑,推销人员要信守承诺,提早通知,否则会有损信誉,造成以后合作困难。"你说你们做不了还不早说,让我白白浪费了三天时间,算了,以后也不想和你们合作了,整个就是不靠谱。"

4. 适用范围

适用于各种真实有效的需求及个性比较鲜明的顾客,或对商品有显著的差别需求的顾客。如保险产品、高档西服、贵重金饰品、大尺码的鞋子等。

【案例6.21】

"这个被子太薄了,颜色也太素了,花纹也不好,感觉像低档货。"

"小姐,您看看这床,这个是粉红色暗底花纹,显得非常时尚,被子填充的是羊毛,很厚实、很柔软的。"

"嗯，摸起来还不错，不过我不喜欢填充羊毛的。"

"那这床呢？这里填充的全是太空棉，保暖透气，嫩绿色的荷花图案，显得高雅大方。"

"嗯，太好了，我就要这床了。"

【案例解读】

定制处理法，顾名思义就是按照顾客的要求重新提供新产品，或者顾客对原推荐商品完全否定，推销员从顾客的实际需求出发，提供满足其全部要求的产品的方法。

5. 实战例句

"张小姐，接下来根据您的需求我要帮您做一个计划书，现在先和您核对一下信息：年龄45岁，职业种类1级，持有C1驾照，20万的保障金额，20年的交费年限，每年应缴纳5 600元。到时候我把合同书做好送给您。"

"嗯，好的。"

复习思考题

1. 直接否定法和间接否定法有哪些区别和注意事项？
2. 抵消处理法和自我发难处理法有什么共同的地方？
3. 沉默处理法有哪些优点？在什么情况下可以使用？

任务实施

【任务情境】

A 版模式　　　　B 版模式

【实施目标】

1. 加深理解推销异议的种类及成因。
2. 掌握推销异议的处理原则及策略。
3. 体会推销异议的处理方法和技巧。

【实施要求】

1. 组建任务小组，每组5~6人，选出组长。
2. 各组分角色分析情境，讨论表演流程，选择一人负责观察、指导。
3. 进行交叉打分，即选取小组表演后，其他小组各选派一名成员担任评委，负责点评。
4. 课代表要做好记录。

【任务考核】

1. 情境表演真实、合理2分。
2. 小组成员团队合作默契3分。
3. 角色表演到位4分。
4. 道具准备充分1分。
5. 满分10分。

任务三 顾客异议的处理策略和技巧

任务情境

任务情境　　　　任务情境剧

任务思考

1. 作为推销员遇到顾客有异议的时候处理的原则是什么？
2. 小张处理顾客异议时使用了哪些策略？

资料来源：http://www.tobaccochina.com/business/channel/movement/20063/2006310104016_292176.shtml，有修改。

任务学习

顾客异议是顾客购买商品、实现交易的拦路虎，推销员只有正确面对异议，用耐心、恒心、细心去分析、辨别、解决异议，才能促成交易。

一、顾客异议处理的准则

推销员在处理顾客异议的时候，为使顾客异议能够最大限度地消除或者转化，应树立以顾客为中心的服务理念，并遵循以下准则：

（一）客观公正对待

顾客对推销产品产生异议的原因有很多，有的是对推销品功能、构造不清楚，有的是对推销品价格不满意，有的是因为心情不好，有的是不想改变原来的生活习惯等，因此顾客提出异议是很正常的事情。当顾客异议发生时，推销员应认真倾听并从顾客的角度考虑顾客异议产生的原因。顾客异议不仅可以帮助推销员及时了解顾客对产品的感受，还可以找出自身推销工作中存在的不足，为下一步推销工作提供努力方向。无论顾客异议有无道理和事实依据，推销员都应以温和的态度与和善的语言耐心倾听和解释，这会使顾客感到推销员的关心，从而减少异议的产生。

（二）尊重顾客

推销过程是一个互相沟通、互相理解和尊重的过程，推销员与顾客在人格上是平等的，由于买方和卖方利益着眼点不同，对同一问题会产生不同的看法，因此在推销异议中，推销员应尊重顾客的选择，允许并接受顾客对商品提出自己的看法甚至是反对意见。推销员要宽容大度地对待反对意见，不要与顾客争论是非，更不能争吵。当顾客说出自己心中的不满后，如果推销员能认真听取，顾客就感到自己受到了尊重，心中的不满情绪自然就降低了，还有可能为刚才的不冷静表示愧疚，从而购买商品。

【案例6.22】

"服务员，你看你昨天卖给我的药，都快过保质期了，你也太不像话了，竟欺负我们老年人，难道你没有父母吗？像我这么大岁数的人，怎么就受你们小年轻的气啊……"

"大爷，您先别生气，来，先坐在凳子上歇一会儿，我看看你的药瓶子，要是真过期了，我们看看是什么原因造成的，首先我先代表药店向您道歉。"经理微笑着对大爷说。

"哼。"大爷坐了下来。

"大爷，您的药品包装和我们店的药品不是一个批号，您能确定是在我们药店买的吗？"

"怎么不是，你看我的小票还在呢，昨天就是这个戴眼镜的小姑娘卖我的，难道我还能冤枉你们。"

"哦，大爷您看错了，我们这是百姓大药房，天信大药房在前面30米处。"

"哦，我看下，哦，同志真对不住，我年龄大了，眼睛也花，错怪人了。"

"大爷，您别急，慢点走，外面路滑要小心。"

"谢谢了，你们服务真好，我下次一定到你们药房这来买药。"

【案例解读】

尊重顾客，就是让顾客把心中的不满全部说完，耐心细致地解决问题，千万不要不分青红皂白上来就反驳，最后弄得两败俱伤。

（三）及时答复

对于顾客提出的异议，哪怕是很小的异议，也是顾客购买商品的障碍，因此推销员要及时给予答复，顾客得到满意的答复，就会化解心中的疑虑，从而能快速做出购买决定，实现成交。如有的异议已在预料之中，推销员应做好事先准备，在顾客异议提出前就可快速地消除顾客的疑虑。但是对于超出推销员的权限范围的问题，推销员要婉转地以先请示领导为由暂缓或拖延答复。

（四）顾客受益

顾客购买推销品的最终目的是满足其自身需求，实现购买利益最大化，因此顾客异议的产生就是认为对其购买利益在某些方面上存在着侵害，或者认为某些因素导致其不能实现利益最大化。推销员要本着关心顾客利益的原则，积极地对待和处理顾客异议，要做到换位思考，从顾客的角度思考问题，理解顾客的疑虑，为顾客出谋划策，以满足顾客的需求和利益为出发点，从产品性能、性价比、服务保障等多个层面阐述推销品能够给顾客带来的利益，使顾客确信购买推销品能够给他带来真正的利益，实现购买利益最大化。

（五）维护顾客颜面

单从商品知识的了解程度而言，顾客自然没有推销员掌握的信息多，但是这也并不意味着推销员对顾客的片面理解就可以直接地否定、批评。要想成交，就要体面地维护顾客的颜面，说话要顾及顾客的感受，以巧妙化解顾客异议，让顾客顺利购买为最终目的。

【案例 6.23】

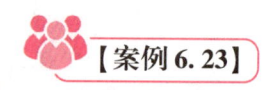

"同志,请你把那件玩具拿来我看下。"以顾客对营业员说。

营业员看了一眼顾客,见顾客穿着很时尚,立刻笑脸相迎:"嗯,给您,这个是全进口的。"

顾客看了看商品,掂了掂分量,随口说道:"这是进口的吗?怎么这么轻啊,这不写的是 Made in China!"

营业员白了一眼:"你买不买啊?玩具是进口的也经不起你这么掂量吧,你以为买菜呢!"

顾客忍气道:"你怎么这样说话啊,你是诚心卖东西吗?"

营业员:"不买就赶紧走,别耽误我做生意。"

顾客:"你……"

【案例解读】

顾客经常说花钱买个开心、买个快乐,同样是购买商品,同样是让推销员赚钱,谁会买气受呢?让顾客懊恼的营业员迟早得改行。

二、处理顾客异议的策略及技巧

在推销洽谈过程中,顾客异议是可以减少但是并不能绝对避免的,推销人员只有熟练地处理各类顾客异议,才能有效地完成推销任务。

(一)巧妙处理价格异议

根据上节内容,顾客提出价格异议有两种情况:一是价格太高,觉得物非所值;二是价格太低,怀疑产品质量得不到保障。

1. 强调优质优价

对于新上市的商品,一般商家出于利益最大化原则普遍实行"撇脂"定价法,顾客若是觉得价格比较贵,推销员应从产品的成本慢慢导出产品的价格,比如说巨额的研究经费、做工精细、产品上市数量不多,强调"物以稀为贵"的道理,让顾客认同价格高的事实,然后再重点强调商品的品质、性能带给顾客的心理感受,从而说服顾客购买。

实战例句:

"这款手表就是因为贵才凸显出它的品位,您戴上显得多有气派啊。这只表是高端限量版,全球发行也才3 000只,并不是所有人都能有机会买到的,您赶上了就是您的福气。"

2. 认同价值在先,报出价格在后

价格未与商品的价值匹配之前,价格没有任何实质意义。当顾客对商品的价值不了解之前,无论是什么样的价格,顾客都觉得高,往往就下意识地拒绝购买。因此推销员可以从商品的适用范围、适用对象、产生效果等方面引导顾客对商品的关注,让顾客觉得商品有使用价值,然后再报出价格,待顾客的脑海中建立了价格和价值的等式后,一旦认同价值大于价格的时候,就会觉得购买贵的商品反而"省钱"。所以聪明的推销员绝不会上来主动告诉顾客推销品的价格,即使顾客主动询问价格,也要让顾客了解、认同商品的使用功效后再说,否则就会处于被动地位。

【案例6.24】

"大叔,看看这剃须刀,非常锋利,手感也特别好。"
"嗯,是不错,这个多少钱啊?"
"大叔,您先试用下,光看是看不出效果的啊,您说呢?"
"行,那我就试试,嗯,这震动感还蛮轻的,手握着很舒适,声音也不是很刺耳。"
"对,我们这是人体工程学设计,舒适感非常强。"
"嗯,确实不错,比我家那款产品好多了,我那个总夹胡子。"
"大叔,男人的剃须刀也要经常更换,毕竟得天天用是吧。"
"行了,也别兜圈子了,多少钱?太贵我可不要。"
"真不贵的,大叔您觉得这剃须刀值什么价钱?"
"嗯,三刀头的估计得六七十吧?"
"大叔眼力真准,这剃须刀是我们公司刚生产的,现在推广价66元,以后进超市至少得96元。"
"行,先给我来一把,要是用得好,我给我弟弟再买一个。"

【案例解读】
顾客看商品一般习惯先问价格,如果推销员顺着他们的习惯就很难卖出商品,因此推销员先要他看到硬币背面的菊花(价值),然后再让他看到硬币正面的数字"1元"(价格)。顾客建立了价格与价值的等式,购买就是水到渠成的事情了。

实战例句:
"30元钱?大叔您看这个菜刀不是不锈钢的,是钛金的新工艺,锋利无比。您拿着切下纸条,看锋利不锋利。而且刀背上这个是开瓶器,还可以刮鱼鳞,非常实用。"
"哦,你这么说真很实用,确实比一般菜刀好多了,那很贵吧,得100多元?"
"大叔,厂家搞活动原价还真是166元,现在是6折,只要100元,明天100元您可买不到这么好的刀了。"
"行,100元给我来一套。"

3. 化整为零

当顾客提出价格比较难接受的时候,不妨将价格分摊到年、月、日、时上,与顾客计算每小时或每天的成本,将整数分解成零头,一般顾客更愿意接受。

实战例句:
"先生表面看这台按摩椅要2.36万元,看起来很贵,但是我们这台按摩椅可以无故障使用10年,一年才2 300多元,一年365天,这样一天做一次全身按摩才6元左右,您到按摩店做一次足疗起码要60元,赶上人多的时候还要排队,这要是买回家了你想啥时候按摩就什么时候按摩,而且家里人都可以使用,细算起来还是划算的。再说上档次,送人自用都有面子,您工作这么体面也不差钱,买东西不就是图个享受吗?"
"嗯,行,给我来一台吧。"

项目六 处理顾客异议

4. 适当让步

在推销洽谈中，因利益主体不同，买卖双方互相讨价还价是必然的，在遇到价格异议时，推销员首先要坚定对自己的企业及产品的信心，不轻易让步，只有确信自己的产品好，才能自信地说服顾客。推销员可以根据推销品的价格波动范围有条理地做出不违背原则的妥协，给顾客些价格折扣，从而使顾客快速实现成交。

实战例句：

"小妹，这个价确实没办法再低了，要不我送你副手套吧，或者你再买条裤子，我给你打个九折。"

"好吧，那手套让我挑一下吧。"

5. 适当沉默

顾客希望商品价格让步幅度永无止境，因此即使推销人员做了很多让步妥协，顾客还是希望能进一步降低，因此推销人员要适当保持沉默，既可以让顾客觉得推销人员为难，同时又是一种沉默的拒绝，让对方适可而止。

【案例6.25】

"嗯，这件衣服不错，多少钱啊？"

"吊牌价是126元，今天店庆我可以给你打个6折，102元。"

"不会吧，这么贵，便宜点吧，太贵了我就不要了。"

"那您只需交10元就可以办理一张VIP卡，享受终身折上折，6折的基础上再打9折，是92元。"

"再便宜点不？92元也贵啊，我看顶多就值60元。"

"不好意思，小姐，我们真没办法卖。"

"交10元办卡还得再花92元里外里不还是102元吗？凑个整100元好了。"

售货员做个无奈表情，看着顾客，一言不发。

"算了，不差那2元钱，不难为你了，帮我办卡吧。"

【案例解读】

一个怎么说都嫌贵，另一个怎么觉得都便宜，所以双方就是一对利益矛盾的统一体，在互相博弈中，总有一方做出让步，不是推销人员，就是顾客，但有的时候，用沉默就可以显出无声的力量。

6. 物美价廉

价格异议中，有的顾客并不是因为价格高而拒绝购买，相反是嫌价格过于便宜，担心产品质量不好而拒绝购买。对于这类异议，推销员要强调物美价廉，即售价是促销价或者体验价，或者有特殊的进货渠道等，产品的质量有充分的保证，从而打消顾客疑虑。

实战例句：

"你这产品怎么这么便宜，我昨天在大商场买的要贵很多呢，是正品吗？"

"你放心吧，我们是老店了，我们有特殊的进货渠道，现在是让利销售，遇到就是赚到。"

（二）恰当处理货源异议

货源异议大部分是由于顾客的购买经验与购买习惯不同造成的，推销员在处理此类异议时可采用以下策略：

1. 坚定不移，寻找切入点

对于拥有固定供货单位或固定业务人员的顾客或企业，推销员初次推销很容易被拒绝，因此推销员要做好充分的心理准备，不怕被拒绝或嘲讽，从多角度、多层面接触顾客，以共同的兴趣、爱好为切入点，取得顾客的信赖，或者心热心肠地帮顾客解决一些疑难问题，拉近与顾客之间的距离，让顾客给自己一个展示商品的机会，使顾客认同自己所提供的的商品优于原有的固定货源商品，从而促使顾客选择新产品。

实战例句：

"我家产品质量很好，您可以先拿一个和家里的对比一下，一旦您用了，下回肯定还会找我买的。"

2. 鼓励对方尝试

任何产品都是从第一次购买到长久购买的，对于不愿更换固定产品的顾客，推销员应积极鼓励对方试用，介绍产品的时候，有意识地渗透。对于个人顾客而言，单一产品的长期使用，会使功效处于不完善的状态，定期更换新产品，可以使效果最好；对于企业顾客应侧面提示他们，采用单一货源的方法具有很大的风险性，如易受对方的制约，无论是价格还是货源数量方面都受限制，一旦对方生产出现危机，就很难应对突变。为了抵御风险，鼓励企业采取多渠道策略，引入竞争会使企业获益。

实战例句：

"王厂长，想必你也有犯愁的时候吧？长时间选择一家企业供货，不但价格没的商量，相反数量变动也会受到限制，万一你产品卖得好，想追加货物也不是很容易的，是吧？我们老百姓买一件衣服都要货比三家呢，更何况产品的原材料呢？您试试我们的原料也是给自己企业增加一把安全锁。"

3. 提供佐证

在解决货源异议时，推销员为了抵消顾客对产品的异议，应提供客观凭证来证明自己的产品质量稳定、进货渠道合法。

实战例句：

"先生您看这是我们产品质量鉴定报告、获奖证书。"

4. 无效退款

借用体验式营销，进一步解除顾客顾虑，降低顾客购买风险。

实战例句：

"减肥不成功全额退款。"

（三）科学处理购买时间异议

在推销活动中，顾客在听推销员介绍后往往会提出"过段时间再考虑"，或者"先看看情况再说"等托词，拒绝购买。针对此类异议，可以采取以下几种策略解决：

1. 早买早受益

喜欢商品却又觉得价格昂贵，因此犹豫不定的顾客，往往会提出"过段时间再说"或"过几天再来看看"等时间异议。对此推销员可提醒其早购买早享受，万一过一段时间商品

项目六　处理顾客异议

价格还是没降，就错过了最好的使用时机。

实战例句：

"择日不如撞日，何必明天买，您今天买了就可以使用了，早一天复习多一分成功的把握。"

2. 良机激励法

主要是用有利的时机鼓励顾客，使其不再犹豫，立刻拍板定夺、快速成交。但要注意的是，良机客观存在，切不可以此欺骗顾客，否则自毁信誉。

实战例句：

"今天是优惠最后一天，如果错过了今天，折扣就没了，赠品也不送了。"

3. 激将法

对非资金原因而是由于某种顾虑而迟疑购买的顾客，推销员可以用诙谐幽默的语言"刺激"其做出决定。但是这种方法一般只适用于关系比较熟悉的顾客。

实战例句：

"您看上去穿着这么体面，该不是兜比脸干净吧？"

复习思考题

1. 处理顾客异议的准则是什么？
2. 如何处理顾客需求异议？

任务实施

【任务情境】

请自行设计情境。情境背景：甲顾客嫌商品太贵；乙顾客怕商品来路不正；丙顾客上来就问价格。

【实施目标】

1. 加深理解推销异议的准则。
2. 熟悉推销异议的处理策略。
3. 掌握价格异议处理技巧。

【实施目标】

1. 组建任务小组，每组5~6人，选出组长。
2. 各组分角色分析情境，讨论表演流程，选择一人负责观察、指导。
3. 进行交叉打分，即选取小组表演后，其他小组各选派一名成员担任评委，负责点评。
4. 课代表要做好记录。

【任务考核】

1. 情境表演真实、合理2分。
2. 小组成员团队合作默契3分。
3. 角色表演到位4分。
4. 道具准备充分1分。
5. 满分10分。

知识点概要

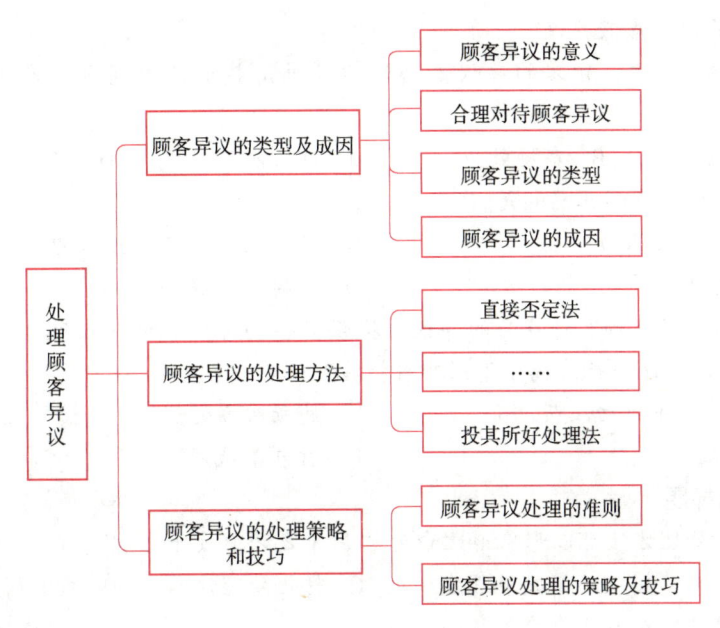

```
                                    ┌─ 顾客异议的意义
                    ┌─ 顾客异议的类型及成因 ─┼─ 合理对待顾客异议
                    │                    ├─ 顾客异议的类型
                    │                    └─ 顾客异议的成因
                    │
                    │                    ┌─ 直接否定法
        处理顾客异议 ─┼─ 顾客异议的处理方法 ─┼─ ……
                    │                    └─ 投其所好处理法
                    │
                    │                    ┌─ 顾客异议处理的准则
                    └─ 顾客异议的处理策略和技巧 ─┤
                                         └─ 顾客异议处理的策略及技巧
```

项目六 处理顾客异议

※**重要概念**※

顾客异议　真实异议　虚假异议　直接否定法　间接否定法　抵消处理法　转化处理法　沉默处理法　自我发难法　问题引导处理法　投其所好处理法

※**重要理论**※

1. 顾客异议的分类及成因。
2. 顾客异议的处理方法及优缺点。
3. 如何巧妙化解价格异议？

※**重要技能**※

1. 准确辨别异议种类。
2. 熟练运用各种异议处理方法。
3. 灵活使用化解顾客异议策略。

客观题自测

一、单项选择题

1. 下列属于顾客异议正面效应的是（　　）。
A. 顾客异议并不能使推销员获得更多的信息
B. 通过异议并不能判断顾客是否有消费需要
C. 通过顾客的异议推销员的销售技巧并不能提高和修正
D. 异议就是"推销是从顾客拒绝中开始"的一种最好的例证

187

2. 根据顾客的异议性质可分为（　　）。
   A. 真实异议、虚假异议
   B. 产品异议、需求异议
   C. 服务异议、支付能力异议
   D. 推销员异议、虚假异议
3. 从某种意义上讲，顾客的异议恰恰使推销员清楚地认识到自己产品的市场定位及（　　）。
   A. 市场反应　　B. 市场效应　　C. 市场前景　　D. 市场收益
4. 自我发难的缺点不正确的是（　　）。
   A. 增加顾客购买压力　　　　　B. 有效阻止顾客提出异议
   C. 易使顾客先入为主　　　　　D. 不利于化解异议
5. 推销员为了抵消顾客对产品的异议，提供必备的客观证明来证明自己的产品质量稳定、进货渠道合法，这一行为属于下列哪种措施？（　　）。
   A. 坚定不移，寻找切入点　　　B. 鼓励对方尝试
   C. 提供例证　　　　　　　　　D. 打包票试用

二、多项选择题

1. 下列哪种处理方法可以形象地比喻为"用子之矛，攻子之盾"？（　　）
   A. 抵消处理法　　B. 沉默处理发　　C. 转化处理法　　D. 投其所好处理法
2. 自我发难的缺点不正确的是（　　）。
   A. 增加顾客购买压力　　　　　B. 有效阻止顾客提出异议
   C. 易使顾客先入为主　　　　　D. 不利于化解异议
3. 顾客对推销产品产生异议的原因有哪些？（　　）
   A. 对推销品功能、构造不清楚
   B. 对推销品价格感到不满意
   C. 心情不好
   D. 不想改变原来的生活习惯
4. 恰当处理货源异议的策略有（　　）。
   A. 坚定不移　　B. 虚假异议　　C. 立即处理异议　　D. 鼓励对方尝试
5. 投其所好法适用于哪些产品？（　　）
   A. 高档服装　　B. 保险产品　　C. 食盐　　D. 贵重金饰品

项目综合验收

【任务要求】
合理化解顾客异议，使用三种以上处理方法，使其顺利购买。

【任务情境】
某服装专柜刚开始营业，两名中年女顾客到店中购买衣服，其中一女士看中一件1 200元的新款上衣，另一女士却觉得价格不实惠，态度不冷不热。假设你和店长都在店中，请问

作为推销员的你如何处理？

【任务实施】

1. 分别组建一支销售团队，每组5~6人，选出组长。
2. 每组集体讨论台词的撰写和加工过程，各安排一个人做好拍摄任务。
3. 两组各选出1名成员作为顾客或推销人员的角色表演者，通过角色表演PK的形式来确定各组的输赢。
4. 其他销售团队各派出一名代表担任评委，并负责点评。
5. 教师做好验收点评，并提出待提高的地方。
6. 课代表做好点评记录并登记各组成员的成绩。

【任务验收】

综合验收考核表

考评指标	考核标准	分值（100）	考核成绩	权重/%
理论知识	基本概念清晰	15		40
	基本理论理解准确	25		
	了解推销前沿知识	20		
	基本理论系统、全面	40		
推销技能	分析条理性	15		40
	剧本设计可操作性	25		
	台词熟练度	10		
	表情自然，充满自信	10		
	推销节奏把握程度	40		
职业道德	团队分工与合作能力	30		20
	团队纪律	15		
	自我学习与管理能力	25		
	团队管理与创新能力	30		
	最终成绩			
	备注			

项目六 处理顾客异议

项目七 推销成交

【知识目标】

1. 理解促成交易的含义。
2. 辨别成交的信号。
3. 理解促成交易的基本策略。
4. 掌握促成交易的方法。
5. 理解成交后续工作的内容和方法。

【能力目标】

1. 提升识别成交信号的能力。
2. 提高促成交易的掌控能力。
3. 提高成交后的跟踪能力。
4. 提升为顾客服务的能力。

【思政目标】

1. 精诚所至。
2. 稳扎稳打。
3. 顾客至上。

【二十大精神融入】

推进文化自信自强，铸就社会主义文化新辉煌。

【任务解析】

```
                 推销成交
        ┌───────────┼───────────┐
   成交信号的捕捉   推销成交的方法   客户关系维护
                    与策略
```

任务一　成交信号的捕捉

任务情境

任务情境

任务思考

1. 如何理解成交信号，一般在什么条件下顾客会泄露成交信号，成交信号有哪些种类？
2. 案例中小刘在推销洽谈中是怎样利用顾客购买信号引导顾客的？

任务学习

在推销活动整个过程中，促成交易是一个最重要的环节，它是整个推销工作的最终目的，其他环节都是在做辅助工作。如果推销没有成功，那么推销员所做的所有努力都是无效的。要想顺利实现目标，推销员要善于识别、捕捉成交信号，及时请求成交。

一、推销成交的含义

所谓推销成交，是指顾客接受推销员的购买建议并迅速做出购买行动的过程。成交可以看作是顾客接受推销员的推荐、劝说，对此做出的积极肯定的表现，就是买卖双方达成一致的交易条件的活动过程。我们可以从以下三个方面来理解：

（一）成功的标志

顾客接受推销员的推荐和劝说的程度，关键看能否成交，成交是推销成功的硕果。在推销过程中，顾客显得神情很专注，聆听很仔细，只是成交的前兆，只有付款购买，才是成交的标志。

（二）消解异议

顾客异议是购买商品的拦路虎，只有顾客异议被完全消解后，顾客才愿意购买，推销员的目标是实现成交，即实现推销品和现金的所有权的转移。

（三）开启新篇章

顾客购买商品只是推销过程的第一成果体现，推销活动并未结束，推销员与顾客建立良好融洽的关系，可为以后购买做好铺垫，同时顾客购买后还可能向别人推荐，使更多的顾客前来购买，实现新的成交。

二、成交信号的种类

所谓成交信号，是指顾客在决定购买推销品的时候，从语言声音上、面部表情上、身体行为上会有一种下意识的流露。具体可以细分为以下三种信号：

（一）表情信号

所谓表情信号就是顾客认同商品后面部表情本能地流露出来的一种生理反应。是情不自禁地流露，如在化解异议后面带微笑，下意识地点头，紧皱的眉头渐渐变得舒展，眼神发亮等，这些都表明顾客认同了你的解释，愿意做出购买行为。

成语典故

情不自禁（qíng bú zì jīn）：意思是感情激动得不能控制，强调完全被某种感情所支配。
出处： 南朝梁·刘遵《七夕穿针》："步月如有意，情来不自禁。"
样例： 沙汀《一个秋天的晚上》："她又情不自禁地放声哭了。"

【案例7.1】

一个卖纸画的小贩沿街叫卖，一中年男士随口问道："有中国地图吗？"
"有啊，中国地图、世界地图都有，您要哪种？都很便宜的。"
顾客翻看着中国地图，表情很高兴，刚要说要买，突然手机响了。
顾客看完手机短信，发现小贩已经走远了。

【案例解读】
顾客对商品感兴趣时候，推销员一定要善于观察顾客的面部表情，要适时地询问顾客是否要购买，要买几张，这样就不会错过推销机会。

当顾客对商品抱有好感的时候，表情、语言一般是最先流露的，推销员可以据此辨别顾客的购买意愿，一旦捕捉到成交信号，就要引导顾客消费，促成推销成果的实现。

一般而言，以下七种情况可表明顾客愿意做出购买行为：
（1）顾客眼睛紧紧盯住某一商品。
（2）顾客面带微笑且表情轻松。
（3）顾客眉头紧锁后又舒展。
（4）顾客眼睛向下看，似乎在思索什么。
（5）顾客频频点头表示同意推销员的观点。
（6）顾客怒容消失。
（7）嘴唇嚅动，好像要说话的样子，却又没说。

（二）语言信号

语言信号是顾客明确表达喜欢商品，脱口而出"喜欢""还不错""正是我想要的"等信息。一般来说以下八种情况都属于成交的语言信号：
（1）顾客把玩商品，电话询问另一方对商品的意见。
（2）边看说明书边提出疑问。
（3）仔细询问交易方式、交货时间和付款条件。
（4）详细咨询具体的操作规则。

成语典故：
脱口而出

(5) 对产品赞不绝口。
(6) 步步追问推销员，尤其对产品保养、售后服务事项问得非常仔细。
(7) 拿着价目表仔细询问推销员。
(8) 提出一个新的成交价格。
(9) 征询同行者的意见。

【案例 7.2】

一个卖电子词典的小姑娘去拜访一位公司经理，她向经理详细介绍了她的产品，并将操作过程展示给这位经理，经理觉得色彩、屏幕大小都还不错，脸上流露出很自然的笑容。过了一会儿，经理说："这里面的内容可以升级吗？对于上初中的孩子能和学校的课本配套吗？"

小姑娘："嗯，是的，我们公司有专门的网址，用户在家足不出户就可以升级，这个可以从小学一年级一直用到高中三年级，都有相应的课本配套，它非常适合学生和上班族学习英语，您这大厦里已经有很多经理购买了，三楼的张经理一下子买了三台呢。"

经理说："嗯，你说的经理是张强吗？"

小姑娘："是的，他说给他儿子和两个外甥做生日礼物。"

经理："好吧，给我也来一台吧。"

【案例解读】

顾客对商品感兴趣，就会从表情、语言上流露出来，推销员只要"趁热打铁"，积极说服顾客购买，生意就可以顺利成交。

（三）行为信号

所谓行为信号是顾客愿意实施购买行为的过程中肢体下意识地做出一些动作。推销员要善于抓住对成交有价值的顾客行为信号。具体的行为信号有以下九种：

(1) 手指点读查看说明书，一直在熟悉商品结构。
(2) 身体前倾，靠近推销品。
(3) 神情专注，不停地摆弄商品。
(4) 用手触摸商品或用手去丈量商品大小。
(5) 脚持续抖动。
(6) 给推销员倒水或递烟。
(7) 将椅子拉近推销员。
(8) 拿笔在商品介绍宣传单上画重点。
(9) 用手机拍照推销品。

【案例 7.3】

炎热的夏季，一中年女顾客走进某商场，看到一款心仪很久的羽绒服在做促销，于是就拿着羽绒服去试衣间试穿，一边照着镜子，一边仔细地询问价格等细节。虽然天气很热，但是女顾客一直就穿着羽绒服和推销员说话，推销员见此，立刻说这羽绒服女顾客穿起来特别有风度，非常适合女顾客，并告诉她这是换季促销，这款要是在冬季要多花300元呢。顾客很自然地就买走了衣服。

【案例解读】

大热天谁会愿意穿着厚厚的羽绒服啊！那肯定是顾客对衣服喜爱，她要多照照镜子看看是否合身，这就表明顾客愿意购买，所以推销员只要稍微加点力，就会实现推销成果。

任务实施

【任务情境】

张明拉着李强陪自己到商店买旅游鞋，他相中了一款新款跑步鞋。假如你是售货员，如何巧妙识别对方的购买信号？

【实施目标】

1. 加深理解成交信号的含义。
2. 认识推销成交的意义。
3. 善于捕捉成交信号。

【实施目标】

1. 组建任务小组，每组5~6人，选出组长。
2. 各组分角色分析情境，讨论表演流程，选择一人负责观察、指导。
3. 进行交叉打分，即选取小组表演后，其他小组各选派一名成员担任评委，负责点评。
4. 课代表要做好记录。

【任务考核】

1. 情境表演真实、合理2分。
2. 小组成员团队合作默契3分。
3. 角色表演到位4分。
4. 道具准备充分1分。
5. 满分10分。

任务二　推销成交的方法与策略

任务情境

任务情境

任务思考

1. 小刘运用了什么成交方法，该方法有什么优缺点？
2. 你还知道其他的成交方法吗？
3. 小刘使用了什么策略让顾客顺利购买的？

任务学习

一、顾客成交方法

所谓顾客成交方法是指推销员在恰当的时机，启发、引导顾客，促成顾客完成购买行为的方法。它是促成交易的规律及经验的总结，常用的成交方法主要有以下11种：

（一）请求成交法

请求成交法又称为直接成交法，是推销人员用明确的语言直接要求顾客购买推销品的一种方法，是一种最基本、最简单、最常用的成交方法。一般推销员在解决顾客异议后，应顺带提示顾客采取购买行为。

1. 优点

（1）效率高。很多顾客在选择商品的时候并没有刻意的要求，往往被款式新颖的产品动摇了当初购买的标准，很难在某两种及以上的商品中做出选择，这个时候推销人员主动提出成交，就有可能让顾客下决心购买商品。如："先生，我看还是这件淡蓝色比较好点，显得年轻，充满活力。""哦，是吗？那好吧，我就要淡蓝色的了。"

（2）节省时间。顾客有心购买，因此在商品中不停地寻找自己认为最满意、最适合的，即使觉得手上这件商品不错，还是希望能找到更好一点的，如果推销人员任其继续选择既浪费推销时间，又不利于推销，因为长时间推销，顾客已经失去了先前对商品的喜爱。"算了，挑来挑去也没找到更好的，刚才挑的那件不错，可是我又找不到了，以后再说吧。"

（3）锻炼能力。俗话说"张口三分利，不给也够本"，对于走进自己营业区域的顾客，主动招揽，一旦判断顾客对商品有购买意愿就要主动去推荐，劝说对方把商品买走。

2. 缺点

（1）添加压力。推销员急于催促顾客下单，会导致顾客的厌烦，增加购买压力。例如："挑了半天，可以开票了吧？""你催什么啊，买东西不得看仔细点吗！刚想好好选一下，让你这一催已经没心情了，算了不要了。"

（2）破坏气氛。顾客走进门，就有可能实现销售，顾客都希望随心所欲地挑选商品，不想被干扰，而推销人员的善意提醒，有时候会让顾客厌烦，感到自己的权利受到限制，容易发生争执。

成语典故

随心所欲（suí xīn suǒ yù）：指随着自己的意愿，想要干什么就干什么。

出处：《论语·为政》："吾十有五而志于学，三十而立，四十而不惑，五十而知天命，六十而耳顺，七十而从心所欲，不逾矩。"

样例：臧克家《老舍永在》："我们二人并坐，随心所欲地漫谈。"

3. 注意事项

（1）捕获购买信号。顾客对推销品感兴趣，产生了购买欲望，但尚未主动提出成交时，推销员可以采用请求成交法，"帮"顾客做购买决定。就如同足球都快到球门了，你帮助他把球踢进球门。

（2）找准时机。一些推销员性子比较急躁，只要顾客翻看商品，就使用直接成交法，会适得其反，俗话说"心急吃不得热豆腐"，一定要看清形势再做定夺，毕竟翻看商品的并不一定都有购买意愿，逛商城的人有的是为打发时间，有的是漫无目的，有的是"偶遇购买"，顾客花点时间观看也在情理之中。

（3）体谅顾客。推销人员要尊重和理解顾客购物行为，学会换位思考，善待每一位顾客，只有心里有顾客，顾客心里才会有你。成交很重要，但是关系和谐更重要，现实中有很多销售都是来自顾客的第二次光临。"不瞒你说，你家的鞋子上一次我就看上了，但是怕买贵了，转了好几家商场还是你家的鞋子漂亮，你的服务态度也好，所以我决定在你家买了。"

（4）适合顾客。对于明显不适合顾客的产品不要向其推荐使用，如明明顾客对酒精产品过敏，你还劝他购买含酒精成分的产品；不能向未成年人推销不适宜的产品等。

【案例7.4】

培训师的懊恼

张强是浙江某保险公司的培训师，别人一说起某品牌服饰，他就非常生气。

原来某年夏天，他晚饭后走进该品牌专卖店，打算为自己买件衬衫，试穿一件衣服后，三个售货员都说衣服好看，劝他买，他虽然没觉得哪点好，还是掏出500元买走了衬衫。

第二天他美滋滋地穿着新买的衣服去上班，结果发现同事都用很奇怪的眼神看着他，一开始他还以为大家都很喜欢他的衣服，也没太在意，临中午下班在电梯里碰到了与他关系好的副总："你什么眼光，怎么买这么老土的花纹的衣服，你不知道自己胖啊？别人和我说的时候我还不信呢，没想到真的是这么回事，怪不得别人说你穿了件印尼的难民服。"张强听到这儿，脸都气绿了，从此以后再也不买那个品牌的衣服了。

【案例解读】

虽然每个人的审美观点不一致，但是也不可能差得那么离谱，作为一名合格的售货员为顾客推荐商品的时候必须考虑他的职业、年龄、体形，千万不要为了赢得一个生意毁了一辈子的信誉。

（5）语气灵活。对顾客已经完全认同的推销品，口气可以直截了当，以坚定的语气促使犹豫不决的顾客做出购买决定，但是对于性格比较内向、做事比较谨慎的顾客，语气就要委婉，否则过于强硬的语气反使他生怕上当受骗，而产生逆反行为。

4. 适用范围

（1）熟悉的顾客。对于已建立了较好的人际关系的老顾客或比较熟悉的朋友，由于彼此信任，可以运用此法，一般不会被拒绝。

（2）适合于顾客明确发出购买信号的有效需求。

（3）化解最关键的顾客异议。当推销人员尽力化解了顾客最关键的问题，顾客就没什么可担心的了，推销员就可趁机提出购买建议，促成交易。

【案例7.5】

一位顾客对推销员推荐的电饭煲很感兴趣，反复地询问电饭煲的功能、优点、质量和价格、售后等问题，手也不停地摆弄电饭煲，丈量锅胆的大小，但一直也没说买。

营业员："这种电饭煲是新产品，非常实用。它可以实现24小时预约，比如您晚上睡觉之前设定好时间，那么您第二天早晨起床的时候，大米粥或白米饭就做好了，非常方便。现在厂家正在搞促销活动，购买电饭煲还送个热水壶，很划算的。您还犹豫什么？这么好的机会可别错过哦。"

顾客："嗯，看起来是不错，价格也说得过去，赠品只能是热水壶吗？我家里已经有热水壶了。"

营业员："很抱歉，这款只送热水壶，其实，以前都是不送的，今天是厂家临时搞活动才给的，您可以把热水壶送给亲戚、朋友啊，这个水壶至少也值50元呢。"

顾客："好吧，我买了。"

【案例解读】

当顾客对推销品仔细查看或爱不释手的时候，就意味着已经发出了购买信号，这个时候推销员就要"临门一脚"，帮顾客做出购买决定，否则顾客过了"热乎劲"就不可能再购买了。

5. 实战例句

"既然没有什么不满意的地方了，那我们就签订合同吧。"

"衣服你穿着太合适了，下单吧。"

（二）假定成交法

假定成交法又称为假设成交法，是指顾客尚未明确购买，甚至还有疑问时，推销员就假定顾客已接受推销品而直接要求其购买的成交方法。假定成交法一般比较自信的推销员经常

项目七 推销成交

使用，他们往往对顾客购买行为具有较强的判断力，用假定的方式来"催促"顾客做出购买行为，既显得轻松自如，又制造了比较融洽的推销气氛，有的顾客深受其鼓舞，也就顺便掏钱购买了商品。

假定成交法暗藏一种推动力，推销员可以占据主导位置，让顾客顺着自己的节奏完成购买行为。比如，汽车销售专员带领顾客试驾汽车，体验汽车的性能，再重点介绍汽车的特色构造，觉得时机成熟后，就可以假定会顾客会做出购买行为。

"张先生，您现在只要花几分钟时间办好相关手续，一个小时后，你就拥有了一辆新车了。您的同事一定羡慕你买到这么好的车。来吧，我们去楼上办手续吧。"

鱼贩对前来买鱼的女顾客说："王姐，今天鱿鱼很新鲜，来，我给您称2斤。"

1. 优点

（1）节省时间。可以省去很多烦琐细节，又比较含蓄，便于顾客接受。推销员在用假设法成交之前，顾客已经对商品比较熟悉或推销人员已经强调商品的主要优点，那么提出假设成交后，很多顾客会认同推销人员的说法，从而实现购买行为。卖鱼的摊主看到一个买过自家商品的顾客张口说道："王姐，今天虾新鲜，来，我给您称1斤。""嗯，看着确实新鲜，你不说我还忘了，前天我儿子还吵着让我给他买大虾，你直接给我来50元的吧。"

（2）减轻压力。假定成交法是推销人员提出，一般是以商量的口气说话："没意见，我就给你开票吧。""喜欢，那就买下吧。"比直接成交法说话婉转，便于缓解顾客购买压力，也给顾客留有拒绝的机会。"等下，我再仔细看看。""别急，我再选选。"

（3）隐藏推力。使用假定成交法，推销人员更多的是暗示成交而非强迫成交，这就很好地隐藏了推销的力量，让顾客不知不觉中做出购买行动。

2. 缺点

（1）破坏气氛。尽管假定成交法属于暗示成交，但是本身也包含一定的催促购买成分，忽视了推销活动中，买卖双方都是主导，它以推销员的意志强加在顾客的意志之上，单纯以推销员的主观意志为基础，有时会让顾客反感。如果顾客尚未对产品发出明确的购买信号，会招致顾客的强烈反对，"你说买就买啊，是你掏钱还是我掏钱啊"。

（2）过于心急。假定成交法是推销员急切提出的成交建议，自以为解除了顾客的异议，如果顾客还有尚未表达的异议，就搅乱了顾客购买的想法。

（3）错失主动。使用假定成交法时，推销人员只是凭自己的感觉和经验去判断、猜测顾客购买的可能性，并不能肯定顾客会采取购买行为，因此反而使顾客更有可能主动提出相反意见，从而使推销人员处于不利地位。

3. 注意事项

（1）信号为令。推销人员使用假定成交法时也要时刻关注顾客购买过程中的心理活动，及时留意顾客的购买信号，一旦顾客发出明确的购买信号，就果断地提出假定成交。

（2）顾客认同。假定成交法实质上也是让顾客按照推销人员假设的条件，达到既定的成交目的，如果顾客对推销人员及推销品缺乏认同，是很难实现的。

4. 适用范围

假定成交法主要适用于两种情况：

（1）顾客已发出明显的成交信号。"太好了，这双就是我要找的鞋。""既然找到了，那就赶紧买吧。"

(2) 性格比较柔婉、依赖感较强或关系比较好的老顾客。

【案例7.6】

一名顾客走进某品牌皮鞋专柜，看中一双鞋子。
"营业员，帮我拿双42码的，我试试。"
"哦，请稍等，我去库房帮您找。"营业员查看了样品柜后走进库房。
"先生，给您。"双手递过鞋。
顾客试穿后，走到试鞋镜前看了看。
营业员："还合脚吧，您穿起来和您的裤子很搭配。"
顾客脸上表情很松弛，脱下了鞋子。
营业员："先生，这个是小票，我帮您把鞋包好，收银台在前方右侧。"
顾客稍微迟疑了下，还是顺从地接过小票去付款了。

【案例解读】

假定成交法可以看作"牵着"顾客一步一步走向成交，引导顾客完成购买行为。案例中，顾客已经流露出购买信号，如果营业员还是很和气不断问效果怎么样，规劝顾客考虑考虑，顾客对商品的兴趣就会减淡，说不定顾客一句"我再随便转转"，交易就落空了。

5. 实战例句

"我们负责送货上门，请告诉我您家的地址，我好给您做配货单。"
"李小姐，这是您选好的吗？我帮您包起来。"

（三）选择成交法

选择成交法是指推销员向顾客提供几种可选择的购买方案来让顾客确定其中一种的成交方法。选择成交法虽与假定成交法相类似，但选择成交法是假定成交法的具体运用和发展，选择成交法比假定成交法更加考虑顾客的感受，它更关注顾客对推销品的细节考虑，在推销过程中更显得亲切和自然，更具人性化。该方法的实质是推销员先假设顾客已经愿意购买，但是为了去除假定成交给顾客强推的弊病，在有效范围内进行"二择一"或"三选一"洽谈中，让顾客自己做出选择，最终达到成交的目的。

1. 优点

（1）减缓压力。由于给出一定的选择范围，征询顾客的购买意见，顾客感到受到尊重，并且是在自主购物的前提下选择商品，更有利于成交。

（2）掌握主动。貌似让顾客在一定的推荐范围内自主选择商品，其实都是按照推销人员的设计来进行推销活动，无论顾客如何选择，推销人员都是赢家。

（3）利于成交。使用选择成交法相当于给顾客提供更多的参考信息，帮顾客参谋，可以让顾客认为推销人员在设身处地地帮助自己，使顾客避免了选择的盲目性和片面性，因此有利于成交。如餐厅服务员问："先生你需要什么酒水啊？"顾客会反问道："你家都有什么酒水？""有白酒、啤酒、红酒，还有鲜榨果汁、可乐、雪碧等。""你们大家喝点什么？"顾客又会反问一起就餐的人员，如果意见不统一就搁置下来了。相反服务员如果这样问："先生，酒水你是要啤酒呢还是红酒？""来四瓶啤酒好了，天热凉快凉快。"

2. 缺点

（1）选择失当。选择成交法时，如果推销人员按照自己的主观臆断为顾客设置范围，一旦和顾客的意愿发生摩擦，会阻碍成交。"什么啊，这几个我都看不上。""你瞎选什么啊，是你买还是我买啊。""这几个就是你们店最好的产品吗？那算了吧，没有我喜欢的，我到别家再转转。"

（2）干扰顾客。由于事先限定了选择范围，使顾客的注意力更集中在推销人员热心推荐的商品上，使顾客购买范围无形中缩小。"你们家都有什么特色菜，推荐下啊。""前两页都是我们家特色菜。""那就来这红烧肉、猪肚吧，其他的就先不要了，原来打算吃虾的。"

3. 注意事项

（1）设定合适范围。推销员在对顾客嘘寒问暖的过程中，要通过有技巧的提问，识别顾客的大致需求，为顾客设计一个成交范围，范围宜小不宜大，尽快让顾客选择最合适的商品。

（2）主随客便。推销员在整个推销活动中是作为"导演"出现的，事先按照自行设计的"剧本"框定大致的成交范围，而把自主权留给了顾客，每次的选择题都是顾客自主作答，尊重顾客的意见，减轻了顾客的压力。

（3）洞察顾客心理变化。虽然顾客的选择范围是推销员设定的，但是在顾客流露出很强的购买信号后，有的范围已经不重要了，就可以及时让顾客做出购买行为了，避免言多必失。

4. 适用范围

适用于有明确购买意图的顾客、真实有效的异议。

【案例7.7】

药店营业员："你好先生，想买点什么药？感觉哪不舒服呢？"
顾客："哦，嗓子疼，有没有消炎药啊？"
营业员："这些都是，您是感冒引起的还是上火引起的啊？"（二选一）
顾客："昨天睡觉着凉了，有点感冒！"（确定原因，设定范围）
营业员："那这一排都是治疗感冒引起的喉咙痛，您是喜欢片剂的还是颗粒的？"（又是二选一，了解顾客的购买习惯，也进一步缩小成交范围）
顾客："片剂的吧，颗粒的我实在咽不下去。"
营业员："这两款都是片剂的，一个是云南产的，另一个是浙江产的。从疗效看，浙江产的效果会好点。"（双项选择题的重点关注）
顾客："那就拿浙江的好了。"
营业员："来两盒吧，这样好得彻底。"（引导及提示）
顾客："好的。"

【案例解读】

营业员探明顾客需求后，根据顾客设定范围，在其"导演"下，顾客一步一步进入"主演"角色，顺利完成"剧本"任务，这就是选择成交法的魅力。

5. 实战例句

"小姐，按您的想法，我看这两双鞋都非常适合您，您看选择平跟的还是高跟的呢？"

"先生，果酥脆您买罐装还是袋装的？"

（四）从众成交法

从众成交法又称排队成交法，是推销员利用顾客的从众心理、随大流的思想，促成其购买推销品的一种成交方法。从众成交法主要利用顾客的从众心理，这类顾客一般缺乏主见，愿意参考大多数人的购买意见。例如有的顾客一般喜欢询问营业员"哪款买得最快""哪样产品购买人多"，往往听到答案后也愿意购买该款产品。

在日常生活中，顾客或多或少都有一些从众心理，他们在购买商品时，不仅要依据自身的需求、爱好、价值观，而且也要考虑大多数人的行为规范和审美观念，甚至在某些时候宁愿放弃自身的爱好而屈服于社会的压力，考虑多数人的参考意见，做出购买行为。例如："营业员，那条裤子给我来一条红色的，穿着喜气。""大姐，这件的红色的你穿上有点艳，像您这样岁数的顾客大都买淡蓝色的。""哦，是吗？行，那我就也拿淡蓝色的吧！"

1. 优点

（1）货卖大堆。一般来说，顾客都爱凑热闹，对于大多数人的围拢购物充满好奇，认为抢购的东西一定最值得购买，推销人员可充分利用顾客爱跟风的习惯招揽更多的顾客。

（2）说服力强。推销人员说得再好，顾客也不一定信服，但是有顾客的购买行为做证，会使更多顾客认同。"大哥，买个西瓜吧，我这瓜老甜了，不信你问这位大姐，她刚买了一个。""是的，很甜。""那好，给我也挑一个大点的，要沙瓤的。"

（3）批量销售。由于充分利用顾客的从众心理，会吸引更多的顾客购买，实现大批量的销售。"群众的眼睛是雪亮的"，大家都买的商品一定是好商品，今天不买明天肯定后悔。

2. 缺点

（1）传递信息难。由于顾客的盲目从众性，注意力都在争抢的商品上，忽视了推销人员传递的信息。

（2）易造成顾客反戈。由于大家的从众性购买，对商品并不是很了解，如果碰到个别顾客恶意散布谣言，会误导大批顾客停止购买，推销人员再解释也难奏效。"大家不要买了，我昨天在这买桃子，他家缺斤短两，明明买3斤，回家一称差了半斤呢。""他家专门卖假货，还骂人，谁买谁倒霉。"

3. 注意事项

（1）区别对待。相同家庭收入、相同家庭成员情况、相同年龄段的顾客购买行为趋于相似，可以使用从众成交法，但是，有些顾客喜欢标新立异，收入状况比较特殊，个人做事又愿意与众不同，若推销员错误地使用从众成交法，会引起顾客的逆反心理，从而拒绝购买。"什么？你说刚才那个人买了你们的产品，那我肯定不买。你看她的穿着和我的穿着能是一个档次吗？我怎么会买廉价货。"

（2）找准榜样。榜样要具有一定的代表性或易被大家接受，不可随意拉个人就做榜样。

（3）榜样要真实。从众推销的氛围要真实，口中所说的很多顾客要符合实际，不可随意编造。

（4）有理有据。用数据说话，更容易让消费者相信；如果播放视频抢购的画面，更能吸引顾客踊跃购买。

项目七 推销成交

4. 适用范围

爱追求个性的顾客除外。

【案例7.8】

菜市场一中年妇女在卖一种草药，旁边已经有一男一女在挑选。

一个顾客好奇地上前问道："这是卖什么的啊？"

中年妇女回答道："这叫'路路通'，专门治疗肾虚的，'十男九亏'，男人喝了补肾健体。"

顾客问道："怎么卖的啊？"

中年妇女："不贵，3角钱1克。买点吧，泡水喝非常管用。"

顾客在考虑。这个时候那个女顾客把草药放到中年妇女的秤上说："来给我再称1斤。"然后对该顾客说，"这个可好使了，以前我爱人经常腰腿疼，我给他买了1斤后，现在基本上不疼了，价钱也不贵，比买药可强多了。"

男顾客也边挑边说："嗯，这个我也喝过，喝完确实感到身体比以前强壮了，以前我经常尿急，现在明显少多了，信我的话，你买点没错的。"

中年妇女："买点吧，我每天卖得可快了，买菜的人都愿意买我的草药。"

……

【案例解读】

这个就是市面上流行的街头骗局，骗子使用的手法就是从众成交法，貌似很多人踊跃购买，其实就是给顾客传递个信号——商品很好卖，你不抢就没了，那一男一女都是"托"，用来迷惑顾客的，明明是150元1斤，却只标注3角钱1克，让顾客误以为很"便宜"。

5. 实战例句

"这鞋质量老好了，今天一大早上卖了5双，连我们营业员都买了。"

"这款卖得最火了，一个月不到就卖了3 000台了。"

（五）大点成交法

所谓大点成交法又称为主要问题成交法、异议成交法、全部成交法，是指推销人员直接向顾客传递影响购买决定的关键信息并要求顾客立即购买的一种成交方法。大点即顾客的主要、关键性异议，如果把顾客的主要异议化解掉，那么次要的异议就是小事一桩，从而加速实现顾客购买。

1. 优点

（1）直击要害。大点成交法针对顾客的主要异议，因此一旦解决了，就意味着全局胜利，有利于准确传递推销信息。

（2）节省时间。双方避免在次要问题上过多浪费时间，直奔困扰成交的主要因素，更有利于化解异议。

（3）增强信心。顾客之所以犹豫购买推销品，就是因为存在着让其担心的问题，推销人员及时化解顾客的困惑，就会增强顾客购买商品的信心，从而快速成交。

2. 缺点

（1）容易直接触礁。由于直奔推销的主要障碍，一旦双方对主要异议存在较大分歧，会直接导致推销失败。"算了，价钱是成交的底线，既然你不能降价，那我们就不要再谈了。""你兜子的款式我不喜欢，即使再便宜我也不打算要。"

（2）增加风险。双方就主要异议进行磋商，一旦话不投机、言语不当，容易撕破脸皮，影响今后的合作。"出去，我让你再这么抬价！以后再不会和你们厂合作了！""明显欺负我们小厂家嘛！哪有一定要定这么多货的，算了我惹不起还躲得起。"

3. 注意事项

（1）感同身受。推销人员在准确判断顾客主要异议的基础上，态度真诚，语气委婉，善打亲情牌，尝试探明顾客的成交底线，然后在条件允许的情况下，缓解顾客的购买压力。

（2）捕捉信号。当顾客对产品发出明确购买信号的时候，推销人员就应该针对顾客的关键异议开展巧妙的施压，让顾客意识到产品的很多优点足以盖过缺点，同时可以配合其他成交策略消除顾客的异议，如可以利用抵消处理法、机会处理法、优惠成交法等。

4. 适用范围

适用于顾客的有效异议，如产品价格异议、功能异议、服务异议等。

【案例 7.9】

一位顾客走到体育用品专柜前，左看右看，指着柜台上的一个羽毛球拍对营业员说："请帮我拿下来，看看。"

"先生很爱打羽毛球吧？这个是正品的尤尼克斯球拍，全碳素纤维的，又轻又有弹性。"（双手递给顾客）

"嗯，是不错，不过价格怎么样？太贵我就不要了。"

"好拍自然价格不便宜，这就像我们买家电一样，进口的家电和国产的家电价格肯定不一样，因为进口的家电效果好啊，您说是吗？"

"呀，标签价格要380元，确实太贵了，比我现在用的李宁球拍贵一倍呢。你们打折吗？"

"选球拍就选最适合自己的，国产的李宁牌虽不错，但毕竟比尤尼克斯还是差很多，这一点从球星的选用球拍上就可以看出，目前大部分球星使用的都是尤尼克斯，你要是诚心想要，我们现在是打八折。"

"八折也要300多元呢，还是有点小贵。"

"先生，贵有贵的道理，买球拍就是为了实用，虽然多花了一点钱，但是提高打球的质量和效果，还是值得的，要不我再送您一盒燕子的羽毛球怎么样，这我们卖20元一桶呢。"

"这球拍有没有天蓝色啊？"

"先生这批球拍都是银灰色，其实银灰色也很好看啊。"

"行了，先凑合用吧，帮我开票吧。"

【案例解读】

大点成交法直奔顾客的主要异议，将它攻克了，其他异议就不在话下了。为了化解顾客的主要异议，还可以配合使用抵消异议、优惠异议等，使用这些方法的目的就是突破顾客的主要异议。

5. 实战例句

"张经理,如果我说得没错的话,价格是困扰你购买我们产品的主要因素,那我们就先从价格谈起吧。"

"王厂长,既然我们把最主要的异议解决了,其他的地方就更好商量了,没什么大的问题,我们就签合同吧。"

(六) 小点成交法

小点成交法又称为局部成交法或次要问题成交法,是指推销人员利用多个局部或次要问题的成交来促成整体成交的一种方法。小点与大点是相对的,即让顾客先在小的地方认可,然后过渡到大的地方认可,最后全部都认可,最终实现成交。

小点成交法主要利用给顾客"减压"的原理,顾客在处理一些细小问题时心理时压力比较小,因此答应起来也比较容易,推销员将若干细小问题慢慢逐一解决,最后剩下的就不再是什么大问题了。比如顾客对产品是否成交拿不定主意,往往可能是因为商品的价格,推销员就故意避开这一点,先让顾客认同产品的颜色、款式、使用方法、功能特点、保养情况、售后服务,这些貌似无关紧要的地方都达成一致了,那么就差价格这一小点了,顾客就不再坚持异议,购买就实现了。如果我们把商品成交看作是一个整体性决定,推销员可以采取化整为零的方法,将整体性的决定划分为若干个分散性的"小点",先取得顾客第一个"小点"同意,再得到第二个、第三个及更多的小点同意,那么最后的那个原来很大的异议也就变"小"了,以此达成交易。换言之,就是各个击破,一点一点"瓦解"顾客所有疑虑。

1. 优点

(1) 减轻压力。由于小点成交法一点一点地取得顾客认同,对非主要问题顾客比较容易认同,因此顾客也乐于配合,减轻了顾客的购买压力。换句话说,小点成交法类似"温水煮青蛙",让顾客在不知不觉中实现成交。

(2) 辨识信号。顾客对商品的每一次认同,都可以使推销人员正确发出请求,快速地判断顾客的需求,随时捕捉成交信号,促使顾客成交。

(3) 营造和谐气象。小点成交法是顺着顾客的购买过程一步一步提出来,不会造成推销的很多障碍,在一路提出请求中也得到了顾客的认同,利于构造和谐的推销气氛,从而使顾客接受推销人员的推荐。

成语典故:
不知不觉

2. 缺点

(1) 浪费时间。由于顾客大都注重主要异议,而小点成交法却首先对非主要问题达成共识,一旦涉及主要问题,如果没攻克,前面的所有小点都没有意义。"算了吧,价格太贵买不了,你说别的我都不感兴趣。"

(2) 造成矛盾。小点成交法的隐含条件是假定顾客最终会认同大点异议,利用对小点的认同最终过渡到对大点的认同,但是在实际推销中,大点小点有很大差异,小点是无关紧要、次要的异议,而大点是决定顾客购买产品的决定性因素,一旦在大点问题上最终不能达成一致,顾客会感觉有被忽悠之嫌,转而对推销人员产生抱怨情绪,不利于成交。"你说你实质问题不解决,用其他的小破问题忽悠我干吗?早说价格不能降不就结了,这不是让我瞎耽误工夫吗?"

3. 注意事项

(1) 循序渐进。推销人员要关注顾客购买心态的变化，选准可利用的小点，并巧妙地向大点转化。"嗯，这样式、材质、颜色都非常好，这么好的产品还真难找，那您还犹豫什么呢？其实和材质比起来，价格也不算贵了，绝对物超所值。"推销人员猜测顾客的大点是价格，就要事先打好预防针，提高顾客对价格的免疫力，促进顾客成交。

(2) 摸准底线。任何人买商品都有购买的底线，如果触及底线，就很难实现成交，这就需要推销人员尊重顾客，耐心听取顾客的大点问题，采取适当策略化解异议。

4. 适用范围

适用于并不是特别尖锐的有效异议。

【案例7.10】

一个顾客到商场给孩子挑选学习机，看到某款型号标价1 500元后，一直没有下单。
"先生，这款学习机的屏幕大小可以吗？"
"嗯，够用的。"
"这个学习功能您满意吗？"
"行，我儿子才初中一年级，这些功能基本够他用的了。"
"那我们提供的资料下载服务，您还有什么不满意的吗？"
"嗯，我就觉得你们提供的免费下载服务很不错，我也看中了这点。"
"还有，您对我们提供的赠品喜欢吗？"
"嗯，送的《百科全书》我儿子最喜欢看了，我原来还打算给他买一套呢，这下就不用买了。"
"您真是位好父亲，那我就帮您开票吧，与我们的产品质量、售后服务相比价格也是很合理的，随后我帮您再多下载些学习资料，您儿子肯定非常喜欢的。"
"哦，行吧。"

【案例解读】

明眼一看知道异议大致出在价格上，所以推销员刻意回避价格这个问题，而是从屏幕大小、功能特点、售后服务、附赠礼品的"小点"出发，陆续取得"突破"，那最后剩下的就是价格了，大面积"解决"了，小面积也就好"瓦解"了。

5. 实战例句

"张经理，关于产品式样、功能、材质都没问题，那我们就先确定下来吧。"
"王女士，您看型号对吧，颜色也是您喜欢的粉色，没什么意见，我就帮您开票了。"

(七) 最后成交法

最后成交法又称机会成交法、无选择成交法、限制成交法、唯一条件成交法、只有站票成交法，是指推销员直接向顾客提示最后成交机会或唯一成交条件而促使顾客立即购买商品的一种成交方法。这一成交方法要求推销员合理运用购买机会原理，向顾客提示购买行为"机不可失，时不再来"，让顾客意识到购买商品的紧迫性，从而做出迅速购买的决定。火车站旅客排队买票，当售票员告知只有站票的时候，旅客就没有时间再考虑了，要么买站票要么放弃，避免了旅客长时间在窗口逗留，对于售票员来说节省了很多时间。

机会千载难逢，因此机会本身也是一种宝贵的财富，能否抓住机会就如同能否抓住财富一样，失去购买机会就如同失去有价值的财富，所以最后成交法实质上限制了顾客某些选择的权利，向顾客施加了压力，使顾客在利益权衡后，做出购买行为。

成语典故：
机不可失，时不再来

1. 优点

（1）节省时间。由于限制了顾客某些选择权利，顾客认识到时间的紧迫性，往往会做出购买行为，避免了过多周折。如售货员说："先生，我们还有5分钟就闭店了，你要不买只能等明天了。""哦，行，那你给包起来吧，我就要这个了。"

（2）明确底线。由于条件限制，顾客所能选择的机会已经不多，因此即使顾客再有异议，也只能自我消化，迫使顾客妥协。"售货员再帮我拿一件，这件看上去有点脏。""抱歉先生，这个就剩这一台了，昨天还有顾客嘱咐给他留着呢，您要是不要，恐怕就得等下一批了，这个产品是好的，没任何毛病。""那行吧，你帮我装起来吧，好用就行。"

2. 缺点

（1）容易失败。并不是所有的顾客都把机会看作财富，每个顾客侧重点不同，因此推销人员使用最后成交法时又是造成推销的障碍。"啊，没有坐票了啊，那算了，我不去了。""什么就剩一台了，那我不要了，我不喜欢买别人挑剩下的东西。"

（2）失去信任。过于频繁地使用最后成交法，会造成顾客疑惑，一旦发现推销人员虚张声势，就会对其产生不信任感，继而拒绝购买推销品。"什么最后一天啊，今天不还是营业吗？我再也不去买了，就是个骗子。"

（3）增加压力。限制了顾客选择的权利，使顾客在有限条件下选择商品出现恐惧感，容易引起顾客抱怨。"都是歪瓜裂枣的，你让我怎么选？""时间太短了，我还没挑好东西呢，怎么买啊？"

3. 注意事项

（1）犹豫不决。顾客愿不愿意购买商品和最后期限相关，如果顾客对商品一点兴趣没有，最后期限毫无意义。

（2）底线要真实。比如双方讲价还价几回后，卖方一口咬定衣服最低50元，少一分不卖，结果见买者要走远了，就说"40元卖你吧"，最后买者也没回来。

【案例7.11】

一女顾客在卖皮包的柜台前站了半天，手中摆弄着皮包却迟迟没有做出购买决定。

营业员见此："小姐，这个包很适合您的，和您的穿着也十分搭配，买下来吧。"

女顾客："看着还不错，就是感觉这个不是带扣的，显得不是很流行。"

营业员："这个是特意这样设计的，挎起来更显休闲感，您看现在都离我们打烊不到10分钟了，您再不买，估计您今天就买不到了。"

女顾客看了下表，又看了下包："好吧，你开票吧，帮我把它包装好，我准备送人的，明天她就要出差了。"

【案例解读】

顾客犹豫不决的时候，推销员适时地运用最后成交法，可以促使顾客立刻做出购买决定，否则案例中的女顾客继续犹豫，收银员理好账就不收款了，推销员再想卖也卖不成了。

4. 实战例句

"今天优惠活动最后一天，明天恢复原价。"

"距离活动结束还有半小时，下订单的要抓紧了。"

（八）优惠成交法

优惠成交法又称为让利成交法，是指当顾客犹豫不决嫌价格高时，推销员通过提供优惠的交易条件来促成交易的一种方法。该方法巧妙利用了顾客购买商品求廉求利的心理，商家让利销售，从而促成顾客顺利购买。现实中商家的"买一送一""买大件送小件"等都是此法的典型例子。优惠的成交条件包括价格优惠、商品数量优惠、赠品优惠、返现优惠等，如购物满300元返现金60元，买一件九折买两件八折，三人同行一人免单等。现实中的薄利多销实质上也是优惠法，还有目前比较流行的"团购"也是该法的另一种演绎。

1. 优点

（1）提高效率。由于对顾客实行购买优惠，使顾客购买商品有动力，对顾客成交是一种鼓励，买得越多越实惠，因此可以大大提高成交效率。

（2）搭配销售。顾客花同样的钱却买到更多的商品，一般顾客只专注商品本身，对附赠品并不是很挑剔，因此商家可以借以将滞销品或新上市的体验商品一并送出，既可以清理库存又便于新品推广。

（3）招揽顾客。顾客大都有求荣求利的心理，遇到商家实行优惠，往往趋之若鹜，争相选购，有利于扩大产品交易量。淘宝的"双11""双12"销售额年年新高就是此法的经典应用。

2. 缺点

（1）顾客嫌弃。"羊毛出在羊身上"，很多顾客理性购货，对任何优惠活动都保持着高度警惕，对于厂家的优惠并不领情，甚至抵触。"天下没有白掉的馅饼，搞优惠，肯定是滞销的产品，价格定得太高，卖不动，当然要降价，我可不买。"由于太多的商家使用"优惠"字眼，消费者已经变得麻木，个别商家明降暗升，失去消费者的信任。

（2）降低利润。让利于民必然损失原来商品正常的利润，无论附送赠品也好，体验品也好，势必增加企业成本，造成商品的毛利润下降。

3. 注意事项

（1）让利有度。

（2）保证质量。

（3）优惠真实。明明没有优惠，硬说成优惠，就易招致顾客嗤之以鼻。如卖鞋全场大优惠，买一送二，结果买一双鞋送了两根鞋带，这种偷换概念的优惠，很难起到实际的推销作用。

4. 适用范围

除国家法律禁止或有违道德伦理外的商品和服务。

【案例7.12】

"小姐,这双鞋感觉怎么样?我看挺好的,很适合您的身材,穿着很时髦的。"
"嗯,看上去还可以,不过感觉稍微有点大啊。"
"您平时不是穿37码的吗?这双就是37码的啊。要不我帮您拿双36码的试试,来,给您。"
"不行这双有点挤脚。看来真不太合适。"
"那您还是要37码的吧,看您穿37码的感觉好点。"
"这个,我再……"
"小姐,这样吧,您就拿37码的吧,您要是嫌大,我可以送您副真皮鞋垫,穿着更养脚。这鞋垫我们这里还卖30元呢。"
"嗯,好吧,那我就拿37码的吧,谢谢啊!"

【案例解读】

优惠成交法,顾名思义就是顾客希望在购买商品的时候得到一点"小优惠",无论是在价格上还是成交条件上,都愿意比其他顾客多得到一点利益,这往往是爱精打细算或比较精明的顾客的初衷。有的时候为了顺利成交可以考虑用赠品来吸引顾客做出购买决定,也就是我们常说的"手套换兜子",一双手套和一个兜子比起来太微不足道了,但是舍掉一点小利却获得大的利益,推销员当然是划算的。

5. 实战例句

"全场大优惠,买500元减80元。"
"买一赠一,满1 000元再打八八折。"

(九) 保证成交法

保证成交法又称为许诺成交法,是指推销员通过向顾客提供各种成交保证来促使顾客快速成交的一种方法。顾客购买商品除了关心价格、性能、质量以外,更担心商品的安全,如果不是正品,售后就无法得到保障。保证成交法即向顾客提供上述问题的成交保证,消除顾客的心理不安因素,降低顾客的购物风险,促使顾客果断购买。保证成交法是顾客购买商品的"定心丸",对顾客最关心的问题给予保障性承诺,使顾客买得放心、用得安心。

1. 优点

(1) 提高效率。由于顾客担心的问题,推销人员已经提供了适当的保证,扫除了困扰顾客的疑虑,从而促使顾客果断做出购买行为。"行,既然你都这么保证了,我信你了,给我开票吧。"

(2) 增强说服力。由于有充分的书证、物证,顾客更加信服推销人员的话,从而快速化解顾客异议。"师傅您看墙上挂的锦旗,就知道我们的店是非常讲信誉的,怎么可能会有假货呢?""哦,还真是政府颁发的呢,行,我买了。"

(3) 传递重要信息。保证成交法的目的就是化解顾客购买商品的最后一块"心病",即推销人员有意识传递重要的推销信息,化解顾客心中最后的疑虑。"张先生,您放心,关于价格方面,我们是明码标价,全国各地都是统一价,您看这是我们厂的报价单,这是我们以前签订合同的复印件，不管订多少货，也不管是什么公司，都是7.8元每件，绝对没有谎价。"

2. 缺点

（1）顾客不一定认同。现实生活中造假的事情太多，顾客会处处保持警惕，因此顾客对推销员的保证并不能完全认同。"你保证，你保证有用吗？出了事情我找谁去？""你以为墙上的锦旗就能解决问题了，花50元，我还可以做成省政府的锦旗呢，再说谁知道你那真的假的。"

（2）易失去信用。有的推销人员为了完成销售业绩，频频对顾客提出的各种问题做保证，都不堪一击，一旦露馅，就会失去信用，导致顾客对产品产生严重怀疑。"你的保证都是信口雌黄的，还叫什么保证啊，我还敢买你们的产品吗？"

3. 注意事项

（1）客观真实。不要提供一些虚假的保证，推销人员要做到诚实、敬业，对于不能保证的事情要和顾客解释清楚，而不要乱打保票。

（2）找准痛点。保证不能完全解除顾客的主要异议，那么这个保证就起不了任何作用，因此推销人员要善于捕捉顾客主要异议，对症下药，方能化解顾客的病根。

4. 适用范围

（1）顾客有顾虑。
（2）中间商对前景比较迷茫。
（3）顾客存在运送、售后等担心。
（4）其他可以有保证条件的有效异议。

【案例7.13】

一名保险业务员向顾客推销某险种。

顾客："保险有什么用，还花那么多钱，我这么年轻，根本用不着。"

业务员："虽然每天只需区区几元钱，买保险是保一份平安。人吃五谷杂粮，不可能一辈子不生病，越是健康的人越对身体不重视，可是一旦发现往往十有八九是'绝症'。出行在外，风险随时发生在我们周围，买保险就是买一份保障，相当于给家庭买了一把遮挡灾难的雨伞。"

顾客："别说得那么悬，要是买了保险什么都赔我就买。"

业务员："大哥，这我还真没办法给您打保票，根据保险法规定，在非人为情况下，发生了重大疾病或意外伤害才有的赔。"

顾客："保险不都赔啊，那啥叫非人为情况？"

业务员："比如说酒后驾驶，没有驾驶证的人开车，这样的都不赔的。"

顾客："那要除了你说的非人为情况出了事故，保险赔吗？"

业务员："那您放心，只要在保险范围内，保险公司肯定赔。"

顾客："真的？"

业务员："保证没问题，我敢打保票。"

顾客："行，那我就买一份吧。"

【案例解读】

保证成交法需要消除顾客的疑虑，但是保证的内容一定要符合企业的规定，很多人之所以不愿意相信保险业务员，就是个别保险业务员卖保险的时候，无论顾客提出什么都信誓旦旦地打保票，等顾客签了单出了险后，公司只能按合同办事，没办法承担顾客的损失，而当时签单的业务员早就离职了。可见无论哪一行诚信最重要，不履行承诺的人在推销行业中寸步难行。

5. 实战例句

"彩页商品买贵补五倍差价。"

"钻石卡用户健身终身免费。"

（十）试用成交法

试用成交法又称体验成交法，是指推销员为了让顾客加深对推销品的了解，增强购买信心，让顾客试用或者体验的一种成交方法。试用成交法能给顾客留下非常深刻的直观印象，降低顾客购买风险，因此利于成交。现实生活中很多超市的面包坊、熟食专柜、拌菜专柜、水果摊位都提供试吃品，免费让顾客品尝目的就是促进购买。

1. 优点

（1）增强购买信心。由于顾客已经试用过该推销品，相对而言比较了解产品，大体上可以判断该商品是否适合自己，从而可以增强顾客购买的信心。

（2）增强说服力。"要想知道梨子的滋味就得亲口尝一尝"，任何人对商品的评判都有一定差异，甲顾客喜好的商品，并不一定得到乙顾客的好评，试用成交法是顾客用自己的感受去证明推销员的建议，因此推销说服力更强，容易使顾客接受。

（3）提高效率。试用成交法以试用、试吃、试喝、试玩等体验的形式，让顾客在短时间内感觉商品的性能、质量等关键因素，顾客一旦体验成功，不用推销人员过多介绍，即可实现购买，大大提高了推销效率。

（4）招揽更多顾客。由于试吃、试用品都属于免费发放，对顾客具有一定的吸引力，因此容易招揽更多顾客，推销信息传递更广。

2. 缺点

（1）成交效率低。并不是所有的顾客都对试用品感兴趣，有些个性比较清高或有洁癖的顾客对试用品并不领情。在顾客试用后，由于众口难调，并不是所有顾客都认可推销人员的建议，往往以不好为借口，逃避购买，导致成交效率低。

（2）增加成本。少数贪图便宜的顾客多次索要试用品却不肯购买，无形中增加了推销成本。

（3）忽略推销信息。由于很多顾客更关注试用品的感觉，而忽视聆听推销人员的推销信息。

3. 注意事项

（1）办妥手续。试用品要注意风险，顾客留用推销品要办理相关手续，防止节外生枝。

（2）鼓励试用。强调买不买没关系，不要给顾客造成过多的购买压力。有的顾客今天试用没买，也许下次会买。

（3）询问感受。试用后，要留意顾客的意见，为今后产品的改良、调整价格等提供依据。

4. 适用范围

试用成交法一般适用于磨损不大的产品，如按摩椅、治疗仪等；也可用于新产品的试用装；还可以用于现场生产制作的产品，如糕点、饮料等。

【案例 7.14】

现在很多健身房提供客户体验券，这种体验券一般在大超市、商场门口专门有人发放，一般登记体验者的姓名、电话并商定体验时间。当顾客体验时，只需在前台核对个人信息就可以不花钱在健身房健身了。这样有健身需求的顾客可以看到健身房的环境，对健身房的硬件、软件有大致了解，然后会籍顾问就会和你商谈入会健身的要求，大部分顾客往往会同意入会。

【案例解读】

试吃也好，试用也好，最关键的是让顾客体验到该推销品的好处。一个城市健身房可能有多家，顾客可选择的太多反而不好选择。让顾客无须花钱就可以"免费试用"健身房，这样的做法就是降低了顾客选择的风险，顾客体验了，生意也就做成了。当然这样的方法并不是对所有人有效，比如嫌健身房太小或价钱太高或离家太远等，但重要的是招来了顾客，要知道只有顾客走近商品才有可能成交。

5. 实战例句

"3D 望远镜好用又不贵，大哥您试下，买不买没关系。"

"大妈来试试我们的 5D 按摩椅，以后不用再去花高额按摩费了。"

（十一）总结利益成交法

总结利益成效法是指推销员在推销洽谈中将顾客关注的推销品的主要优点和利益，在成交中以积极的方式加以概括性总结，让顾客意识到推销品的诸多优点和好处并最终促使顾客购买的一种成交方法。

总结利益成交法实质上是请求成交法和小点成交法的一种叠加和变通，它也是推销员主动向顾客提出成交请求。顾客认同产品优点后，推销员将优点一并汇总复述给顾客，再说服其购买。一般来说，总结利益法由以下三个基本步骤组成：首先记录顾客对商品的款式、材质、型号、品牌等认可之处；其次总结以上利益（如款式好、材质好、型号适合、品牌知名度高）；最后提出购买建议，快速成交。

1. 优点

（1）提高效率。由于推销员在罗列很多推销品的优点后，得出的结论是顾客应该购买推销品，很多顾客也认为既然认可了商品的很多优点，购买商品也是理所当然的事情。

（2）信息叠加。由于推销员传递推销信息是按照顾客购买的流程进行的，先介绍，再强调，最后重点推荐，一般来说顾客接收的信息是零散的，顾客难以记住。推销员使用总结利益成交法，将上述所有信息汇总加以强调，加深了顾客对商品的印象，凸显了产品实用性，更利于顾客理解和接受。

2. 缺点

（1）忽略主要异议。由于推销员强调的都是顾客认同的推销品信息，若还有顾客未认同的信息存在，还会影响成交。"先生这款洗面奶你也觉得可以有效去油，气味清香，适合你的肤质，那我就给您把它包起来吧。""别，再看看，我还是觉得这个牌子不太适合我。"

（2）浪费时间。由于总结优点未能包括顾客的主要异议，即使推销员总结利益，还要回到顾客的主要问题上，势必延缓成交。如："生产这个洗面奶的是新厂家，通过了 ISO 7000 和 ISO 14000 质量体系验证，已经越来越多的顾客开始使用这个产品了，我今天就卖出去 10 多个呢，使用的人都说好。""我不太喜欢使用新牌子的产品，总怕出现不良后果，要不你还是把欧莱雅的洗面奶拿来让我看下吧。"推销又回到了起点。

3. 注意事项

（1）记录顾客核心利益。顾客购买商品关注的利益很多，但并不是同等重要，相比之下肯定有最在意的因素，如有的图利，有的图新，有的图美，推销人员应根据顾客核心利益有针对性、逻辑性、条理性地汇总罗列推销品的优点，提醒顾客推销品给他带来的收益，激发顾客的购买兴趣，迅速做出决策。

（2）抓准购买信号。总结利益的时机很重要，一定要在顾客表露明显成交信号时提出，过早过晚都不利于成交，过早提出有催促顾客购买之嫌，过晚提出顾客已失去购买兴趣，推销员的总结也不起什么作用了。

（3）勿在利益中混杂异议。推销员要仔细聆听顾客认可之处，千万别把顾客的异议总结成优点，以免遭到顾客的拒绝。"师傅你看，这产品款式、功能、价格、材质你都没什么意见，那我们是不是……""谁说我认可功能了，我不是一开始就嫌弃它功能单一吗？你有没有认真听啊？"

（4）可搭配其他方法。总结利益后，为了顺利实现成交可以结合优惠、保证等成交方法。"行，那我再给您优惠 10 元钱，等于给您报销打车费了，买贵了给您退款。"

4. 适用范围

总结利益成交法适用面很广，尤其对复杂产品的推销更适用。

【案例 7.15】

一名女顾客打算购买一台足疗机，推销员介绍产品并让其试用后，顾客看着足疗机犹豫着。

"来，大姐，坐下歇会儿吧。"推销员拉了把椅子，"足疗机也算是大件商品了，谁都想买台好的，价格合适的商品，多比较比较是应该的。一般来说选择足疗机，一看品牌，品牌好坏和质量几乎成正比，谁都不希望刚买回去没几天就坏是吧？"（顾客点了点头）"二要看功能，用了得有成效，人得感觉舒服是吧？"（顾客又点了下头）"三要看款式。我们这台机子是健尔玛的，就是经常在央视做广告的，可以说是足疗机里的一线品牌了。款式设计非常新颖，小巧不占地方，摆在卧室或客厅一角也显得非常精致，和您的身份非常相称。它是按人体工程学设计的，按摩起来就好像足疗师一样，每天按摩一次，肯定让你感到特轻松，尤其临睡觉之前按摩，还有利于睡眠，一台机子买回去，全家都受益，您说我说的没错吧？"（试探性成交）

"嗯，这些我基本上同意，可是价钱有点贵了，我昨天看了一款足足比你们这款便宜了 500 元呢。"（顾客异议的真正原因）

"大姐您这么看啊，我们这台足疗机保修 3 年，终身维修，一般咱就按您使用 10 年来算吧,每年才多掏50元,每月还多花不到5元,但是免除您后顾之忧了对吗?再说大品牌和小品牌外观可能没什么差别,但是零配件肯定是有区别的,而且买足疗机就是为了健康、舒适,咱买就买个好的是吧?买对产品了才是真正的省钱,您说是这个理吧?"

"也是,图便宜买个不好的还不如不买。行,我要了。"

【案例解读】

推销员善用总结利益成交法可探明顾客的需求,及时了解阻碍顾客成交的真实原因,再辅以其他成交法,促成顾客顺利成交。

5. 实战例句

"这位小姐,您看这衣服是纯棉的,色泽也是你喜欢的蓝色,价格也合适,款式也新颖,我就给您开票了。"

二、成交策略

成交策略是促成交易活动的基本战术,适用于各种商品或服务的推销活动,能否实现成交,取决于推销员是否熟练掌握并灵活运用成交策略。一般常用的成交策略有以下内容:

(一)树立正确的成交意识

成交是推销活动成功与否的分水岭,要么成功,要么失败。成交的障碍除了顾客、推销品本身及外界干扰外,还有来自推销员本人的情绪和心理障碍。推销员由于产品知识、推销经验、个人性格等原因,对顾客能否购买不确定、不自信,甚至有恐惧等心理反应。具体表现为:一方面努力介绍商品,不给顾客说话的机会;另一方面沉默不语,被动等待顾客做出回应。这两种表现对促成交易无任何推动作用,很难促成顾客购买。

事实上,顾客喜好因人而异,产品本身也不一定让每个顾客感到合适,顾客拒绝也是正常现象。推销员要保持积极的心态,树立正确的成交意识,耐心引导顾客,即使最后没有成交,也不要立马变脸,记住"买卖不成仁义在",给顾客留下好印象,为下次成交做好铺垫。

(二)提防第三者"搅局"

推销成交过程当中,最忌讳的是与顾客已基本敲定了,突然有第三者加入使成交失败。第三者对产品的怀疑、偏见会改变或动摇顾客的先前选择,使顾客停止购买。"两人同行,礼物为先",聪明的推销员往往会用一些小礼品"封嘴",即提示买了商品每人送一个小礼物,第三者为了得到礼物,也不好再劝阻。推销员应尽量在没有第三者干扰的情况下与顾客成交,防止第三者的"横加干涉"。"这太嘈杂了,咱们找个清静的地方谈吧,可以给您一个更优惠的价格。"

【案例7.16】

一天下午两个中年女性一起走入一家服装店。

营业员:"欢迎光临,二位打算买服装吗?长款还是短款?"

甲顾客:"我想看看你们的长款。"

乙顾客:"我不想买,主要陪她看看。"

项目七 推销成交

营业员用手示意甲顾客:"这边都是新到的长款服装,您随便看看。"并示意另一营业员上前招呼乙顾客。

一会儿甲顾客从试衣间走出,照着镜子。

营业员:"嗯,这衣服很适合您,显得您更年轻了。"

甲顾客招呼乙顾客:"王姐,您看怎么样?我觉得还可以。"

乙顾客看了看:"嗯,但是我觉得颜色淡了点,好像不耐脏。"

甲顾客:"嗯,也是,我现在觉得也有点浅了,这隔三岔五就得洗,是很麻烦的。"

营业员:"怎么会呢,这个颜色非常适合您这样的,您看您的脸被衬托得更白皙了,身材也更有型了,而且这个是采用了耐脏的工艺,不会像您所说的那么麻烦的。"

乙顾客头朝向柜台:"凤云,你看看别的款式吧。"

甲顾客又进了试衣间。

另一营业员再向乙顾客推荐衣服。(借此分散乙的注意力,防止再搅局)

甲顾客又照了照试衣镜:"王姐,这款如何?"

营业员自言自语:"真是太有身材了,这衣服太配您了。"

乙顾客看了一眼:"还成吧,要不……"

营业员手里拿了两张小丝巾打断道:"你们今天真幸运,这个是厂家的赠品,一般我们都是买一件衣服赠送一个的,今天正好是我们店销售第1 000件,就破例给你们一人一份了,这个在我们这儿要200元呢。"

甲乙两个顾客各自接过丝巾看了看。"凤云,这件衣服你觉得怎么样?我看还行,比那件可好多了。"边说边把丝巾装进挎包里。

甲顾客:"我也觉得不错,营业员开票吧,我要了。"

【案例解读】

如何提防第三者搅局是成交能否顺利实现的关键问题,第三者一般都是向着顾客说话的,她的观点一般都会让顾客深思,因此推销员要想让第三者帮自己说话,就要给她点"甜头",俗话说"拿人东西手软,吃人东西嘴短"。

(三)报价留有余地

顾客提出的成交条件有可能是试探价格底线,因此推销员要保留一定的成交余地,即不可把成交价全盘托出,否则顾客会认为优惠条件不够彻底而不愿意成交。同时当顾客再次提议购买的时候因条件没有变化,会造成顾客心理失衡,从而放弃购买。

因此正确的做法是报出比较保守的成交底价,保留一定的回旋余地,这样在推销过程中始终占据主动,如果顺利成交最好,如果顾客表示要再考虑,推销员考虑适时递上名片或留下联系方式,待顾客考虑清楚后再行联系,到时根据实际情况,还可以适当给予一定优惠,以达成交易。"你转一圈没合适的再回来,价格我们可以再商量,全商场我家价格是最实惠的,很多都是回头客。"

【案例7.17】

"王科长,您看这是我们公司的报价单。"

"哟,价格好像没有什么优势哦。小张,虽说你们的样品不错,但价格好像有点高,我们再考虑考虑吧。"

"嗯，如果贵公司觉得价格高，我回去再请示下我们经理，这个是我的名片，等我有好消息的时候及时和您联系。"

几天后。

"王科长，我是推销员小张啊，上次那批货您考虑得怎么样了？我回去请示了我们经理，说为了表示合作的诚意，我们还可以下浮3%，这可是从来没有的价格啊。"

"是吗？行，这个价格还算靠谱了，你下午把合同带过来吧。"

【案例解读】

如果一下子把价格报"死"，推销员就会陷入被动，对方一句"太贵""太没诚意"，生意准"砸锅"。

（四）引导顾客主动报价

在推销过程当中，推销员应竭力宣传，强调推销品给顾客带来的好处和利益，以使顾客确信产品为其最需要的，如果不买则是他的损失，引导顾客主动报出成交价格。一般而言，推销员的说服工作准确到位，顾客对产品及交易条件感到满意，就会认为没有必要再讨价还价，大都会主动提出购买价格，从而顺利成交。因此，推销员应善于"借力""借势"，尽可能地引导顾客主动报出购买价格，达到顺利成交的目的。

每个顾客都有自己的主见，愿意把"明智"的购买行为当成一种炫耀的"资本"，对此，推销员要采取适当的方法与技巧来引导顾客主动报价，使顾客觉得购买行为完全是个人的决定，并不完全是别人的推荐，成交的时候，顾客心情也会十分轻松和愉悦。

这种策略尤其适用于有主见或比较自负的人。"您太能讲价了，您买东西我们真的难赚到您钱，这个是纯进口绵羊皮，皮质又软又亮，1 200元我们从来就没卖过。""小妹您又漂亮又识货。""这衣服穿在您身上，真是太漂亮了，这价格砍得连我都佩服。"

（五）抓住每一个成交机会

推销成交一个瞬间就可以完成，因此整个推销活动就有可能随时完成交易，推销员要养成积极主动的推销习惯，抓住任何一个可能成交的机会。比如心肠软的顾客一开始已经决定不买商品，结果听到推销员几句恳求的话，直接购买了商品。本来拒绝购买的顾客看到推销员沮丧的表情，会产生同情心。如果推销员眼泪巴叉地说一句"先生，您能买一个吗？要不我工作就没了"，顾客可能会出于同情买走商品。

【案例7.18】

一名年轻的推销员多次拜访某公司的经理总是被拒绝，可还是再一直坚持。

这一天，他又敲开了这个经理的门。"你怎么回事？不是和你说过多少遍了，我不需要，天天来，你烦不烦。"

"经理，真不好意思打搅您，请您再给我5分钟可以吗？5分钟一过我就走。"恳切的眼光看着经理。

经理动了恻隐之心："好吧，就5分钟，我真不想再看见你。"

……

经理："好了，5分钟过去了，我还是不想买，明天别再让我看见你。"

推销员深深地鞠了个躬："谢谢，经理，耽误您时间了。"起身准备告辞，眼睛似乎湿润了。

经理看了他一眼，想说什么又没说，目送他离去。

推销员快走到门口了，突然哽咽着说："经理，您不买，这说明我哪点做得不够好。您愿意帮我指点下吗？"泪水快流出来了。

经理起身道："你看你的穿着，你这种穿着谁敢买你的产品……不过，你的产品还成，刚开始干推销能这样执着也是难得。现在工作不好找啊，看你的岁数跟我外甥差不多大，行了，这台机器我要了。"

【案例解读】

"不管白猫黑猫能抓到老鼠就是好猫"，只要能促成交易，各种合理合法的方法都可以尝试，即使是顾客出于同情购买了你的商品，但那也是你的本事。

复习思考题

成交法的种类及优缺点和适用对象是什么？

任务实施

【任务情境】

请任选三种成交方法进行角色扮演演练，正确运用成交策略，使顾客满意而归。

【实施目标】

1. 加深对成交法含义的理解。
2. 掌握各种成交的方法。
3. 学会娴熟运用成交策略。

【实施目标】

1. 组建任务小组，每组5~6人，选出组长。
2. 各组分角色分析情境，讨论表演流程，选择一人负责观察、指导。
3. 进行交叉打分，即选取小组表演后，其他小组各选派一名成员担任评委，负责点评。
4. 课代表要做好记录。

【任务考核】

1. 情境表演真实、合理2分。
2. 小组成员团队合作默契3分。
3. 角色表演到位4分。
4. 道具准备充分1分。
5. 满分10分。

任务三　客户关系维护

任务情境

任务情境

任务思考

1. 小刘一个月后打回访电话的目的和意义是什么？
2. 你如何看待成交的后续服务工作？

任务学习

推销员与顾客顺利达成交易后，推销活动仍然没有完全结束。从现代推销学的角度看，成交只代表本次推销活动的成果，而推销活动还在继续。顾客购买商品后仍然需要推销员的服务，如顾客购买商品出现问题可能会投诉；商品在"三包"政策范围内，也需要推销员帮忙联系解决；推销员处理好与顾客之间的"关系推销"，可以为下一次交易打下坚实的基础。

一、成交后跟踪

（一）销售跟踪的含义

成交有两层含义，一层含义即狭义的成交，所有权与物权的同步转移，即一手交钱一手交货，实现钱货两清；另一层含义即广义的成交，指签订及履行合同，简单说就是商品的所有权转移，而物权（现金）是否结清未做具体要求。商场实战中，双方签订合同后，钱款就有四种可能：第一钱款两清；第二货到付款；第三双方约定，先付定金再分期付款；第四款到发货。

所谓成交后续跟踪是指推销员在顾客购买后或签订成交合同后要继续与顾客交往，并完成与成交相关的一系列工作，以更好地实现推销目标的行为过程。推销的目标是实现买卖双方共赢，即顾客需求得到满足，获得购买的利益，推销员完成推销任务，获得相应的佣金或提成。顾客利益与推销人员利益是<u>相辅相成</u>的，顾客需要更完善的售后服务，推销员需要回收尾款或招揽下一次生意，因此成交后跟踪有着特殊的意义。

成语典故

相辅相成（xiāng fǔ xiāng chéng）：是指两件事物互相配合，互相补充。

出处：明·张岱《历书眼序》："诹日者与推命者必相辅而行，而后二者之说始得无蔽。"

项目七　推销成交

217

1. 体现了现代推销观念

顾客在成交后仍然希望得到产品保养、维修等方面的服务，同时对购买后出现质量、价格等问题也希望得到合理的解释。顾客的上述需求就是通过成交后跟踪完成的。

2. 有利于获取市场信息。

通过跟踪，推销员可以获取顾客对产品的信息反馈，如产品性能、质量、使用效果评价等方面的信息，这些信息可以帮助企业及时了解自身产品的不足，为新产品开发提供资料。如："您好，我是康佳××店售后服务中心，请问您买的康佳电视效果怎么样？对我们的质量有什么意见吗？"

3. 提高企业形象

随着科学技术的进步，产品同质化现象日趋严重，能否为顾客提供多方位、多层次的售后服务已经成为提升企业竞争力的一个重要方面。售后服务的水平高低，已成为顾客购买推销品时考虑的一个重要因素。

4. 回笼企业资金

对于分期付款或货到付款的交易，企业尚未收到货款，推销员及时跟进确保货款入账。

5. 有利于后续销售

从关系营销来看，无论是广义还是狭义的销售都是为了实现今后更长远的利益，希望顾客后续购买或推荐其他人购买商品。

二、成交后续跟踪的内容

由于顾客需要的多样性，成交后跟踪包含的内容是非常丰富的，这里主要讲述回收货款（尾款）、售后服务、与顾客建立融洽的关系三个方面。

（一）回收货款（尾款）

由于市场的激烈竞争，一般大宗购物很难以现款结算，往往货到付款，这种成交就面临着资金回笼的难题。能否收回货款关系着推销的成败，关系着经营者是否蒙受损失，讨要货款也就成为推销员的一项重要任务。

在现代推销活动中，赊销、铺货是企业应对竞争的常用手段，如何有效规避风险，及时全额收回货款，是关系企业成败及推销员业绩考核的大难题。

1. 审查资信，留意动态

在商品签订合同前，要对顾客的货币支付能力和信用记录做好资信审查，确认货物安全，合同订立后要及时留意顾客的经营状况，推销员要定期关注。

2. 找准关键接洽人

对于分阶段付款的顾客，推销员追讨尾款的时候，要和"老板"周围的人搞好关系。很多企业领导对待尾款能拖就拖，甚至推销员打来电话也谎称开会或不在办公室，这就需要推销员从外围做起，比如让前台接待员"通风报信"，比如财务也可以向你透露重要信息。

3. 运用适当的技巧

推销人员掌握一定的收款技巧，有利于货款的回收。例如：

①合同明确约定付款日期，不要过于笼统；如写为：2011年7月15日，而不是只写2011年7月。

②推销员按时赴约，避免对方创造借口："哦，抱歉你那天没来，钱我们只好先打给另

一客户了，过几天再给你们打吧。"

③如果对方多次推迟付款，就以公司有规定为由暂停提供某些服务，以使对方早日付款。

④及时留意对方资金账户，一旦有钱立刻登门。

⑤换取顾客的理解和同情。

⑥催讨货款带好相关票据。

⑦如果确实无法按约收款，可分批付款，并暗示延迟付款会影响信誉和合作。

【案例 7.19】

某企业将一批电子设备推销给某公司，合同总额100万元，双方约定分期付款。发货前公司支付企业10%定金，企业发货后，该公司再支付85%的货款，售后服务一年，另5%在售后服务期满后支付。目前该批电子设备售后服务已满一年，可该公司一直拒绝支付剩下的5%的货款。

推销员小王多次去该公司讨要，但是每次或者看不到经理，或者经理就推说账上没钱，等有钱了一定给他打电话，5万元的钱迟迟到不了企业的账户上。

推销员小王每次拜访公司负责人都要通过前台接待员，有一天，小王看见前台小姑娘的鱼缸有一个豁口，于是在下一次拜访的时候就顺便给其带来个新鱼缸，小姑娘很高兴，双方很投机地聊了几句，聊了一会小王就回去了，因为小姑娘告诉他老板出差了。

隔了几天，小王突然接到前台小姑娘的电话："快来，我们经理回来了，心情很好，昨天公司卖了一大批设备。"

小王连忙跑到经理办公室，经理看着他："怎么又来了，账上没钱。"

小王连忙赔笑："哦，刚拜访客户去了，正好路过您们公司，想上您这讨杯水喝。"

经理看小王微笑的样子也不好再说气话："算了，甭给我兜圈子了，你合同带来了吗？"

小王立刻将合同双手递过来，经理大笔一挥，尾款总算结清了。

【案例解读】

尾款难要，这是很多做推销员一致认可的说法，顾客可以找各种理由拒绝支付，比如产品不好、服务有瑕疵、性能不全、比别人家的贵等，甚至就直言我买你那么多的东西，你就当给我点优惠好了。因此推销员要想追讨尾款，一般先从外围打开缺口，需要有人向着你说话，或者有人愿意给你通风报信，否则尾款很难讨回。

（二）售后服务

售后服务是指买卖双方发生物权转移后，推销员能提供的如送货、安装、调试、保修、技术培训等各种服务。推销员给顾客提供良好的售后服务，不仅可以让顾客成为自己忠诚的客户，还可以借助顾客的口碑宣传给自己带来更多的顾客，扩大自己的顾客群，实现更大的推销业绩。售后服务的主要内容：

1. 免费送货

对于购买大件商品或一次购买数量较多、自行携带又不太方便以及有特殊困难的顾客，

项目七 推销成交

企业若能提供送货上门服务可大大方便顾客，有利于顾客的购买。

2. 安装调试

对于如空调、热水器、电视机等商品，在初次使用的时候需要安装或调试，这样可以使顾客买着放心、用着舒心，购买成功欲望强烈，更坚定了购买此商品是明智选择的信念，也愿意将其介绍给其他顾客。

3. 包装服务

顾客购买商品有的是自用，有的是送人，根据顾客的要求，提供普通包装、礼品包装、组合包装、整件包装等服务，既为顾客提供了方便，满足了顾客的需要，又是一种重要的广告宣传手段。

4. 提供高于国家标准的"三包"售后服务

企业应根据商品的特点和条件，制定适宜的"三包"方法，如10年质保、终身维修等，真正为顾客提供方便，降低顾客的购物风险。

5. 妥善解决售后问题

顾客购买后，可能对推销品产生抱怨，觉得没有推销员介绍的那么完美，有吃亏上当受骗之感，甚至会出现退货、索赔等情况，对此推销员应予认真对待、妥善解决顾客投诉，消除顾客心中疑虑，为提高企业及自身信誉做努力。

【案例7.20】

一老人在某商场看中一台42英寸的液晶彩电，花了1 380元，说好厂家免费安装，可是安装工人在安装调试好电视机后，竟向顾客索要底座费200元，顾客感到受到了欺骗，于是就打电话到某电视台市民热线节目组。

节目组接到线索后，就带着老人一起到该商场专柜询问原因，推销员解释当时和老人说了电视机是不附带底座的，底座要另外付钱，对此老人矢口否认，记者也发现商场确实有标注，可是底座200元的字体非常小，顾客不仔细看很难发现，尤其对于60多岁的老年人更是吃力。商场经理出面后，最后同意免费给老人送底座，老人对此表示满意。

【案例解读】

老人对多出来的安装费肯定不满意，有种上当受骗之感，推销员当初介绍商品的时候也许说了底座要另外付费，但是毕竟面对的是老年人，应该着重强调下，同时商家为了促销特意将1 380元写得很大，而底座的钱200元写得很小，顾客误以为整台电视机只需1 380元。好在商场经理迅速化解顾客投诉，让顾客对商场还存在点好感，挽回一点信誉。

三、客户关系维护

（一）客户关系的含义

所谓客户关系是指推销人员为了不断获取新的订单或更大的销量，主动与现有顾客建立起的和谐联系。这种联系可以是单纯的买卖关系，也可能是通信联系，也可能是为顾客提供一种特殊的接触新产品的机会，还可能是为实现双方共赢而形成某种基于买卖合同的联盟关系。客户关系不仅可以为二次销售提供便利，节约推销成本，也可以为推销人员深入理解顾客的需求和双方交流信息提供机会。

　　顾客愿意购买商品，推销员应表示感谢，毕竟顾客认可了你的推荐，切不可无动于衷，因为顾客随时可以中断购物。推销成交后，推销员应积极主动地通过各种形式与顾客建立融洽的关系。

成语典故：无动于衷

（二）客户关系维护的意义

1. 了解顾客评价

　　顾客购买后有什么感受，产品质量如何，顾客是否会有新的需求，这些信息都可以通过联系顾客后获得，为企业开发新产品、在市场竞争中取胜提供真实数据。

2. 培养忠诚顾客

　　推销员的服务好不好顾客最清楚，推销员与顾客建立融洽的关系，可以让顾客感到被关怀，体会到"宾至如归"的感觉，从而建立长期的合作关系。

成语典故：宾至如归

【案例7.21】

嘘寒问暖背后的力度

　　吴贤是某保险公司的经理，他对投保的每一个客户经常微信关怀不断，公司有什么新的政策也及时宣传到位，公司有新险种宣讲聚餐活动经常邀约已经投保的客户参加，尽管被邀约者已经明确不想再购买新的保险了，他也劝道："您买不买没关系，反正就吃个饭，就当朋友聚聚聊聊天。"

　　架不住他的热情，王老师也参加了几次，本来王老师已经买过两份保险了，明确和对方说："我是不会再买什么保险了，每年交的保费也不少了，你要硬拉着我去吃饭也不买。"吃过几次饭以后，王老师也没见吴贤劝自己买保险，心里也挺温暖，觉得这个保险人真不像他所接触的其他保险人那样。两个人就当朋友一样交往，平时打打球，一起到健身房锻炼，关系也非常融洽。

　　某次酒会刚好赶上保险公司周年庆，有一款养老社区险种搞活动，坐在听众席的王老师听得很仔细，活动后还一直问吴贤该险种的细节及优惠力度，经过吴贤的耐心讲解，王老师购买了养老社区保险，每年交保费10万元。

【案例解读】

　　关系维护实际上就是编一张无形的网，经过不断的沟通联系，让顾客在潜移默化中再次感受企业新产品的好处，顾客主动购买就是对新产品需求的再次挖掘。如果吴贤不舍得花钱请王老师参加酒会，王老师肯定不会去接触新产品，也不会购买。

3. 扩大客户团队

　　顾客认同你的产品、认同你的服务，就愿意把你的产品介绍给周边的人，同时你也可以主动让顾客帮你推荐有可能购买的人，这样你的顾客就会越来越多。

成语典故：潜移默化

项目七　推销成交

221

4. 人脉就是钱脉

"笑迎八方客，生意必兴隆"，多个朋友多条路，认识的人越多，可能推销的产品就越多。

5. 利于后续推销

推销员肯定不希望顾客只做一次购买，必然希望购买者能继续光顾他的生意，希望个个都成为回头客。通过客户关系维护可以不断向对方提供新产品信息、新的促销方案，有助于后续销售。

（三）主动获取顾客联系方式

（1）通过信函、电话、走访、面谈、电子邮件、手机短信等形式。

（2）通过售后服务、上门维修等索要顾客电话、微信。

（3）在本公司的一些重大喜庆日子或举行优惠活动时，短信邀约顾客参加，现场扫码加微信群或微信好友。

（4）在国家法定假日或者传统节日到来之前，向顾客致以节日问候。

（5）顾客生日发短信祝福或微信小额红包，对有明确购买力的顾客还可以发放生日蛋糕卡（平台购买，发顾客电子提货验证码）。当然婚庆公司对于顾客的结婚纪念日也可发出祝福短信，让顾客感到温暖，才有可能为其介绍新顾客。

【案例7.22】

某公司的王明喜得贵子，通过泰康人寿公司的业务员小李为儿子购买了一份智慧宝贝的保险。由于小李专业知识很强，保险礼仪也规范，双方性格很投缘，彼此印象很好。

小李不像某些业务员那样，顾客购买保险后就不再登门、不再联络，而是仍然借着拜访其他顾客的机会，顺路去王明那寒暄，问问孩子胖没胖、妻子的奶水够不够，把从自己老婆那问来的经验告诉给王明，不管有用没用，反正王明一直觉得在这样的业务员那买保险一百个放心。

这天小李又顺便到王明那探访，正好赶上王明在包红包，原来大学同学生了个7斤重的女儿，今天摆满月酒，小李也替他同学感到高兴，于是也就顺着话说："王明，您对我服务满意吗？"

"当然满意了，有您这样的业务员，保户肯定放心。"王明微笑着说。

"那您愿意把您同学介绍给我吗？我相信您也愿意把保险的好处和他分享。"

王明："那肯定没问题，说不定他也要给女儿买保险呢，由您这么专业的保险人士给他介绍，他肯定高兴，那您记下他的号码137……马刚。"

就这样小李又成交了一份保险。

【案例解读】

顾客介绍顾客，即顾客的转介绍，这样介绍来的顾客出于对朋友的信任，因此对推销员也比较信任，购买也比较容易，但前提是让购买商品的顾客首先要认同你，这也就是为什么成交后要和顾客保持融洽关系的一个重要原因。

复习思考题

1. 如何理解维护客户关系的重要性？
2. 客户后续跟踪的意义是什么？

任务实施

【任务情境】

张海是一家工业用阀门、法兰、密封圈及密封剂的销售经理，他正在拜访某公司采购经理雷海龙，希望他能使用沱牌密封制品。双方讨论完产品的特色、优点、利益，张海也说明了公司的营销计划和业务开展计划，感觉到快大功告成了。以下是他们二人的推销对话：

张："让我来总结一下我们曾经谈到的。您说过您喜欢由于快速修理节省下来的钱，您也喜欢我们快速反应而节省的时间，最后一点我们的服务实行3年质保，是这样的吧？"

雷："是的，大概是这样吧。"

张："雷经理，我提议带一些人来这里修理这些阀门，您看是让我公司的技术员下周一来还是下周三来？"

雷："不用这么快吧！你们的密封产品到底可不可靠？"

张："雷经理，我们的产品非常可靠。去年，我们为很多大公司做了同样的服务，至今我们都没有任何纠纷，您听起来觉得可靠吗？"

雷："我想还行吧。"

张："我知道您做决策经验丰富、富有专业性，而且您也认同这是一个对你们公司正确的有益的服务，让我安排一些人来，您看是下周一还是……"

雷："别急张经理，我还是拿不定主意。"

张："一定有什么原因让您至今犹豫不决，您不介意我问吧？"

雷："我不能肯定这是否是一个正确的决策，风险太大，我吃不消。"

张："就是这件事让您拿不定主意吗？"

雷："是的。"

张："只有您对自己的决策充满自信，您才可能接受我们的服务，对吧？"

雷："可能是吧。"

张："雷经理，让我告诉您我们已经达成共识的地方。由于能够节省成本，您喜欢我们的在线修理服务；由于能得到及时的维修，您喜欢我们快捷的服务回应；而且您也喜欢我们训练有素的服务人员及对服务所做的担保，是这些吧？"

雷："没错。"

张："那什么时候着手这项工作呢？"

雷："张经理，计划看起来很不错，但我这个月没有钱，或许下个月我们才能做这项工作。"

张："这点不成问题，雷经理。我尊重您在时间上的选择。不过尽早处理对你们更有利才是啊。要不您看可否这样，您这月预算不足没关系，我们先签合同，您先付20%的定金，我派员工处理后，您对我们的服务满意了，下个月您再补齐尾款如何？如果是我们的维修让您不满意，我们分文不取。"

雷：(表情舒缓)"嗯，要是这样的话，还可以考虑考虑。那这样吧，你把合同先放这，我下午请示总经理后给你回复。"

张："好啊，没问题，您看雷经理这快到饭点了，赏脸一起吃个便饭吧，我看您柜子上有张跑马拉松的奖牌，我猜您一定跑过好多次马拉松了，不瞒您说您这张奖牌我也有。"

雷惊讶道："你也参加了？……饭先不吃了，改天我请你喝茶吧。"

……

下午3点。

雷："张经理，赶紧带合同过来吧，在我大力推荐下，总经理同意了。"

【实施目标】

1. 加深理解顾客成交的含义及购买信号。
2. 掌握促成交易的策略。
3. 灵活运用促成交易的方法。
4. 完善此案例，体会成交后续工作的意义。

【实施要求】

1. 组建任务小组，每组5~6人，选出组长。
2. 各组分角色分析情境，讨论表演流程，选择一人负责观察、指导。
3. 进行交叉打分，即选取小组表演后，其他小组各选派一名成员担任评委，负责点评。
4. 课代表要做好记录。

【任务考核】

1. 情境表演真实、合理2分。
2. 小组成员团队合作默契3分。
3. 角色表演到位4分。
4. 道具准备充分1分。
5. 满分10分。

知识点概要

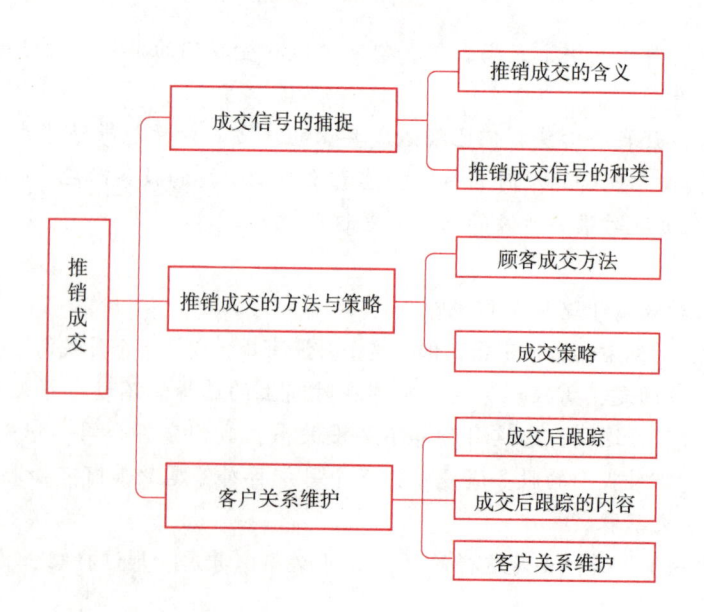

推销成交
- 成交信号的捕捉
  - 推销成交的含义
  - 推销成交信号的种类
- 推销成交的方法与策略
  - 顾客成交方法
  - 成交策略
- 客户关系维护
  - 成交后跟踪
  - 成交后跟踪的内容
  - 客户关系维护

※重要概念※

推销成交　　成交信号　　请求成交法　　假定成交法　　选择成交法
从众成交法　大点成交法　小点成交法　　最后成交法　　优惠成交法
保证成交法　试用成交法　总结利益成交法　销售追踪　　售后服务
客户关系

※重要理论※

1. 推销成交的意义。
2. 各种推销方法的优缺点及适用范围。
3. 推销跟踪的意义。
4 推销成交的策略。

※重要技能※

1. 使用各种推销方法促成交易。
2. 利用成交策略防止第三者搅局。

客观题自测

一、单选题

1. 推销人员利用局部或次要问题的成交来促成整体成交的一种方法是（　　）。
   A. 大点成交法　　B. 小点成交法　　C. 保证成交法　　D. 试用成交法
2. "大哥，买西瓜不？我这瓜很甜，不信你问这位大姐，她刚买了一个。"这是属于促成交易方法中的哪一种？（　　）
   A. 请求成交法　　B. 假定成交法　　C. 选择成交法　　D. 从众成交法
3. 下列不属于最后成交法的缺点的是（　　）。
   A. 浪费推销时间　　　　　　B. 容易导致推销失败
   C. 容易失去顾客信任　　　　D. 增加顾客的购买压力
4. "孙通，偷偷告诉你个好消息，我们单位今天处理一批电脑，比原价降低1 000多元呢，你赶紧订购吧，我只给你留了10台，抢购的人实在太多了。"属于下面哪一种？（　　）
   A. 假定成交法　　　　　　　B. 选择成交法
   C. 从众成交法　　　　　　　D. 请求成交法
5. 适用面广，对复杂产品更适用的方法是（　　）。
   A. 请求成交法　B. 大点成交法　C. 总结利益成交法　D. 试用成交法

二、多选题

1. 成交信号的种类有（　　）。
   A. 表情信号　　B. 语言信号　　C. 行为信号　　D. 自然行为
2. 常用的推销成交方法有（　　）。
   A. 直接请求成交法　B. 假定成交法　　C. 选择成交法　　D. 从众成交法
3. 顾客常见的成交信号有（　　）。

项目七　推销成交

225

A. 提出问题　　　　B. 征求别人意见　　　C. 拿起订货单　　　D. 仔细检查商品

4. 成交的策略有（　　）。

A. 保持积极的心态，培养正确成交意识

B. 提防第三者"搅局"

C. 因势利导，诱导顾客主动成交

D. 不放过任何一个成交机会

5. 推销人员应该具备哪些素质？（　　）。

A. 漠不关心　　　　B. 软心肠　　　　　C. 树立形象　　　　D. 协调人际关系

项目综合验收

【任务情境】

人物：推销员甲　推销员乙　推销员丙　顾客甲　顾客乙　顾客丙

地点：某儿童品牌服装专柜

剧情：快过年了，顾客甲和顾客乙说笑着走到专柜前要给孩子买套新衣服，推销员甲尝试着用某种成交方法促使二人顺利购买。几分钟后，顾客丙气呼呼地找到推销员乙，说昨天推荐给她的衣服，儿子刚穿上没多大一会就开线了，要求退货，还指责店里的衣服质量不好。

【任务实施】

1. 分别组建一支销售团队，每组5~6人，选出组长。

2. 每组集体讨论台词的撰写和加工过程，各安排一人做好拍摄任务。

3. 两组各选出3名成员作为顾客或推销人员的角色表演者，通过角色表演PK的形式来确定各组的输赢。

4. 其他销售团队各派出一名代表担任评委，并负责点评。

5. 教师做好验收点评，并提出待提高的地方。

6. 课代表做好点评记录并登记各组成员的成绩。

【任务验收】

综合验收考核表

考评指标	考核标准	分值（100）	考核成绩	权重/%
理论知识	基本概念清晰	15		40
	基本理论理解准确	25		
	了解推销前沿知识	20		
	基本理论系统、全面	40		
推销技能	分析条理性	15		40
	剧本设计可操作性	25		
	台词熟练度	10		
	表情自然，充满自信	10		
	推销节奏把握程度	40		

续表

考评指标	考核标准	分值（100）	考核成绩	权重/%
职业道德	团队分工与合作能力	30		20
	团队纪律	15		
	自我学习与管理能力	25		
	团队管理与创新能力	30		
	最终成绩			
	备注			

实战篇

项目八 推销实战

【知识目标】

1. 熟悉门店推销的流程。
2. 掌握电话推销的技巧。
3. 学会互联网推销的策略。

【能力目标】

1. 提高门店吸引顾客的能力。
2. 提高互联网推销的宣传能力。
3. 具备电话推销应变能力。

【思政目标】

1. 戒骄戒躁。
2. 开朗大方。
3. 热情不张扬。

【二十大精神融入】

推进文化自信自强,铸就社会主义文化新辉煌。

【任务解析】

```
                推销实战
        ┌─────────┼─────────┐
   门店推销策略   电话推销策略   互联网推销策略
```

任务一　门店推销策略

推销技术与策略

任务情境

任务情境

任务思考

1. 门店推销的流程是什么？
2. 顾客为何没有理会小张？
3. 你认为小张在接待顾客上存在什么问题？
4. 李姐为何当顾客面说彩电要调价了？
5. 顾客购买目的是否明确？你从哪儿看出来的？

任务学习

门店推销是指顾客主动进店，推销人员（导购员或营业员）采取积极的心态向顾客主动介绍、推荐商品，并引导顾客购买的推销活动过程。与其他推销活动相比，门店推销是推销人员"坐等"顾客上门，只有做好周到细致的服务，才有可能让顾客满意地满载而归。

一、门店推销的特点

门店推销是顾客主动到你家"串门"，你要热情地加以款待，把你家最好或对方最喜欢的商品呈现给他看，让他兴高采烈带走你的商品。一般来说门店推销有以下一些特点：

成语典故

兴高采烈：（xìng gāo cǎi liè）：原意是指文章旨趣高超，辞采峻切犀利；后多形容兴致勃勃、情绪热烈的样子。
出处：南朝梁·刘勰《文心雕龙·体性》："叔夜俊侠，故兴高而采烈。"
样例：清·刘鹗《老残游记二编》第七回："老残以为他一定乐从，所以说得十分兴高采烈。"

（一）主动性接近

在门店推销中，顾客慕名走进商圈、购物店，要么是看到门店的招牌、促销广告，要么是听人介绍而来，推销员做好礼貌待客即可。

(二) 有购买意识

有资料统计，主动进店的顾客中 90% 以上有一定的购买倾向，如有的顾客已对欲购商品做了充分的购买功课；有的顾客已有购买某类商品的需求，或者看到橱窗里模特穿的衣服被吸引，主动想试穿。

(三) 购买具有不确定性

虽然顾客产品需求明确，但是消费者也非常理性，在了解产品特征的同时也会考虑商品的优惠活动信息，做到货比三家，同时对企业或推销员的服务态度存在疑虑，买还是不买充满了不确定性。

(四) 冲动性购买

一部分顾客没有太明确的购买目标，但是容易受"打折""促销""大清仓"等信息诱惑，看到很多顾客抢购某种商品，原来并无购物打算也愿意积极抢购。

二、门店推销的种类

(一) 柜台售货

所谓柜台售货，是指推销人员将要出售的商品置放在玻璃柜台或身后的货架上，顾客看商品时需要推销人员帮助的售卖方式。

1. 特点

顾客与推销员有柜台相隔，顾客细看商品需由推销员将商品拿过来，顾客无法自取。一般为单位价值相对较高的商品。

2. 优点

商品有专人看管，可最大程度保护商品的安全，避免货物丢失或损坏现象的发生，如金银首饰、手机等。其次，如有需要推销员可给予必要的解说。

3. 商战实例

黄金饰品专柜、手机专柜、化妆品专柜等。

4. 推销策略

柜台售货推销人员要面带微笑，为顾客提供热情、周到、细致的服务，积极主动招揽顾客，准确识别顾客的购买信号，做到迅速成交。

(二) 超市售货

超市售货，是指顾客自由进入超市，随心所欲地查看、挑选摆放在货架上的商品，根据自己的需求意愿而购买的一种售卖方式。

1. 特点

顾客可以随意触摸翻看自己喜欢的商品；推销员（导购）与顾客可以近距离接触；商品单位价值相对较低；有防盗消磁码，超市一般都有监控，大型超市可能还会设置防损员；出口一般有人工收银通道，个别大型超市引入自助扫码结算。

2. 优点

商品种类相对比较齐全，顾客购买自主空间较大。

3. 商战实例

沃尔玛超市、大润发超市、世纪联华超市等。

4. 推销策略

推销员适度推销，即问即答避免跟踪式服务。与柜台售货相比，推销人员可自由走到顾客身边进行大力促销，但是不应采取跟踪式服务，只有当顾客有疑问或主动寻求帮助时，推销人员方可上前，耐心解答再顺便推荐。如："你说的这个雪糕价格在这里，标价是3元，非常好吃，购买的人很多的。"超市售货顾客最反感的是围追堵截式推销，好几个推销人员围在顾客周围拼命推荐自己的商品，弄得顾客耳朵嗡嗡的，早就失去购物的乐趣。

（三）展会售货

展会售货，是指通过参加展销会的形式，将产品集中售卖的方式。

1. 特点

展销会一般主办方都会提前做大量的广告，会吸引大量的人气，相对销量会很大。

2. 优点

顾客络绎不绝，场面相对比较热闹，主题产品种类繁多。

3. 商场实例

食品博览会，糖酒世博会、新春年货会等。

4. 推销策略

推销人员经过选拔或培训，熟悉商品知识，耐心细致地解答顾客疑问，打优惠牌进行促销，对到摊位前的顾客主动搭讪，如果食品设置试吃，可为顾客配干净的牙签。

（四）拍卖售货

拍卖售货一般仿效古董拍卖的形式在大型商城、超市门前人员较多的地方，进行集合竞价拍卖，出价最高者买走商品。

1. 特点

拍卖品起拍价低，1元起拍，成交价一般都低于商场零售价，利用顾客图实惠的心理借以以烘托人气，为商场、超市节假日促销做"引流"。

2. 优点

顾客可随意参与，有时候会以相对较低的价格买到商品。

3. 商场实例

商场促销要做势，如丽水中都百货广场拍卖促销、丽水小转盘家电商场国庆节的拍卖促销。

4. 推销策略

推销人员要能带动现场气氛，吸引更多的顾客光临商城，运用喊价技巧，使消费者愿意参与叫价，摊薄商品的成本。

（五）餐饮堂食

1. 特点

餐饮类推销，以菜系特点、门脸招牌吸引顾客（食客）光顾、就餐。

2. 优点

顾客被招牌吸引，可以自主选择菜品，丰俭由人。

3. 商场实例

外婆家、全聚德烤鸭店等。

4. 推销策略

设定好看家菜便于积攒顾客口碑；顾客多需等候，可以配备一些茶水、饼干、水果等零食，也可以提供一些牌类小游戏；鼓励顾客充值予以优惠；每天一道特价菜便于促销；满点有送（如消费满 200 元送一盘五香花生米等）。理发店、甜品店等都适用于此类推销。

三、门店推销的流程

（一）笑脸迎客

门店推销看似简单其实也并非易事，导购员、推销员要对进入店内的每一名顾客露出真诚的笑脸，做到来有呼声："欢迎光临""耐克专柜，新品八折"。

（二）捕捉信号

进入门店的顾客购买需求也千差万别，因此推销人员就要掌握察言观色的技能，及时找出真正购买者，而对于暂时没有购买目标或购买目标不明确的顾客也要热诚相待，任其随意浏览、触摸商品，待顾客神情比较关注或长时间停留在某商品上时，要积极做好宣传推荐。对于有明确购买目标的顾客，一旦出现购买信号要果断促其下单。

（三）热情服务

推销员要热情为顾客提供服务，做到百问不厌，用一两句话委婉探明顾客需求，视顾客如亲人，让顾客如沐春风。

（四）刺激需求

当推销人员明了顾客的需求后，为避免顾客"挑花眼"，可利用二择一法则有针对性地推荐价格档次不同或款式功能不同的两件商品，让顾客通过操作、触摸商品进一步验证商品符合其需求，产生购买欲望。

（五）巧促交易

用积极的话语、鼓励的眼神充分使用成交方法引导顾客促成交易，让顾客觉得物有所值，此商品不买肯定后悔，恰当催单："那我去库房给您拿双新的。""我就给您开票了，现在刚好收银处排队人不多，再过一会儿交款的人就非常多了。"

（六）双手递物

推销员收取钱款或售货单确认无误后，将核对好的商品进行包装或装袋，双手递给顾客，并温馨提示顾客做好检查，重点查看商品的货号、尺码、样式以及有无破损、油污、跳线等问题。顾客离去时候推销员应随声"感谢惠顾，欢迎下次光临"。

四、门店推销技巧

门店顾客按照购买目标清晰与否可分为三种类型：购买目标明确的顾客；购买目标模糊的顾客；没有购买目标的顾客。营业员要提高推销效率，就需要准确判断和接待不同类型的顾客，针对不同顾客应该使用不同的推销技巧。

（一）目标明确

1. 特点

顾客已经确定到底要买什么样的产品，已经充分做好商品比价工作。

2. 表象

直奔产品销售区域，直接询问选定产品。

3. 实战对策

推销人员不要再过度热情地推荐其他类似商品，在顾客提出要求帮助后，应及时传递商品信息，强调商品的优点，增强顾客购买信心，要不断说出鼓励、肯定的话语并"顺带"推荐相关配套产品。

4. 实战例句

"嗯，这个卖得可火了，您太会买东西了。"

"您选的商品是我们这里最畅销的商品，很多顾客都买它。"

（二）目标模糊

1. 特点

顾客有购买动机，但脑海中只有产品轮廓，对购买的品牌不清楚、选什么款式拿不定主意，对价格也说不准，想买又不确定一定要买。他们进门店的目的在于寻找是否有更合适的商品。

2. 表象

顾客走进销售区域，反复对比类似产品，眼睛又有意无意地瞄向其他区域，迟迟不下单。

3. 实战策略

推销员不要过早打扰顾客，要在顾客做出比较分析后再帮其"参谋"，淘汰不合适的，留下最恰当的，适时提出请求成交。

成语典故：
有意无意

4. 实战例句

"先生，我看这件淡蓝色衣服更适合您，您穿上它显得年轻多了。"

"这台电饭煲是最新款，买的人很多，做饭特别香，您看看。"

（三）没有目标

1. 特点

顾客单纯为打发时间，期望"捡漏"，属于冲动性购买。

2. 表象

目光比较懒散，视线不聚焦，面无表情，步履缓慢，走走停停，东看看西瞅瞅，这摸摸那碰碰。

3. 实战策略

推销员不必主动上前推荐，而是面向大众高声吆喝，借以吸引他们注意，人越多喊的声音越大、频率越勤；凸显优惠力度，趁其他顾客砍价时也捎带问下这样的顾客，问他要不要一起享受优惠。

4. 实战例句

"现在是商城搞促销活动，全场打 7 折，明天就恢复原价了，快来买了。"

"熟食清空，打折了，打折了。"

【案例8.1】

一位老人和一对年轻男女一起走进了家具商城，转了一圈后看中了一套组合沙发。售货员看他们衣着比较简朴，就断定他们不像买得起高档家具的人，态度比较冷淡地问："你们要买这套沙发吗？"

"哦，我们随便看看。"

"你小心点，那套沙发很贵的，要3万元呢，你没看上面写的字吗？'贵重商品，非买勿碰'。"嘴里还小声嘟囔，"一看就不是有钱人。"

年轻的男子刚想大声说什么，脸色涨红的老人制止了他，并且很鄙夷地看了一眼售货员："走，那家也有这样的沙发。"

售货员恨不得像赶苍蝇那样，注视着他们离开自己的摊位。可接下来的事情，让他后悔死了，原来这3个人来到对面的家具摊位，不光买了同款沙发，还一下子购买了价值5万元的商品。

【案例解读】

进入门店都是客，你没办法区分出哪个是真正的买货人，即使他是随便看看，没打算购买商品，但推销员的耐心服务也许就会触及他的购物神经，实现购买。以貌取人是推销员的大忌，有人虽然没揣现金，但是也许揣着很多信用卡呢！有的人穿着虽然简朴，没准购买商品却是"大手笔"。

五、门店推销的策略

（一）缩短单次成交时间

尽管每天营业时间是固定的，但提高单次推销效率，就可以创造更多的营业额。

营业员要随时了解顾客的心理变化，通过观察、询问摸准顾客的购买需求，提高说服技巧，尽量让顾客短时间内成交，提高交易达成率。

（二）提高应对多个顾客的能力

店里顾客不多的时候，推销员可应付自如，一旦进入购物高峰期，多个顾客千挑万选时，推销员要有条不紊，提高应对多个顾客的能力。推销员要做到不慌不乱，多点开花，面面俱到，用话语温暖每一个顾客："好的先生，马上给您拿（微笑着面向男顾客）"；"大姐您稍等，您先看看其他的，我开好票就给您从库里取（微笑着面向女顾客）"；"欢迎光临（微笑着面向刚进门的顾客）。"

成语典故：应付自如　　　　成语典故：有条不紊

（三）做好"开张"工作

门店开张也称为首单，销售图个吉利、好兆头，首单顺利，营业员心情必然充满喜悦，

项目八　推销实战

遇到诚心买的顾客报价偏低、还价有诚意，可以适当让利给顾客一点，尽可能促使顾客顺利购买。

（四）唱收唱付

如门店无专职收银员，顾客现金结账时，营业员应该唱收唱付，而不是默默地收款，如："先生一共消费158元，收您200元，应找您42元，请核对下金额。"钱款当面两清，唱收唱付的好处是避免出现不必要的麻烦。

（五）促成尾张成功

所谓尾张即门店在打烊前几分钟有顾客前来购买。营业员要边整理商品边招呼顾客，但凡超过成本有微薄利润的都可以成交（紧俏、不愁卖的商品除外），如顾客给价过低无法成交，也不要出口伤人，而要委婉地说："抱歉，这价格我实在卖不了，您可以去别家转转，没合适的您再找我。"

【案例8.2】

离商场打烊还有一刻钟的时候，一顾客走到李敏的摊位旁，看中了一条裤子，李敏热情地招呼顾客："妹妹，喜欢就试一下，快下班了，给你优惠点，开个晚张，图个顺利。"

顾客试了后，觉得还不错，就希望她再便宜点。

"小妹妹，这个我真的不赚钱的，我就是图个顺当，你看标价180元，我才120元给你的，这裤子光进货价就要110元了，再去掉运费、摊位费，就没什么赚头了。"

顾客还是犹豫，想买又不想买。

"算了，妹妹，就当姐姐白帮你带一件吧，你给110元好了，连运费我都不要了。"

"别110元了，100元我就要了。"

双方最后很高兴地成交了。

【案例解读】

做生意搞推销也要注意时间管理，因为临近商场打烊，顾客也没有多余时间选择，同样当天你不会没有其他顾客再来光顾，因此本着见利就走的原则，这条裤子今天能赚5元，也比明天可能赚30元要好，因为5元是现实的，你清清楚楚放在钱箱里的，而明天的30元只是一种可能性，能否实现还不一定。

复习思考题

1. 根据顾客方格理论，对于不同类型的顾客，营业员应怎样处理？
2. 门店推销应注意哪些细节问题？

任务实施

【任务情境】

女顾客打算买一件体面的结婚典礼时穿的衣服，重视款式、颜色，而准婆婆只关注价格，希望能省点钱。

人物：售货员小张、买衣服的女顾客（22岁左右）、女顾客的准婆婆（50岁左右）、

间隔2分钟进店的35岁左右的女顾客、间隔10分钟进店的60岁的大妈

场景：某商场的礼服专卖店

要求：1. 根据情境及人物，帮其选购适合彼此的衣服，尽量让双方都满意。

2. 高峰期应对多名顾客的能力，如何周到地招呼各位顾客。

【实施目标】

1. 加深理解推销员门店推销的技巧和方法。
2. 进一步熟悉门店推销的准备工作的内容。
3. 门店推销策略具体演练。

【实施要求】

1. 组建任务小组，每组5~6人，选出组长。
2. 各组分角色分析情境，讨论表演流程，选择一人负责观察、指导。
3. 进行交叉打分，即选取小组表演后，其他小组各选派一名成员担任评委，负责点评。
4. 课代表要做好记录。

【任务考核】

1. 情境表演真实、合理2分。
2. 小组成员团队合作默契3分。
3. 角色表演到位4分。
4. 道具准备充分1分。
5. 满分10分。

项目八 推销实战

任务二　电话推销策略

> 任务情境

[二维码] 任务情境

> 任务思考

1. 打电话需要礼仪吗？
2. 张海通过什么途径找到客户的？
3. 刘欢明明说好不买保险了，张海如何说服他的？
4. 你觉得电话推销需要技巧吗？

> 任务学习

一、电话推销技巧

电话推销是推销人员通过电话向目标顾客介绍产品或推荐服务，以达到获取订单、实现销售的目的。电话推销也需要技巧，给客户留下好的印象是电话推销成功的前提。

（一）接听电话礼仪

1. 铃响两声

当座机铃响后不要忙着接电话，要给对方一个缓冲，铃响两声后迅速拿起电话，若忙于手头工作铃响超过三声，需向对方致歉："抱歉，让您久等了。"一定要给对方留下好印象。接听手机电话，手机铃响大约5秒钟后接听比较适宜。

【案例8.3】

张明看到某汽车4S店的广告，说新款汽车现在预订可以享受减免7 000元的费用，于是就按照广告上的号码拨了出去，电话拨出后，铃响了4声，还是没人接听，由于办公室里突然来了客人，张明只好作罢，最后张明再没拨打那个4S店的电话。

【案例解读】

电话推销中当顾客主动送上门来时，能否在合适的时间接待好顾客，对成交与否特别关键，因为电话不能面对面沟通，顾客打电话的时候也不知道接线员正忙，当铃响几声后，顾客就以为没人值守，购买产品的热情也就消退了。

2. 自报家门

(1) 直拨电话，即你是第一个接起电话的人，应先问候对方，然后报出公司名称或所属部门名称："您好！××公司销售部。"

(2) 前台接转到你们部门的电话，即话机是部门员工公用的，应先问候对方，报出所属部门名称和自己的名字："您好，销售部张楠。"

(3) 前台接转到自己专用电话机上，可以直接报出自己的名字："您好！张楠。您哪位？"

【案例8.4】

李海明是一家医院的办公室主任，他们医院根据上级通知要印刷一些宣传彩页，要求A4纸双面套色印刷，并在医院大厅醒目的位置贴出了招标信息，因此每天都能接到很多广告公司的推销电话。有一天，他接到了这样的推销电话："您好，李主任，我听说你们印刷宣传彩页，我公司的报价是A4纸双面套色每张0.37元。"李海明拿笔记录后，刚要询问对方是哪家单位时，对方的电话却出现了忙音。招标日期到了，李海明发现报价0.37元的是最低价，可是他却没办法联系到上次打电话的人，最后报价0.42元的公司中标了。

【案例解读】

推销员拨打电话的时候，首先要大声"推销"自己，只有让对方知道你出自何门，叫什么名字，顾客才能对你有印象。虽然推销产品是最主要的，但是缺乏次要话语做陪衬，怎么能凸显哪里是最主要的呢？顾客对产品感兴趣，又怎么能找到你呢？所以"做好事"也要先"留名"。

（二）拨打电话礼仪

1. 自我介绍

拨打电话时应首先问候对方，再自报家门。拨打陌生人电话时："您好！我是××公司的张楠。"如果是熟悉的顾客，应简单："您好，×先生，我是张楠。"

2. 简述目的

自报家门后，应用非常简洁的语言说明你打电话的意图，如新品促销、顾客回访等，不可漫无目的地寒暄。

3. 掌控时间

通电话时间不宜过长，一般控制在5分钟左右，若需要占用较长时间，询问对方是否方便或另商时间。

4. 先拨座机

联络对方应先拨打顾客办公电话，若无人接听再打顾客手机。

5. 致谢传话人

当电话接通当事人不在，应礼貌地恳求转接："麻烦您，请帮我找下××好吗？谢谢！""哦，他不在啊，那他回来能让他给我回个电话吗？我的电话是15925726428，谢谢！""他一小时以后回来吗？那好，我过一会儿再打，谢谢您了。"

项目八 推销实战

241

【案例8.5】

郁闷的电话

李小璐在办公室正在给领导写发言稿，突然电话铃响了。铃响两声后，李小璐拿起电话："您好，圣洁公司，您是哪里？"

"我找办公室的马天翔。"

"对不起，他不在。"

"他咋不在呢，你骗人吧？我明明看他进了公司，你去喊一下。"

"他真的不在，你让我去哪喊？要不你过会儿再打来。"

"不行，我有急事的，你去走廊帮我喊下。"

"抱歉，办公场所禁止大声喧哗，再见。"一脸郁闷的表情。

"你……"

【案例解读】

拨打电话找顾客的时候，碰巧顾客不在，推销员应非常礼貌地对接线员表示感谢，或让其带话或让其转告。你态度和蔼、电话礼仪规范，接线员就会对你产生好感，也愿意为你效劳，相反你若不尊重对方，对方也同样不尊重你。一旦得罪了接线员，他不但不帮你，而且还会成为你推销路上的绊脚石。

（三）拨错电话

1. 自己错拨

应主动致歉，说明缘由："抱歉，我看错号码了，打搅您了，再见！"

2. 对方错拨

应先报家门，顺带推销自己："抱歉，您打错了，我是××公司小张，买××产品可以找我，再见。"

（四）结束通话

1. 话别

待人有礼貌，拨打电话也要有礼貌地结束通话。

2. 致谢

若是顾客首次咨询，应表示感谢，欢迎下次再打来电话；若是推销员主动拨打的电话，可感谢顾客接受你的询问。

3. 寒暄

对熟悉的顾客，要稍微寒暄几句："多保重身体。""天冷多加衣。""等您好消息。"对其他顾客可以说"祝您心情愉快"等。

4. 挂机

使用座机应等顾客先挂机；若顾客没有及时挂机，可默数三下，轻轻放好座机听筒。如果用手机待客人挂断后按停止键。

(四) 借助声音的感染力

电话沟通的时候，语言传递只占50%，其余的都要通过声音传递，运用富有感染力的声音，更有利于电话沟通。

1. 坐姿端正

提高声音感染力的第一个基本要求就是将你的微笑传递给顾客，电话推销虽然推销人员与顾客互相看不到，但说话人的语气和态度是可以通过声音并传到对方耳中的，如果推销人员心中有怒火，说话必然嗓门高，就会让顾客反感。电话推销人员应坐姿端正，面带微笑拨打电话，声音爽朗自然，让接听者心情愉悦。

2. 语速适中

（1）忌语速快。如果推销人员语速过快，顾客会听不清楚推销人员讲的是什么，也会让顾客认为推销员比较毛躁、不成熟、不自信。

（2）忌语速缓。如果语速太慢，往往又会使顾客觉得推销员反应迟钝、缺乏热情。

3. 语气平稳

电话推销人员与顾客电话沟通时，语气应不卑不亢，尽量用谦词，用"您"代替"你"，说话要婉转，显得谦虚有度。

4. 掷地有声

讲话铿锵有力，掷地有声，会让顾客觉得你很专业，敬佩之心油然而生，更愿意和你交流。

成语典故

掷地有声（zhì dì yǒu shēng）：比喻文章文辞优美，语言铿锵有力，现也形容落实力度大。

出处：南朝宋·刘义庆《世说新语·文学》："孙兴公作《天台赋》成，以示范荣期云：'卿试掷地，要作金石声。'"

样例：清·李汝珍《镜花缘》第八十一回："斩钉截铁，字字雪亮，此等灯谜，可谓掷地有声了。"

二、电话推销的应用

电话推销的最大好处就是足不出户就可以联系到全国乃至全球的顾客，为后续拜访打下扎实的基础。

（一）电话推销的优缺点

1. 优点

（1）降低成本。电话推销只需一部座机和一些电话号码资料就可以联系顾客，成为当今比较省钱的一种推销方式，电话推销者无须把时间浪费在路上，也节省了出差住宿费用，最大限度地降低了推销成本。

（2）打破地域。电话推销没有地理界线，只要通电话的地方，都可以成为推销员推销的"战场"。

（3）缓解压力。由于不需要双方面对面交流，因此推销员无须承受顾客当面训斥、拒绝的压力。

（4）高效快捷。与信函、电报、传真等文字沟通方式相比，电话沟通属于双向沟通。通过电话交流推销员可快速判断对方对产品有无需求或有多大的购买可能性，为后续跟踪随访做好铺垫。

（5）避免干扰。推销人员讲解到位，顾客有需求，双方就可以在短时间内达成成交意向。同时电话推销属于主动推销，通过一问一答的方式，便于推销信息的传递，交谈双方不受第三人打搅，沟通质量较高。

2. 缺点

（1）易被中断。因为电话推销没办法甄别顾客是否方便接电话，因此顾客接到推销电话时，常常刚听明来意，就以不需要、没用过等借口挂掉电话，或者正逢对方有客人来访等原因，终止交谈。

（2）缺乏感染力。"耳听为虚，眼见为实"，顾客无法对推销品和服务有更直观的认识，缺乏视觉冲击力，从而降低了信息的感染力。

（3）语言障碍。不同地区语言习惯有很大差异，可能会导致交流困难，个别地区的顾客更习惯使用方言，也在某种程度上影响了推销的效果。

（4）可信度差。受"电信诈骗""广告轰炸"等不良社会现象影响，顾客往往对电话推销比较反感，一接听就挂也很常见。

三、收集号码的路径

电话推销需要找到接受电话的顾客，因此推销员要通过各种渠道挖掘顾客名单及资料。

（一）电话黄页

通过电信公司的电话黄页，可以查询到产品受众的单位及单位负责人的电话。

（二）网络查询

网络是个连接推销员和顾客的纽带，通过互联网查询，很容易找到顾客的全部信息，通过搜索引擎，可以获得更多的行业相关信息。

3. 汇编资料

各种行业协会、有关部门的统计资料里会包含很多商家信息。

4. 会议索取

各种形式的会议，比如展销会、博览会、研讨会、交流会，甚至同学会、朋友聚会等，都是获得准顾客资料的一种有效方式。

5. 索取名片

在各种场合索取名片，也是收集顾客电话的一种好方式。

6. 报纸杂志

各大报纸、杂志上也会包含很多公司信息，如开业信息、搬迁信息、招聘信息等，一般信息里都有公司的电话号码。

7. 关系网络

通过各种关系，如同学关系、同事关系、亲戚关系，也可以拓展顾客群。

8. 顾客推荐

通过向顾客索要有类似需求的人的电话。

9. 购买

网络上有专门从事收集客户信息的商家，只需付费就可以获取很多人的电话号码。一些售楼处、育婴所、汽车 4S 店等，也可以获取客户电话信息。

四、电话推销"敲门"的技巧

所谓电话推销"敲门"，即打开顾客的心门，通过简短话语牢牢抓住顾客的心，让顾客愿意听下去。

（一）巧设开场白

顾客接到一个陌生的推销电话，本能感到反感，如果推销人员不能开口就给顾客一个愿意接电话的理由，必然遭到拒绝。因此要想推销成功就要巧妙设计一个精彩的开场白，电话推销常用的开场白如下：

1. 雪中送炭

推销人员提供的产品可以恰好满足顾客的某种需要或急需解决的大难题，带给顾客一定的利益，让顾客认为"雪中送炭"，那么顾客非常愿意接受电话推销。如："孙经理您好，我是中国移动的小范，我们新推出的移动座机服务，可以帮贵公司减少40%的电话费用，您愿意使用吗？"

成语典故：雪中送炭

2. 勾起好奇心

电话推销人员巧妙利用顾客的好奇心，让顾客迫不及待地想听下文。顾客总是拒绝或不耐烦接你电话时，可以用勾起好奇心的方式，牢牢吸引住他。"哦，您没空啊，本来打算给您一个免费出国旅游的机会，唉，真可惜。""欸，等一下，什么免费出国？"

3. 请教问题

电话推销也要投其所好，向顾客求教他引为自豪的经验，让顾客很有面子，愿意将电话推销继续下去。如："您好，孙总，我是移动公司的范美丽，都说您是数据传感器方面的资深专家，可以向您请教一个问题吗？很多人都不清楚。"

4. 借用熟人

对于熟人推荐的电话推销员，顾客一般都会给面子，愿意接听电话。如："您好，李慧珠小姐，我是移动公司的范美丽，是您朋友李秀贤建议我给您打电话的，您现在接电话方便吗？"

5. 巧施压力

电话推销人员对顾客施加压力的时候，反而会使顾客更愿意接受电话推销。"您好，李经理，你们公司的产品有很严重的质量问题。""马经理，我发现你们公司网站一直打不开啊。"但是这种方法一定要情况属实，不可凭空捏造。

（二）找准决策人的策略

推销人员初次打电话给顾客时，往往由于不知道具体决策人是谁，很容易被前台拦截："您好，东方公司，请问您找谁？""我找你们采购部经理。""您有什么事情？是否有预约？抱歉我们谢绝一切推销，再见。"公司安排前台接待员的职责之一就是过滤推销电话，一般几句话就使推销人员露馅了，导致推销无效。

前台接待员在判断是否需要转接时常用的话语是:"你是谁?""你找谁?""你有什么事情?"因此这就需要电话推销员采取策略,避免拦截,从而顺利地接通决策人物的电话。

1. 个人私事

当前台询问"你找他何事"时,推销人员可巧妙回答说:"不好意思,这是我们之间的私事,他不让我说。"或者:"是他让我上午10点回电话给他的,我也不知道什么事情。"这样的电话通常会被直接转到决策人那里。

2. 亲戚朋友

让前台误以为是决策者的熟人、朋友、亲戚,电话也会被快速转到决策人那里。如:"您好,帮我找下赵瑞,我是他表弟。""喂,我找志强,家里有急事。"注意在每一次沟通中都表现出诚意与感谢,会使前台接待更愿意主动地帮助你。

3. 打给领导

当推销员收集到的资料不全的时候,无法判断具体的负责人,可以按顾客资料把电话打到决策人的上一级领导那里。相对而言,高层领导一般业务不熟,但态度比较和善,一般会告诉电话推销员直接找××联系,再把电话转到接线员那儿,电话就会比较顺利地被转到决策人那里。"哦,那你应该找市场部的方敏,我让前台接待帮你转过去。"

4. 拉拢前台

可以以打错电话的方式和接线员多聊几句,增加对方的好感,顺便问一下你想知道的信息,她会在不知情的情况下透露给你。

【案例8.6】

寒暄后的收获

张强是某进出口设备的销售员,他听说本市中大公司近期要采购一批设备,可是不知道采购经理的名字,于是他灵机一动把电话打到前台,希望能有所收获。

"您好,中大公司,请问您要转哪个部门?"

"您好,我找下办公室的李小鸥。"

"我们办公室没有这个人。"

"哦,那她可能还没去你们单位报到吧,小姐您说话声音真好听,一猜就是个漂亮妹妹。"

"呵呵。您真会说话。"

"别谦虚了,前台工作可不是一般人能做的,等李小鸥到你们那上班,我去找她的时候一定能看到您的。听您的口音好像不是本地人,本地人说话没这么好听。"

"我是山西的。"

"哦,我说呢,我大学寝室一个室友也是山西的,口音和您很像,他人可好了,看来山西个个都是好人啊。好像山西人爱吃陈醋是吧?"

"嗯,那是我们的特产,您也喜欢?"

"嗯,受他的影响,我也喜欢陈醋了,对了还不知道您怎么称呼呢,我叫张强。"

"叫我李丽吧。"

"我听说你们采购部人不多,我有个师弟还想进你们采购部,不知道有戏没戏?"

"那真的很难,采购部的经理马天明这几年一个人都不要,听说要把他小舅子调进来呢。"

"嗯,好的,不耽误您工作了,认识您很高兴,等李小鸥上班的时候,我一定顺便去拜访您,那到时候见。"

……

【案例解读】

找不到关键人物没关系,我们可以和前台兜圈子、套近乎,问者有意,听者无心,就会获得你要的信息,当然还可以使用迂回战术,电话打到办公室、财务部、销售部都能问到采购部经理的个人信息,毕竟相关部门的人没前台那么经验丰富,发下善心做个好事,就成全了你。

五、电话推销的策略

电话推销一般只是约访的前期工作,毕竟买卖双方不能面对面沟通,也无法让顾客感到商品的切实利益,因此在使用中要注意以下几个细节:

(一) 不可耗时

电话推销因为顾客看不到产品,只能给顾客一个大致的概念,当顾客有针对性地选择购买的时候,可再通过上门拜访的方式,给顾客提供样品及产品报价单,因此在电话中长时间沟通并不能解决实质问题。

(二) 避免赘话

一些非必要的信息,尽量不要让顾客做无意义的重复,那样会造成顾客的反感。如:"您的联系地址可以再说下吗?""您的手机号是多少?刚才我没记全。"这样会让顾客失去好感,觉得你在浪费他的时间。因此要做到训练有素,信息记全,打电话时候手上要有笔,随时记录信息,能配备录音电话、录音笔更好。

【案例8.7】

张强是某公司的老总,他的外甥马华通过他的关系,认识了某大公司的采购部经理李响,双方饭局上见面后,张明帮他们搭上线,李响也很给张明面子,答应在合适的机会照顾马华的生意。可是一次电话就全搞砸了。

马华和李响电话沟通开始非常流畅,双方已大致敲定采购的事项,但是接下来的事情让李响感到特别"头疼"。

"好的,李经理,那我们就这么说定了,您能把您公司地址再说下吗?我刚才没记住。"

"凤庆区浏阳路784号。"

"七百多少号?"

"784号。"

"还有你们公司的钱,货到就能打款吧?"

"能。"李响心里想：我们这么大的公司，你还问这话？

"还有……"

"对不起，我现在正忙。"李响断然挂了电话。

【案例解读】

"肉"到嘴边了，却最后掉在地上了。电话推销中最忌讳的就是无关紧要的事情消磨顾客的耐心，对这种低级的错误，推销员一定要避免。

（三）占据主动

电话推销被拒绝的可能性很大，很多电话推销没等开口就被拒绝了，这就要求推销员要占据主动权，要在最短的时间内把自己打电话的理由说出来。如："哦，您在开会，我就说一句话，10秒钟就够。""好，你说……"

（四）保持联络

"重复是最好的记忆方式"，电话推销不可能一次成交，要根据交谈节奏适时跟进，慢慢引导顾客提高理性认识，多次电话沟通后，顾客对产品的印象就会加深，时机成熟后就可能实现交易。当产品送达顾客后，推销人员更应及时与顾客沟通，询问产品的使用效果，对顾客关怀越多，顾客就越信赖推销员，一方面可以为下次推销做好铺垫，另一方面也利于顾客为自己介绍新客户。推销人员利用电话保持联络要注意松弛有度，不要引起顾客反感。

复习思考题

1. 在电话沟通中如何运用声音的感染力？
2. 电话推销时应注意哪些礼仪细节？
3. 电话推销的流程是什么？

任务实施

【任务情境】

推销员：早上好！请找一下李处长。

接线员：哪个李处长？男的还是女的？我们公司有4个李处长呢。

推销员：请问哪一位负责办公室采购？

接线员：李勇，我给你转过去。

推销员：谢谢！

推销员：您好！是李处长吗？我是迅达公司的李斌，我能和您约个时间见面吗？

李处长：你是哪里的？找我有什么事吗？

推销员：您一定听说过迅达公司吧？我们为客户提供全国范围的快递服务，确保48小时内迅速到达。

李处长：飞马公司一直在与我们合作，处理这类事务。

推销员：我们能保证最低的价格。

李处长：你们的价格是多少？

推销员：每公斤12元。

李处长：飞马公司的价格比你们便宜多了。
推销员：真的吗？我们价格还可以再合计。
李处长：不好意思啊，我们今年不打算做什么变动，明年再说吧，我还有事，再见！

【实施目标】

1. 找出案例中打电话有失礼仪之处并改正，帮其重新设计。
2. 加深理解推销电话的技巧。
2. 进一步理解电话推销的策略。

【实施要求】

1. 组建任务小组，每组 5~6 人，选出组长。
2. 各组分角色分析情境，讨论表演流程，选择一人负责观察、指导。
3. 进行交叉打分，即选取小组表演后，其他小组各选派一名成员担任评委，负责点评。
4. 课代表要做好记录。

【任务考核】

1. 修正错误 1 分。
2. 情境表演真实、合理 2 分。
3. 小组成员团队合作默契 2 分。
4. 角色表演到位 4 分。
5. 道具准备充分 1 分。
6. 满分 10 分。

任务三　互联网推销策略

任务情境

任务情境

任务思考

1. 请描述什么是互联网推销，它包含哪些种类，请至少描绘 3 种。
2. 你了解什么是网红经济吗？你觉得如何才能做好一个网红呢？
3. 请说出你所了解的网红，并总结做一个网红需要具有什么样的内力。

任务学习

注：限于篇幅原因本书仅从推销员个人（微商）角度出发研究互联网推销，而企业的互联网推销本书不涉及。

一、互联网推销的概念及主要特点

（一）概念

互联网推销是指依托互联网信息技术和社交媒体功能向潜在顾客推荐产品或服务，通过技术手段刺激并满足顾客需求，实现产品销售的各种推销行为。

（二）主要特点

1. 无界限性

互联网能够跨越时间约束和地域限制自由地进行信息交换，使得推销没有任何时空界限，分秒间就可以完成交易，推销员有了更多时间和更广的空间进行推销，一年 365 天，推销信息都可以无界限地、不间断地向顾客传递。

2. 富媒体

推销员可以借助互联网特有技术灵活切换文字、声音、图像、视频等各种多媒体，向潜在顾客传递产品信息，为达成交易进行的信息交换能以多种形式呈现，能充分发挥、挖掘推销人员的创造力和能动性。

3. 互应性

推销员通过互联网技术手段向潜在顾客展示商品图像、目录，向他们提供商品信息资料库方便相关信息查询，为实现交易进行互动沟通。一方面卖方传递信息，另一方面买方（含观望者）就产品进行问询、提出建议和成交条件等，双方信息经过交融、互应，直到达成一致。利用这种互应性还可以进行产品测试与消费者满意度调查、顾客购买感受等活动。

互联网为产品联合设计、商品信息发布，以及各项技术服务提供了最佳工具。

4. 复合性

互联网是一种功能最强大的推销工具，它同时兼具渠道、促销、电子交易、顾客服务，以及市场信息分析与提供等多种功能。它既具备一对一的推销能力，又兼容一对多的销售潜力，广面撒网、重点打捞，将定制推销与直复推销完美结合。

5. 感染性

互联网的高速发展使电脑、手机等设备已经成为人们的常用工具，推销员通过互联网技术手段向顾客传达的信息具有很强的视觉、听觉冲击力，碾压传统的书籍、报纸、画报等媒介，部分真人互动环节的推销方式具有极大的感染力，潜在顾客很容易受其影响，推动了购买力提升。

信息时代高速发展，互联网推销种类越来越多，限于篇幅本教材重点性讲述推销员日常工作中最常用的三种互联网推销方式。

二、微博推销

（一）定义

微博推销是指推销员为创造价值而采取的，通过微博平台发布产品信息，刺激并满足用户的各类需求的商业推广方式。微博推销以微博作为推销平台，每一个用户（"粉丝"）都是潜在的推销对象，推销员精心发布令"粉丝"感兴趣或能激发共鸣的话题，激发听众主动跟帖或转发的欲望，从而顺便推广某些产品或服务，来带动销售。

（二）主要特点

微博特点很多，我们为节省篇幅重点讲述其五大主要特点。

1. 高速性

微博推销最显著的特征之一就是其传播的高速性，一条微博在触发微博引爆点后几分钟内甚至数秒内互动性转发就可以遍布微博世界的每个角落，短时间内能达到最多的目击人数。

2. 覆盖广

微博推销信息支持各种平台，包括手机、电脑与其他传统媒体，覆盖面广，同时传播方式多样，转发非常方便，利用名人效应能够使事件的传播量呈几何级放大，一夜遍天下。

3. 个性化

从技术上来说，微博推销可以同时利用文字、图片、视频等多种展现形式。微博推销可以借助许多先进多媒体技术手段，从多维展现产品，使潜在消费者更形象地接收信息。

4. 低成本

微博仅需要编写好140字以内的文案，微博小秘书审查后便可发布，大大节约了时间和成本。140个字的信息发布，远比博客发布容易，推销效果与传统的大众媒体（报纸、流媒体、电视等）相比更加经济、便捷。微博推销是投资少见效快的一种新型的网络推销模式，其推销方式和模式可以在短期内获得最大的收益。前期一次性投入，后期维护成本也相对低廉。

5. 反馈性

利用微博推销员可以和潜在顾客点对点交谈，微博推销其实就是在拉近相互之间的距离，任何一个信息都可以与"粉丝"即时沟通，及时获得用户（准用户）的反馈。

【案例8.8】

微博——我是江小白

中国白酒市场的竞争尤为激烈，一个新的品牌想要进入市场，难之又难！但是江小白却不这么看——"我是江小白"成立于2011年，以青春的名义创新，以青春的名义创意，以青春的名义颠覆，深刻洞察了中国酒业传统保守的不足：拘泥于千篇一律的历史文化诉求，对鲜活的当代人文视而不见，给老气横秋的中国酒业增添了一股时尚清新的感觉，迅速在年轻消费群体中获得高度认同，并成为各地酒企争相模仿的对象。

不说历史，用创新创造新的历史。

颠覆传统，表达鲜活的当代人文。

回归简单，用心酿造简单的美酒。

江小白致力于文艺的青春感觉，致力于有态度的个性表达，致力于有体验的优质产品，致力于成为一家小而美的个性企业，"江小白"卖的也不是酒，而是一种有表达的青春态度。他们不是高富帅，他们是一群怀揣青春梦想的年轻人。

【案例解读】

通过微博的内容定位，江小白迅速引起年轻白领的关注，名不见经传的江小白瞬间就占据了白酒市场的一席之地，可见微博140个字的无敌力量。

（案例来源：https://www.ishuo.cn/subject/btlmpu.html 2019.09.14）

（三）微博推销策略

推销员微博定位是推荐自己的产品、个人形象宣传，目的也是获得尽可能多的"粉丝"。

1. 内容为本

引起共鸣是关键，因此推销员发布微博的时候，内容非常重要。推销员可发布凸显时尚、休闲、品质生活的文章，并且配上精致的图片，也可以发布旅游、摄影、文化、奢侈品等内容吸引"粉丝"眼球，如果能结合社会热点，发布一些热门段子、心灵鸡汤、热点图文等蕴含正能量的宣传元素，效果更好。简要来说内容有五要素：

①有趣。有趣是分享的第一动力，因为有趣所以转发。

②实用。关于你的行业、产品，同时对用户有用的内容，有用分享是第二动力。

③相关。跟用户相关，跟微博运营目标相关，跟你的行业产品相关，泛行业化。

④多元（文字、图片、视频）。信息整理度高，价值高。

⑤有序。内容、时间、话题都整合起来。

2. 数量适宜

有规律按节奏更新、发布，每天3~5条，同时保证微博质量，多发一些有趣、有特色的信息。不要无病呻吟、哭诉社会不公之类的信息。只有质量好的微博，才能黏住"粉丝"，才能保证辛苦推广来的用户不流失。

3. 积极回应

应该积极跟"粉丝"进行互动交流，达到人际传播和推广的效果，为了形成良好的互动交流，应该关注具有影响力的一些用户，并积极参与回复讨论，以此吸引更多的"粉丝"。

4. 精准发布

推销员发布微博黄金时间段是在上午 10 点半到 11 点，下午的 3 点半到 5 点和晚上 8 点到 10 点，这一时间段上班族刚好忙完手头工作有空余时间，拿出手机刚好能点开新信息。晚上大家一般也是在 8 点左右吃好晚饭，看热剧的广告时间打开手机看微博上的新信息。

三、微信推销

（一）定义

微信推销，简称个体微商，即推销员通过微信朋友圈的工具，向微信群或微信好友发布商品信息，引起大家关注，刺激并满足"粉丝"需求，从而带动销售的一种推销模式。

（二）特点

1. 精准推送

微信拥有庞大的用户群，借助移动终端和位置定位等优势，精准推送某条信息，能够让每个个体都有机会接收到，继而帮助推销员实现点对点精准化推销。

2. 形式多样

（1）漂流瓶。用户可以发布语音或者文字然后投入"大海"中，如果有其他用户"捞"到则可以展开对话。

（2）位置签名。推销员可以利用"用户签名档"这个免费的广告位为自己做宣传，附近的微信用户就能看到产品等相关信息。

（3）二维码。用户可以通过扫描识别二维码来添加朋友，推销员则可以设定自己品牌的二维码，用折扣和优惠来吸引用户关注，开拓 O2O 的推销模式。

（4）开放平台。通过微信开放平台，应用开发者可以接入第三方应用，还可以将应用的 logo 放入微信附件栏，用户可以方便地在会话中调用第三方应用进行内容选择与分享。

（5）公众号。在微信公众平台上，每个人都可以用一个 QQ 号码作为自己的微信公众账号，并在微信平台上实现和特定群体的文字、图片、语音的全方位沟通和互动。

3. 强调互动

微信的点对点产品形态注定了其能够通过互动的形式将普通关系发展成强关系，从而产生更大的价值。通过互动的形式与用户建立联系，互动就是聊天，可以解答疑惑，可以讲故事，甚至可以"卖萌"，用各种形式与潜在客户形成朋友关系。潜在客户不会相信陌生人，但是他会信任"朋友"。

【案例8.9】

大学毕业的小王在父母的支持下，利用家里是一楼的优势，到工商局注册后开了一家美甲店。为了招揽顾客，小张把印有自己的微信二维码的宣传单发给周边邻居并在家附近的早市上发放，宣传单上写明：凡持有宣传单的顾客，在一月内（有明确截止日期），都可以五折（原价10元）美甲一次，如果到店办卡还可以享受100元包12次。每天9点营业前三名到店的顾客只需付1元。

项目八 推销实战

由于价格优势，再加上小王的技术很好，他的生意非常红火，连楼上的一位跳广场舞的中年大妈都去做了美甲，再加上顾客的口碑宣传，小网点微信好友越来越多，生意也越来越好。

用小王的话讲，客户加微信后，就可以在线预约时间，不必来了看到有顾客再排队，节省了双方的宝贵时间，绝对是非常便利的。而且店里搞什么活动，通过微信群和微信朋友圈精准传达，非常便捷。

【案例解读】

微信就是一种推销员个人打造的"广告"阵地，一方面可以向客户精准传递推销信息（微信1对1发布或微信群聊1对N发布）；另一方面可以让顾客在无聊中主动浏览（朋友圈精彩图文）。但凡你做到用心、精彩，自然就会黏住顾客，那又何愁没有生意可做呢？正如同"抓住风口了，野猪也会上树"。

（三）微信推销策略

1. 朋友圈发帖策略

推销员可以在朋友圈采取发帖爆文的形式吸引"粉丝"，朋友圈的爆文通过转发可以让更多的人看到产品信息。这个推销策略的关键就在于如何最大化地发挥爆文的价值。就拿冬季养生来说，有些商家会给出一篇有价值的文章，讲述冬季的养生哲学、保暖的小窍门，等等。这样的文章自然会吸引群友关注，推销员借以叙述姜汤红枣茶保暖的好处，并顺理成章地推销自己的姜汤红枣茶，这样就会赢得"粉丝"的关注和购买。

2. 朋友圈+公众号策略

发帖爆文固然能够吸引读者，但好文章也要做好周密的部署，进一步让"粉丝"主动添加公众号，这样就形成自己的私域流量。公众号结合朋友圈的做法，可以很好地处理对接问题，让客户能够找到服务，形成购买动态链。比如我们推销员发布文章，在后面标注公众号，吸引读者加关注。在公众号上，推销员做一些活动吸客，这样就能更好地留住客户了。

3. 朋友圈+微信群策略

微信朋友圈+微信群的策略，可以很好地打消潜在客户的疑虑，建立买卖双方的信任，这样有利于后期的产品推销。推销员完全可以在微信群里按时发布一些精品产品或者优惠产品，这样就可以牢牢把握住客户，让客户产生复购。

4. 营造朋友圈品牌策略

品牌不仅包括优质产品，还包括优秀的服务。产品+服务=品牌，营造朋友圈品牌可以很好地推广自己的产品，让大家信赖产品。推销员发布朋友圈的时候，务必做到真实、有价值，这样的信息才会吸引大家。另外，真诚地推荐优质商品，大家使用满意，才会相信推销员。此外推销员在发朋友圈的时候，也要做好售后安排，有利于创建优秀的服务体系，这对推销也有很大帮助。我们要让营造朋友圈显得更加专业，至少你在自己的领域比消费者更加专业，可以给消费者提供专业的咨询服务。

5. 线上线下同步推销策略

线上是银，线下是金。线上线下同步才能让顾客体验到网络和实体的完美结合，毕竟网络上是看不到实物的。在实体店中，我们可以在显著的位置摆放二维码标识，并根据实际情况实施相应的策略鼓励消费者用手机扫描二维码，如扫码享受折扣价等，这样的做法能增加"粉丝"的精准度，同时也积累了实际消费群体，这样获得的"粉丝"对以后顺利开展微信推销起到很大的作用。因此，做好实体店的同步推销对于微信推销来说至关重要。

6. 微信大小号策略

如同手机一样，很多人都有2个及以上手机号，生活号一个，工作号另一个。一个手机号或一个QQ号就可以对应一个微信号，因此大小号就很好理解了。在微信推销中，推销员可以通过各种渠道注册几个微信号，如微信多开软件可以做到一个手机同时灵活操作20余个微信账号。操作中，推销员可以把小号的签名修改为自己的广告语，然后再通过小号向自己周围的人传播，以此来达到推销的目的；小号可以通过寻找附近消费者的形式来推送大号所出的信息，这样小号、大号有机结合在一起，从而达到推销的目的。大小号策略的前提是做好、做稳大号，所有的小号都是为大号服务的。

四、推销员借助直播平台推销策略

（一）直播平台推销（网红经济）

直播平台推销是指推销员借助目前比较流行的西瓜视频、抖音、快手等手机App客户端，下载注册后进行网络视频直播，向受众群体展示、推销商品。网红经济是以一位年轻貌美或具有某些特殊标签的时尚达人作为形象代表，以红人的品位和眼光为主导，进行选款和视觉推广，在社交媒体上聚集人气，依托庞大的"粉丝"群体进行定向推销，从而将"粉丝"转化为购买力。

【案例8.10】

"12 pieces of steak，12片牛排！"董宇辉双语带货

牛排价格299。

12 pieces of steak，12 片牛排，24 bags of seasonings，24 包调料，配料表是 ingredient……

大家在6月的清晨点进直播间，看着我像兵马俑一样的脸形，感受到了人生的无常和命运的不公，但这时你发现和我一样脸形的还有这款299元牛排送你的这口锅，这个锅你得背……买点儿再走。

不说英语不买？OK, I can speak English all the time, but please remember to buy something. I'm now introducing the steak……

日前，在东方甄选直播间里，带货主播董宇辉如是介绍一款售价299元的牛排。

很快，这则短视频火爆出圈。#董宇辉 才华# #新东方主播# 等词条也霸占了微博、抖音热榜。

卖大米时，他像是在吟诵诗篇——

"我没有带你去看过长白山皑皑的白雪，我没有带你去感受过十月田间吹过的微风，

我没有带你去看过沉甸甸地弯下腰,犹如智者一般的谷穗,我没有带你去见证过这一切,但是,亲爱的,我可以让你品尝这样的大米。"

卖桃子时,他直接写出了"考场高分作文"——

"你的大脑告诉你,这一切都很美好。就如山泉,就如明月,就如穿过峡谷的风,就如仲夏夜的梦,美好得就像你我,站在一片空地上,面前是一片桃园,阳光普照,微风习习,树叶晃动的时候,枝头那么一束束的一串串的一堆堆的聚在一起的晒透了阳光的、散发着诱人红晕的、剥开皮汁水清冽的桃子一样的美好。"

卖牛排时,他把食物说成了童话——

"永远不要忘记《小王子》里给成年人的智慧:It is the time you wasted for the rose that makes the rose so important. 好吃的食物一定是要花时间去准备,然后跟爱人一起分享的食物。"

卖书的时候,他又开始讲历史——

"成吉思汗的铁骑三次踏平了欧洲:第一次窝阔台加上哲别;第二次长子西征,让欧洲人闻风丧胆,最远的一仗在多瑙河,现在的布达佩斯······"

介绍博物百科书的时候,他会说——

"从岩石到细菌,从植物到动物,完整地给我们分享了这个星球上这些丰富的生命,我们无法真正去踏上每一片土地,我们也没有办法牵孩子的手,去看每一处风景,我们没有办法去听每一个诗人,讲他们的故事和诗谣,我们也没有办法去看每一个科学家的发现,研究他的手稿······

"但请记得,你一定可以找到一个无所事事的下午,就像你好多年前放学后无所事事的下午一样,陪着孩子翻一本书,聊一些童年成长的故事,让他感受到在当年的那个情况下,他的妈妈他的爸爸也是一个喜欢山水、寄情于自然的人。"

说到读书的意义,他是这样说的——

"我可以给你讲山川湖泊天体行星,你会从这些中感受到浪漫,我也可以给你讲人情世故,讲诗人酸腐的诗和科学家们惊喜的发现,那些会让你感受到幸福与美好。

"我们都是大自然的孩子,我们终将在大自然中找到自己,它会抚平我的内心,同时可以让我从比较焦躁的生活中,释放我的压力。

"书不能让你解决现实生活中的问题,但书总能让你想清楚现实中的一些问题,书不能帮你解决它,但看完书你会发现,你不必再焦虑它,这就是看书的作用······"

就带货技巧而言,老师未必强过那些网红主播,但在英语教学上,他们可以实现降维打击。

主播搞"带货+教学"一体,也是在直播带货这片红海中找到了自身定位与"脱卷"路径。

【案例解读】

如果做到与众不同,你就会脱颖而出。董宇辉开了双语直播带货的好头,正如同是金子在哪都会发光,董宇辉的成功不是偶然而是饱读诗书的必然。

(案例来源: https: //mp. weixin. qq. com/s? __biz = MzA4ODQxMjkzMw = =&mid = 2652870401&idx = 1&sn = ec064667d671fbbc01d6fc3207ca3a5a&chksm = 8bc1b16bbcb6387dcd4aba61492fb7951d10835909c7c5fa815a5983167a0481ef6e64f448a5&scene=27. 2022. 01. 07)

(二) 直播平台展示

所谓直播平台展示，是指推销员借助手机 App 客户端下载相应直播软件，并不是直接推销商品，而是通过才艺表演、讲故事、唠家常或者展示自己的工作状态等借以吸引"粉丝"关注，并建议"粉丝"对自己的精彩表现进行打赏、点赞，所获打赏金额与平台进行比例分账，即我们常说的网络主播，如游戏主播、烹饪主播等。直播平台展示实际是不"卖"商品而卖商品，观众在无形中去主动购买商品。没有直白的吆喝、声嘶力竭的叫卖，观众却在听故事当中买走了商品。

成语典故

声嘶力竭（shēng sī lì jié）：指声音嘶哑，气力用尽，形容拼命地叫喊（含贬义）。

出处：《晚清文学钞·轰天雷》："北山大哭，哭得声哑力竭，倒是嫂嫂劝住了。"

样例：老舍《四世同堂》："因为气愤，话虽然说的不很多，可是有点声嘶力竭的样子。"

【案例8.11】

直播打赏主播怎么分配（抖音直播提成比例）

前有祝晓晗、罗永浩直播带货成绩喜人，后有朱广权联手李佳琦公益直播火了半边天，直播行业发展如火如荼。

而抖音公会在这样的背景下，又推出了新的提成政策。

抖音直播提成具体有哪些变化？有哪些直播任务需要完成？抖音直播提成具体怎么算？我们一起来看看！

新政策出台之前，抖音直播分成如表8.1所示。

表8.1 抖音直播原分成比例

角色	内容	主播+公会	分成比例	最高分成
主播	主播固定分成	45%	45%~50%	50%
	主播任务	0~5%		
公会	公会服务费	5%	5%	15%
	公会固定分成	5%	5%~10%	
	公会任务	0~5%		

1. 抖音直播现在的提成

抖音直播新提成政策取消了固定分成，采取双周任务弹性制，如表8.2所示。

表 8.2 双周任务弹性制分成比例

任务类型	基线任务	流水任务	活跃任务
分成奖励制度	2%	最高 12%	最高 4.5%

如表 8.2 所示，抖音直播提成的变化主要在三个方面：

（1）最高分成比例提高 3.5%，但完成难度大调整之前，抖音直播提成除了固定分成之外，任务分成是固定分成 5%+任务分成 0~5%+公会服务费 5%，最高可获得 15% 的分成。

新政策取消了固定分成，采用双周任务弹性制，基线任务 2%+流水任务最高 12%+活跃任务最高 4.5%，最高可获得分成 18.5%，比原来高出了 3.5%。

但从对比中我们也能发现，新政策提成虽高，但完成难度加大了很多。不仅要完成基本的直播任务，还要保证直播的活跃度和直播流水的涨幅等，对于新手主播来说，尤其困难。

（2）强化公会流水增长，最高达 12%。基本上，公会保证了主播开播数量，都能拿到 2% 的基线任务分成，如表 8.3 所示。

表 8.3

流水分成	最低活跃主播数
(0, 2.2万)	0
(2.2万, 16.5万)	1
(16.5万, 57万)	2
(57万, 160万)	5
(160万, 450万)	9
(450万, 1 700万)	28
(1 700万, 1亿)	95
(1亿, 3.2亿)	482
(3.2亿, +∞)	1 418

但是要拿到更高的分成比例，则需要提高公会流水以及活跃主播数。

其中，公会流水增幅最高可拿到 12% 的分成。

公会流水增幅的比例是远高于原政策的。

此前，公会增幅达到要求，最高是拿到 2% 的分成；而现在基本上有增长，就能拿到 1.2% 的分成。

（3）强化主播活跃度，最高 4.5% 分成公会有活跃任务，与流水任务一样，根据公会上个双周流水分层，每一层的公会活跃主播增幅划分 7 个增幅区间。

不同层级的公会在本双周的活跃主播到达相应的增幅区间，即可获得该增幅区间对应的本双周流水分成奖励。最高的分成是 4.5%。

活跃主播的定义：双周满 10 个有效天和 20 个小时的主播。

任务之外，还有拉新奖励，最高 2 960 元一位主播。如表 8.4 所示。

表 8.4

新主播4周任务流水（音浪）	奖金
500~2 000	6/元
2 000~5 000	25/元
5 000~1 万	69/元
1 万~5 万	253/元
5 万~10 万	970/元
10 万~无穷	2 960/元

2. 抖音直播音浪

新政策中，新主播有4周的任务流水，这个流水指的是音浪收入。那么音浪又是什么？

官方对音浪的解释：音浪是指用户通过直播相关功能和玩法消费抖币，向主播提供音浪是主播受欢迎程度的表现，产生音浪的场景包括但不限于打赏礼物、付费连麦等。

简言之，音浪就是观众在直播间给主播的打赏。这些打赏就是主播的音浪收入，平台会提取部分音浪提成，剩余的音浪主播可以提现到自己的收款账户。

那么，抖音直播音浪怎么提现？提现比例是多少？

3. 抖音直播音浪提现比例

正常情况下，音浪兑换人民币的比例是10∶1，也就是说10音浪可以兑换1元人民币，10 000音浪可以兑换1 000元人民币。

但平台有可能会根据实际情况增加或者减少音浪的计算规则、发生场景和具体类型，所以音浪折算比例如果有出入，不必惊慌。

抖音直播音浪提现方式也很简单：

打开抖音，进入【我】的个人主页，点击右上角【≡】点击【钱包】按钮，然后找到【我的收入】，如果有收益即可提现，如图8.1所示。

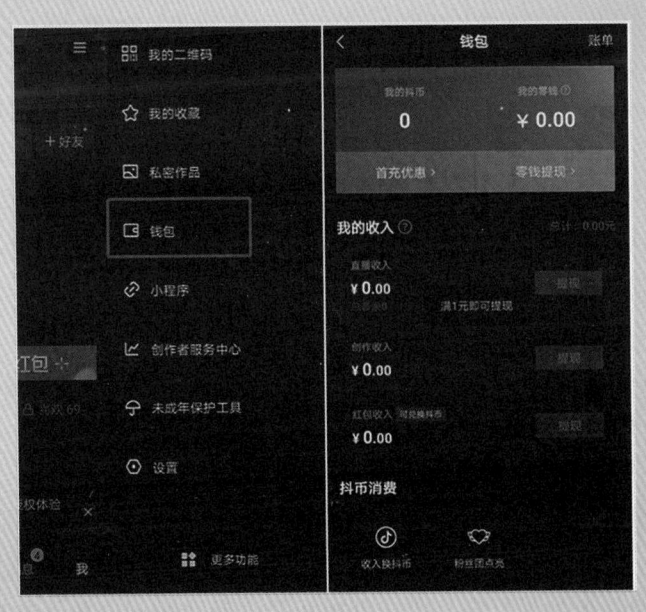

图 8.1 抖音直播音浪提现方式

其实，抖音直播提成政策的调整，有业内人士表示，最根本的目的还是平台希望能够促进平台公会拉新和促活，吸引更多外站主播和新公会加入，做大和盘活抖音直播整个池子。

而政策之外，如果我们想获取更高的抖音直播提成，也需要通过自己的努力做好直播，进一步赚取更多收益。用户消费抖币所对应的礼物或服务后，平台赋予主播音浪。

【案例分享】

直播展示的目的就是推销自己，用自己的努力获取一定的经济收入。要想留住观众，一句话还是要努力提升自己。

案例来源：https://pinkehao.com/infor/35901.html 2023.01.07，有删减。

（三）直播（展示）推销策略

1. 价值观正确

网络主播的价值观一定要正确，不能哗众取宠，说话要充满正能量，不能有任何有损自身形象的事情发生，踩热点可以，但是不能违背基本的是非观念，故意诋毁别人抬高自己。

2. 追求个性

千篇一律的重复或模仿别人断然不可能吸引大量"粉丝"，一定要让观众眼前一亮，觉得你与众不同，愿意听取你讲述的话题并主动与你互动。

3. 装扮自己

网红经济不在于网，而在于红，任何观众观看一个主播都喜欢看到主播的闪光点，或者天生丽质、相貌精致，或者后天善于修饰，让观众从心里喜欢上你。

4. 共鸣话题

一个平台网络主播很多，观众看手机 App 视频端如同电视遥控器一样，爱看就多看两眼，不爱看就立刻退出。为了留住观众，要抛出让观众感兴趣能引起共鸣的话题，让观众"流连忘返"。

5. 擅长说事

很多观众乐意从主播身上了解到他感兴趣的事情，这个时候主播如果讲述发生在自己身上或身边的事情，就能让观众认真听进去。

6. 积极回应

遇到初次进入直播间的观众，要及时问好，对于观众的提问，如果是非原则问题要主动答复，用真诚温暖每个观众。

7. 重视主次

网络主播要么是带动销售，要么取得观众的打赏，无论是哪种，取得适当利益是主播生存的关键，如果带动销售，网络主播要积极推动产品，大力宣讲产品的优点、特点、产品用在身上的好处；如果单纯为了打赏，要在直播间里主动要求观众给予支持，并适时展现自己，用还没完成任务、还差几个豆豆哭穷的方式，博得观众的支持。

8. 营造氛围

做任何行业都要专业，因此直播的灯光、背景、设备尽量显得规范，毕竟网络卖货在明亮灯光下颜色也显眼，专业的设备声音也好听，对观众也是一种尊重。

9. 心有观众

主播要和网友聊天，不仅自己要懂得如何去说，也要懂得如何去聆听，切实把握观众对话题的感受，让观众体会到你对他的尊重，把他的话记在心里。

10. 关怀观众

人无完人，孰能无错，当主播发现自己的言语伤害到观众的时候，应立即致歉，观众喜欢真诚、和善的主播，而不是高高在上、不学无术的主播。做主播的目的是更好地卖货或得到更高的打赏，因此我们不能做任何有损观众的事情。

复习思考题

1. 微博推销和微信推销的区别和联系是什么？
2. 网红经济到来，给你带来的影响有哪些？
3. 你做过网络主播吗？你觉得如何才能做一个好的主播？

任务实施

【任务情境】

今年正逢你大学母校100年校庆，作为即将毕的你请使用三种互联网推销方式，为母校送出你的心意，让更多人知道你母校光辉历程。

【任务目的】

（1）恰当运用互联网推销方式。

（2）准确辨识各种互联网推销的优缺点。

（3）锻炼互联网推销能力，使推销内容更具体，能引起粉丝共鸣。

【任务要求】

（1）组建任务小组，每组5~6人为宜，选出组长。

（2）各组分角色分析情境，讨论表演流程，选择一人负责观察、指导。

（3）进行交叉打分，即选取一个小组表演后，其他小组各选派一名成员担任评委，负责点评。

（4）课代表要做好记录。

【任务考核】

（1）情境表演的真实、合理：2分。

（2）小组成员团队合作默契：3分。

（3）角色表演到位：4分。

（4）道具准备充分：1分。

（5）满分：10分。

知识点概要

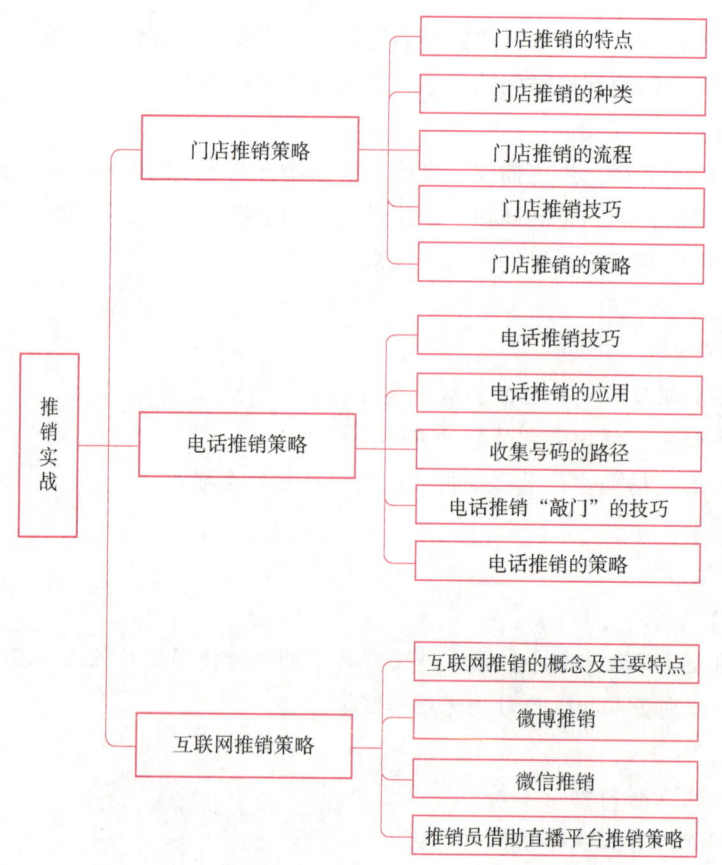

推销技术与策略

```
                        ┌── 门店推销的特点
                        ├── 门店推销的种类
         ┌── 门店推销策略─┼── 门店推销的流程
         │              ├── 门店推销技巧
         │              └── 门店推销的策略
         │
         │              ┌── 电话推销技巧
         │              ├── 电话推销的应用
推销实战 ─┼── 电话推销策略─┼── 收集号码的路径
         │              ├── 电话推销"敲门"的技巧
         │              └── 电话推销的策略
         │
         │              ┌── 互联网推销的概念及主要特点
         │              ├── 微博推销
         └── 互联网推销策略┼── 微信推销
                        └── 推销员借助直播平台推销策略
```

※重要概念※

门店推销　柜台售货　电话推销　电话"敲门"　互联网推销　微信推销

※重要理论※

1. 门店推销的特点。
2. 门店推销的流程。
3. 门店推销的策略。
4. 电话"敲门"的技巧。
5. 电话推销的策略。
6. 互联网推销特点。
7. 网红经济的推广价值。

客观题自测

一、单选题

1. 在商城门前，将若干件商品聚集在一起，选择其中一件进行集合竞价拍卖，出价最

262

高者买走商品，属于什么销售形式？（　　）

 A. 柜台售货　　　　B. 超市售货　　　　C. 展会售货　　　　D. 拍卖售货

2. 门店推销员不应具有的行为是（　　）。

 A. 耐心服务　　　　B. 微笑待人　　　　C. 主动询问　　　　D. 以貌取人

3. 柜台售货的最大特点是（　　）。

 A. 保证商品摆放整齐，有序　　　　　　B. 保证商品安全，杜绝货物丢失或损坏

 C. 吸引顾客眼光　　　　　　　　　　　D. 便于统一对商品的管理

4. "您好，李慧珠小姐，我是移动公司的范美丽，是您的朋友李秀贤建议我给您打电话的，您现在说话方便吗？"这一开场白运用的方法是（　　）。

 A. 勾起好奇心　　　B. 施压法　　　　　C. 请教问题发　　　D. 借用熟人法

5. 以下哪个不是电话推销前的准备工作？（　　）。

 A. 推销员物品准备　　　　　　　　　　B. 手机顾客资料

 C. 找出决策人　　　　　　　　　　　　D. 找准目标群

6. 接听电话的礼仪中，下列正确的是（　　）。

 A. 抱歉，让您久等了！　　　　　　　　B. 喂！哪位？

 C. 你找谁啊！　　　　　　　　　　　　D. 说，什么事！

7. 《疯狂动物城》电影上映前的宣传采用的是哪种互联网推销？（　　）

 A. 电话推销　　　　B. 微博推销　　　　C. 微信推销　　　　D. 手机 App 推销

8. 一篇微博最多可写多少字符？（　　）

 A. 80　　　　　　　B. 100　　　　　　C. 140　　　　　　D. 200

二、多选题

1. 下列属于展会售货的模式的有（　　）。

 A. 食品博览会　　　　　　　　　　　　B. 糖酒世博会

 C. 拍卖会　　　　　　　　　　　　　　D. 五金交易博览会

2. 门店顾客按照购买目标清晰与否可分为哪几种类型？（　　）

 A. 购买目标明确的顾客　　　　　　　　B. 购买目标模糊的顾客

 C. 对目标可买可不买的顾客　　　　　　D. 没有购买目标的顾客

3. 电话推销敲门的技巧有（　　）。

 A. 提供客户利益　　B. 勾起好奇心　　　C. 请教问题法　　　D. 施压法

4. 下列属于搜集顾客电话的方法是（　　）。

 A. 电话黄页　　　　B. 报纸、杂志　　　C. 索取名片　　　　D. 向专业公司购买

5. 互联网营销的特点有（　　）。

 A. 无界性　　　　　B. 富媒体　　　　　C. 复合型　　　　　D. 感染性

6. 微博推销发布内容的要素有（　　）。

 A. 有趣　　　　　　B. 实用　　　　　　C. 相关　　　　　　D. 多元

项目综合验收

【任务情境】

假设你是某小区附近的一家健康养生馆店长,由于刚开业,人气不是很旺,请根据本项目所学内容,充分利用好门店推销、电话推销、互联网推销的优势,写出你的经营思路和经营步骤(90天期限)列出你给员工开会的工作纪要并进行情景描述。

人物:作为店长的你,客服张琳,业务员李茂、潘飞。

任务要求:说话状态符合店长的身份,布置任务充分利用好门店推销、电话推销、互联网推销的优势,分工明确,切实解决人气冷清的大问题。工作要有方法、有成效。

【任务实施】

1. 分别组建一支销售团队,每组5~6人,选出组长。
2. 每组集体讨论台词的撰写和加工过程,各安排一个人做好拍摄任务。
3. 两组各选出1~2名成员作为顾客或推销人员的角色表演者,通过角色表演PK的形式来确定各组的输赢。
4. 其他销售团队各派出一名代表担任评委,并负责点评。
5. 教师做好验收点评,并提出待提高的地方。
6. 课代表做好点评记录并登记各组成员的成绩。

【任务验收】

综合验收考核表

考评指标	考核标准	分值(100)	考核成绩	权重/%
理论知识	基本概念清晰	15		40
	基本理论理解准确	25		
	了解推销前沿知识	20		
	基本理论系统、全面	40		
推销技能	分析条理性	15		40
	剧本设计可操作性	25		
	台词熟练度	10		
	表情自然,充满自信	10		
	推销节奏把握程度	40		
职业道德	团队分工与合作能力	30		20%
	团队纪律	15		
	自我学习与管理能力	25		
	团队管理与创新能力	30		
	最终成绩			
	备注			

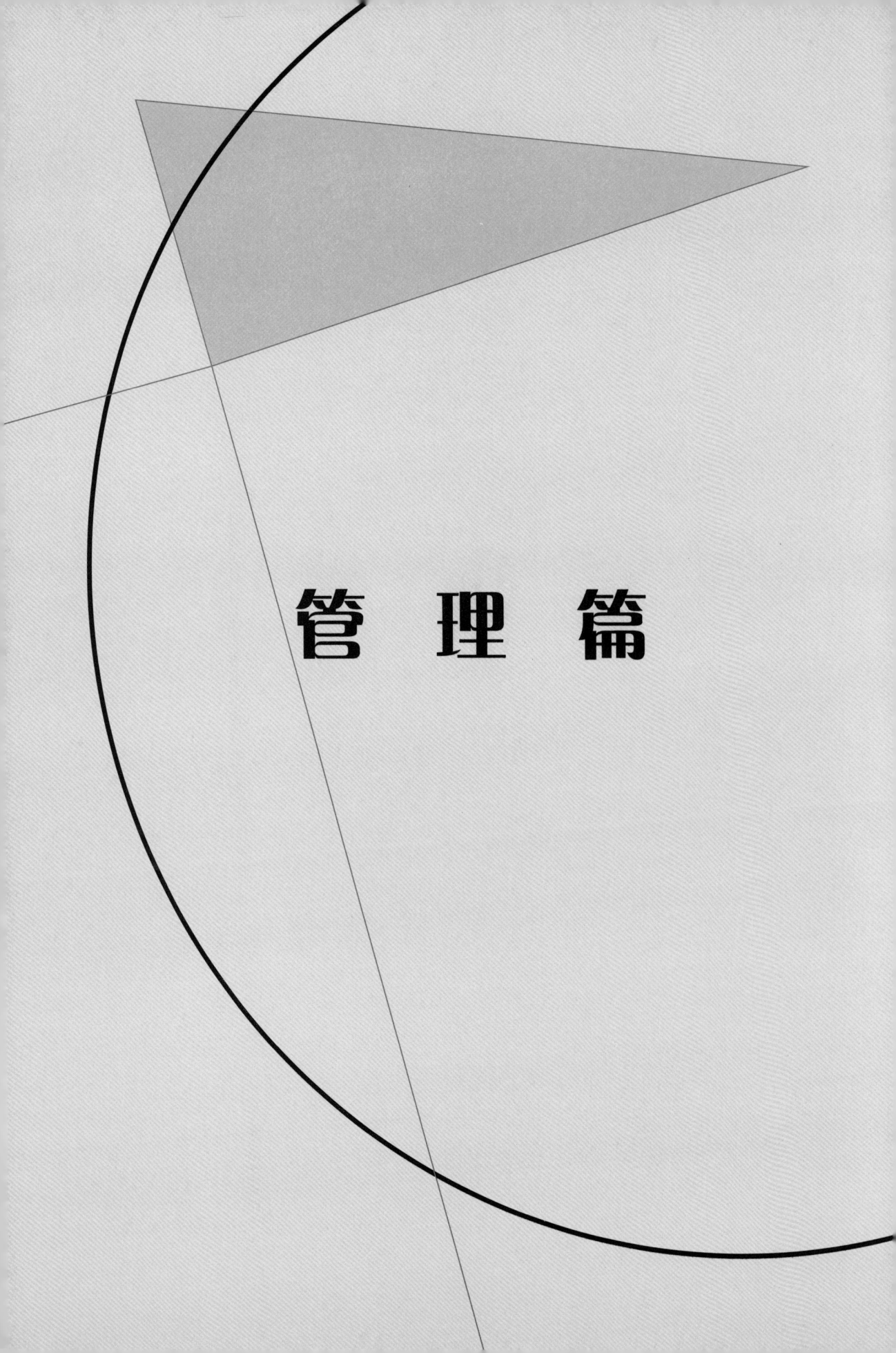

管 理 篇

项目九　推销员职业管理

【知识目标】

1. 了解推销员招聘与选拔流程。
2. 熟悉推销员培训方法。
3. 了解推销员自我管理的作用及意义。
4. 掌握推销员职业生涯规划设计。

【能力目标】

1. 提高推销员管理能力。
2. 提升推销员培训设计能力。
3. 提高推销员自我管理能力。
4. 完善推销员职业规划能力。

【思政目标】

1. 自我完善。
2. 人品重于能力。
3. 永不自满。
4. 谦虚好学。

【二十大精神融入】

推进文化自信自强，铸就社会主义文化新辉煌。

【任务解析】

推销员职业管理
- 推销员的选拔和培训
- 推销员的薪酬与激励
- 推销员的绩效考评
- 推销员的职业发展
- 推销员的职业生涯设计

任务一　推销员的选拔和培训

任务情境

任务思考

1. 该保险公司的招聘流程是什么？
2. 该保险公司招聘人才的要求是什么？
3. 该公司新入职员工为何要岗前培训？

任务学习

推销员团队的组建是关系到推销业绩大小的至关重要的问题，任何销售企业要想实现销售目标都不可能靠个别精英去实现，因此能否有效带领团队去共同发展就是摆在销售企业面前的大问题。高效率的推销队伍，在于能否招到适合企业发展的优秀推销人才，如果选用不当或招不到合适的推销员，企业的销售业绩很难实现。因此招聘与选拔高效率的推销员是推销员管理的重要内容。

一、推销员的招聘与选拔流程

（一）发布招聘启事

当企业需要招聘员工时，应通过一定渠道发布招聘启事，以使更多的求职者关注到企业的需求信息。一般常见的招聘渠道为人才求职网、报纸、海报、校园招聘、人才交流会等。

（二）筛选简历

用人单位收到求职者的广告后，应按照招聘条件、岗位要求，有无相关工作经验，是否符合人才需求等条件进行筛选，不符合要求的求职简历放入企业备用文件柜中，作为备选。

【案例9.1】

王经理的困惑

王经理创建公司已经有3年了，由于产品竞争很激烈，销售形势总是不温不火，因此急需招聘几名市场推销员，于是在某人才网站上发布了招聘信息，一周后收到很多求职者简历。

由于工作比较繁忙，公司人手又不够，王经理将简历大致看了一下，就挑了几个重点大学毕业的求职者简历，通知办公室人员要他们来面试。为了防止把不合适的人员招进公司，王经理亲自面试。

王经理不是市场营销专业背景，因此面试的时候比较随意，完全是凭交谈的感觉而定，对于说话沟通比较流利的、谈话氛围比较好的就留下，其他的就打发走了，最后留下5名应聘者，要求办公室人员尽快办理录用手续。

然而新人经过体检到岗报到后，销售业绩平平，有的甚至连产品都讲不明白，对此王经理很困惑，明明自己认为不错的求职者，为何效果那么差呢？

【案例解读】

招聘看似简单，其实也不然，让我们看招聘的几个关键步骤：有没有对学历进行验证，有没有对应聘者的简历进行甄别，有没有进行销售能力测试……所以说招聘也是技术活，流程设计不好结果必然不如人意。

（三）能力测试

业务能力测试因用人单位不同，测试的方法也不同，但大体上分为知识能力测试和心理测试两块内容。

1. 知识能力测试

主要考查应聘者对文化基础知识和营销知识的掌握程度，因推销员要写拜访计划，要和准顾客交流，如果不具备基本的文化知识就缺少一定的文化底蕴；营销专业知识主要考查应聘者能否灵活运用专业语言和顾客沟通，掌握一定的推销策略完成任务。

2. 心理测试

心理测试主要内容包括能力、性格、成就等测试。推销工作是一个承受压力很强的工作，因此心理测试主要检测应聘者的心理抗压能力，有无较强的成功欲望，是否敢向高薪挑战，从而为企业选拔出较优秀的人才。

（四）组织面试

面试因岗位的不同可能会进行一次或多次面试。职位越低的人面试的次数越少，通常业务员、推销员由人力资源部门负责，某些大型单位可能要经历两轮面试，即人力资源部门面试主要考查应聘者的反应能力、逻辑能力、沟通协调能力；销售部门进行二次面试，主要考查应聘者团队合作能力、岗位适应能力等。

（五）体检

经过业务能力测试的人员，成为企业拟录用人员，但录用前要检查其身体条件是否能胜任推销工作，比如有无器质性、严重功能性疾病及不适宜推销工作岗位的其他疾病。

（六）办理入职手续

向应聘者发出录用通知，提醒其在规定的时间内办理好入职手续，领取工牌和工号等完成本次招聘的全部流程。

二、培训的作用

尽管企业通过招聘的方式招到新员工，但是为了让这些脱颖而出的员工能快速适应岗位要求，更好地为客户服务，还需对他们进行培训，通常来说企业实施培训的作用主要表现在以下五个方面：

> **成语典故**
>
> **脱颖而出**（tuō yǐng ér chū）：原指锥尖透过囊袋显露出来，比喻有才能的人得到机会，本领全部显现出来。
>
> **出处：**西汉·司马迁《史记·平原君虞卿列传》："平原君曰：'夫贤士之处世也，譬若锥之处囊中，其末立见……'毛遂曰：'臣乃今日请处囊中耳。使遂早得处囊中，乃颖脱而出，非特其末见而已。'"
>
> **样例：**明·马中锡《中山狼传》："异时倘得脱颖而出，先生之恩。"

（一）树立自信

推销员每天面对不同的顾客，顾客素质良莠不齐，因此推销员遭到客户的拒绝是家常便饭，甚至受到个别客户的侮辱，容易产生挫折感和自卑感，企业培训可以强化推销员的工作使命感，使其保持积极向上、乐观的态度。在多数情况下，推销员需要一个人去拜访、开发客户，很容易产生孤独感，而适时的推销训练则有助于其保持旺盛的战斗力。刚入职的年轻人，由于没有任何推销经验，遭受客户拒绝的时候，会对自己的能力产生怀疑，萌生退意，而各种培训可以帮助其树立自信心，使其迅速调整自己的工作状态，更好地适应工作。

（二）提高技能

任何人都不可能是推销天才，因此推销技能都是后期经过一点一滴得到锻炼而形成的，给员工培训的目的就是提高推销员的推销技能，使其少走弯路，可以在有效时间内完成更多的销售业绩。

推销产品首要任务是推销自己，要成功推销产品，就要使客户认同、赞赏推销员本人。培训可以提高推销员的交往技能，为今后做好推销工作打好扎实的基础。因此，对推销员的培训是企业推销工作的一个重要组成部分。

（三）提高业绩

销售是龙头，销售业绩决定着企业的生存和发展。而要提高销量，就必须持续对推销员进行培训，以持续提升推销员的销售能力，使其业绩稳步提升。企业要在竞争激烈的市场上获得生存和发展，就必须培养销售人员的随机应变能力，只有培训，才能磨炼销售人员应对市场变化及突发事件的能力，增强企业销售的核心竞争力。

（四）稳定阵营

培训促使推销员业绩大幅提高，从而进一步增强推销员的工作责任心和团队的凝聚力，推销员会更加珍惜自己的工作岗位，在自己平凡的岗位上为顾客、为企业，也为自己创造新的价值。按照马斯洛的需求层次理论，自我实现是员工需求的最高层次，也只有通过培训，员工的能力才会提升，员工的职位才会晋升，才能实现自身的最高需求。

（五）提高服务质量

服务永无止境，只有加强对推销员的培训，推销员才能不断进步，积极寻找各种方法提高服务质量。

三、培训分类

一般情况下，企业有三种类型的员工培训：一是新进人员，培训目的是使他们尽快熟悉销售工作，达到上岗要求；二是有一定工作经验的基层推销员，培训目的在于更好地提高销售业绩；三是优秀的中层销售经理，企业期望他们掌握管理知识，提高管理技能，更好地带领团队工作或走上高层岗位。

（一）岗前培训

所谓岗前培训是指向新员工介绍企业的规章制度、企业的文化以及企业的业务和员工，就其本质来讲，岗前培训只是培训的开始。岗前培训是新员工在组织中发展自己职业生涯的起点。岗前培训意味着新员工必须放弃某些理念、价值观念和行为方式，适应企业文化的要求和企业发展目标，学习新的工作准则，规范自己的工作行为。企业在这一阶段的工作要帮助新员工建立与同事和工作团队的关系，建立符合实际的期望和积极的工作态度。

岗前培训一般发放员工手册，熟悉工作流程，由组训人员督导日常的行为规范，使新员工早日适应工作节奏，快速进入工作状态。

（二）在职培训

所谓在职培训是指在工作现场，主管或技能娴熟的老员工对下属、普通员工和新员工通过日常的工作，对必要的推销知识、销售技能、工作方法等进行教育的一种培训方法。它的特点是在具体工作中，一边示范讲解，一边实践学习。学员有不明了之处可以当场询问，培训者可当场给予解答、纠正，还可以在互动中发现以往工作操作中的不足、不合理之处，共同改善。

在职培训也称为职场内培训，如保险公司给每一个新员工配备一名师傅，以保证新进员工完成首单（即卖出第一份保险）任务，化妆品专卖店老营业员对新员工作加以指导，部分卖场派出销售督导完善新员工的销售技能等。

在职培训是企业最常使用的销售培训方法，培训的基本程序是通过观察、示范、操作、找差距等环节，使受训者的技能得以提高。在职培训的好处是不耽误受训者的正常工作，可以使受训者接受严格的辅导、训练，及时找出差距，认识到工作中的不足并加以改善。比较典型的做法是现场指导、模拟演练。在职培训效果最佳的是"一对一"训练，即所谓的师傅"手把手"教学，在训练过程中，师傅做观察员，徒弟为客户服务，当面或事后再讲解正误，让徒弟领悟是非曲直。

成语典故：
是非曲直

（三）专题培训

所谓专题培训，是对推销工作中某一特定内容、事件而进行的培训，一般公司推出新产品或要进行某一特定活动时，召集大家共同探讨，提高大家的重视程度。专题培训的内容比较集中，强调实效性，如管理团队专题、电话推销专题、销售数据分析专题等。

（四）脱产培训

所谓脱产培训又称为脱离工作任务培训，是将受训者派到公司外部或者是邀请业界、社会资深讲师给全体员工进行培训，目的是让受训者加速提高推销技能、管理技能，如陕西某大型百货公司邀请某知名教授为全体中层干部进行培训。

四、培训的流程

推销培训的流程通常可分为五个阶段：培训需求分析；制订培训计划；设计培训内容；培训实施；培训效果评估，如图9.1所示。

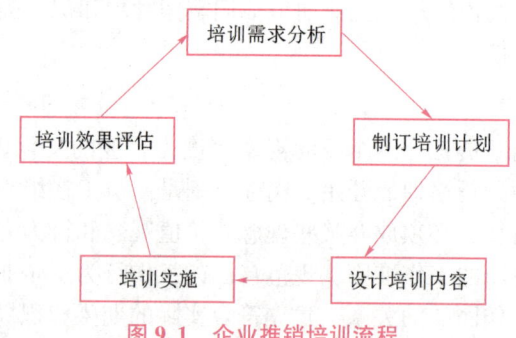

图 9.1　企业推销培训流程

（一）培训需求分析

培训需求分析就是要明确推销员是否需要培训，究竟需要哪些方面的培训。培训需求分析既是培训工作的起点，又是培训效果的检验依据，关系到企业培训的成效，它对企业培训工作至关重要。

成语典故：
至关重要

（二）制订培训计划

如果培训需求分析验证确实有必要对在岗推销员培训，就要着手制订培训计划。培训计划一般包括成本预算、沟通与审批、培训师的选择、行政准备。

（三）设计培训内容

根据推销员的培训需求精心设计培训内容，这是项目培训的一个关键点，如果培训内容设计过于复杂或简单都难以收到好的效果，培训内容一定要有针对性。

【案例9.2】

一次伤脑筋的培训

某外贸公司的领导考虑为提高员工的外语水平特邀请某著名大学的教授为全体员工做一天英语口语能力培训，时间定在下周日早8点到下午5点，地点设在本市飞达大酒店会议厅。消息一出，员工嘘声一片。有的员工说下周日同学结婚，礼金都随出去了，真郁闷；有的说我都这把年纪了，还谈什么口语啊；有的说我在新东方培训都快一年了，这培训我还用听吗？单位打扫卫生的老刘抱怨道："我这打扫卫生的还学哪门子英语口语啊，还不如让我回家打把麻将乐和乐和呢。"

培训时尽管教授讲得很卖力，也很出彩，但是底下就是不给力，玩手机的、小声闲谈的、睡觉的、发呆的成片出现，远没达到领导的目的，无奈下午4点不到就草草收兵了。

【案例解读】

培训要花钱，因此培训必须讲究成本和收益，一次口语培训领导煞费苦心，可为什么大家不领情呢？原因就是未做好培训需求分析，究竟哪些人需要培训，具体要培训哪些内容，采用什么方法，都是要事先做好摸底调查，否则钱就是打水漂。

（四）培训实施

根据培训计划落实培训项目，主要做好培训过程中的沟通、协调、监控等工作，及时处理突发事件，做好培训师和推销员的衔接工作，做好三个落实，即人员（培训师、受训者、管理者）落实、费用落实和时间落实，保证培训项目顺利完成。

（五）培训效果评估

培训效果评估是整个培训过程的最后一个环节，也是非常重要的一道程序，它在某种意义上决定了培训是否达到预期效果，常用的培训评估有参与人员的评估及销售业绩对比两种方式。

复习思考题

1. 企业如何招聘合格的推销员？
2. 企业培训的流程是什么？

任务实施

【任务情境】

请为一家公司设计一个招聘启事，并面试3名应聘者，注重考查他的能力。

【实施目标】

1. 加深理解推销员招聘意义。
2. 熟悉推销招聘流程。
3. 掌握企业用人的原则。

【实施目标】

1. 组建任务小组，每组5~6人，选出组长。
2. 各组分角色分析情境，讨论表演流程，选择一人负责观察、指导。
3. 进行交叉打分，即选取小组表演后，其他小组各选派一名成员担任评委，负责点评。
4. 课代表要做好记录。

【任务考核】

1. 情境表演真实、合理2分。
2. 小组成员团队合作默契3分。
3. 角色表演到位4分。
4. 道具准备充分1分。
5. 满分10分。

任务二　推销员的薪酬与激励

任务情境

任务情境

任务思考

1. 熟悉推销人员的薪酬设计原则。
2. 了解推销人员薪酬的类型。
3. 了解推销人员的激励方式和内容。

任务学习

一、推销人员薪酬设计应遵循的原则

（一）公平性

推销人员薪酬制度应建立在相对公平的基础上，推销人员薪酬公平性体现在三个方面：本企业推销人员薪酬的公平性；本企业与竞争对手企业薪酬的公平性；推销人员投入和产出的公平性。

（二）激励性

薪酬制度必须能够给推销人员足够的惊喜，上不封顶，下不保底，能够调动他们工作的积极性，要能体现奖勤罚懒，激励推销人员取得最佳的销售业绩，获得自己满意的报酬，既增加其物质上的收获，又使其对企业有归属感，使其感到自己的努力得到了企业的肯定和认同，进一步促使其更努力地工作。

（三）合法性

推销人员薪酬制度必须符合国家的法律制度，不能和行政法规相冲突，不能有性别、身份的歧视性政策，如个别不良企业以推销人员没完成当月任务为借口，不给推销人员劳动报酬就是典型的违法行为，还有随意延长劳动时间又不给推销人员补偿也属于违法行为。

（四）经济性

推销人员的薪酬势必增加企业的成本，过低的薪酬会影响劳动者的积极性，过高的薪酬却会增加企业的销售成本，必然会提高产品的销售价格，降低了产品的市场竞争力，因此必须同时考虑。

（五）透明性

企业的薪酬制度应该公开透明，推销人员可以根据薪酬制度计算出自己应得工资的。现实中，企业的薪酬制度是公开的，但大多数企业为防止员工攀比而不利于团队合作，对推销人员的收入保密。

二、推销人员的薪酬类型

推销人员的收入一般包括基本报酬、工资补助、其他福利等。虽然不同企业薪酬不一样，但大体上可以分为三种形式：固定薪酬、佣金和混合薪酬。

（一）固定薪酬制度

所谓固定薪酬制度，是指无论多少销售额，推销人员在固定时间内都可获得固定数额的薪酬，即所谓的记时制。固定薪酬调整的依据是推销人员的综合表现及工龄、资历等。

主要适用情况：
（1）需要集体努力的推销工作。
（2）见习期、培训期、试用期。
（3）公司刚成立，业绩难以量化考核。
（4）客户服务、投诉接待人员。

优点是收入稳定，能增加员工安全感；计算简便，易于管理。

缺点是缺乏激励作用，留不住人才，增加企业销售成本。

（二）佣金制

所谓佣金制，是指推销人员的收入直接和业绩挂钩，一般衡量的标准有销售业务完成量、回笼货款金额等指标。

主要适用情况：
（1）兼职推销人员。
（2）企业需要控制人工成本时。
（3）裁减庸员时。

优点是激励作用较强，业绩越好，收入越多；自动清除不合格推销人员；销售成本易于掌控。

缺点是推销人员收入不稳定，心态不稳，对企业忠诚度差；重量不重服务，易引起顾客投诉；增加管理难度；员工离职率高。

（三）混合薪酬制度

1. 底薪提成制

该薪酬形式一般是基本工资加提成，但如何对工资和提成进行组合？高工资、低提成，还是高提成、低工资？两种薪酬制度各有利弊，要视企业的具体情况进行选择。知名度较高、管理体制趋于成熟、客户群相对稳定的企业，其销售额更大程度上是来自公司整体规划和推广投入，采用高工资、低提成或年薪制，更有利于企业维护和巩固现有的市场渠道和客户关系，保持企业内部稳定，有利于企业平稳发展。反之，如果一个企业处于起步阶段，需要依赖销售员工不断拜访客户以开拓市场，或是产品性质决定其需要不断开拓新的客户源，保持与客户的密切联系，利用低工资、高提成的薪酬制度更能刺激推销人员的工作积极性。

2. 奖励薪酬制

销售是一项极具挑战性的工作，推销人员在工作中相对要遇到更多的挫折，因此容易沮丧并丧失信心，合理的薪酬奖励是激励他们克服困难、力创佳绩的法宝。多数广告公司对推销人员采取"底薪+提成+奖金"的薪酬结构，营业额提成则在5%以内，常见的有2%或4%，当月奖金一般在300~500元，也有高达10 000元的。虽然推销人员的薪酬制度依其工作性质及公司制度而各不相同，维持一定的水准却是必要的。推销人员会通过比较，考虑在目前公司中的收入是否合理；同时也会与公司其他员工来比较，衡量自己的付出是否值得。因此当公司判定推销人员工资水准时，应考虑目前就业市场上的绝对工资及相对工资的因素，并根据员工本身的资历、经验、能力及工作内容的差异，决定其工资水平。一定要让他们能够解决温饱问题，又有进一步提高收入的可能性。

3. 底薪提成加奖金

即在第一种情况下，增加了奖金，更凸显激励效果，有助于激励员工努力完成某一特定目标等优点，但增加了员工绩效考核的复杂程度。

【案例9.3】

小张自从加入保险公司后，认真出勤，在师傅的帮助下顺利地实现了人生第一单，一个月后领到了工资条：

单位：元

基本工资	培训补贴	佣金	管理津贴	保险等扣款	……	实发工资
4 000	1 200	2 667	0	267		7 600

【案例解读】

该公司薪金制度明确，公开透明，推销员完成多少业绩得到多少收入一目了然。推销员小张明白为了提高收入不仅要提高业绩，还要带领团队，否则管理津贴始终是零。

三、推销员的激励

激励是激发推销人员的潜能和动力，增强推销人员工作积极性，提高他们的销售业绩。一位著名的军事家说过，"要想取得战争胜利就需要鼓舞士兵士气"，因此企业要想推销人员多出业绩，就需要对他们进行激励。

（一）激励的方式

对推销员的激励大体可划分为精神激励和物质激励两种类型。

1. 精神激励

精神激励是对推销人员做出的优异成绩给予表扬、颁发荣誉证书、授予光荣称号等以非物质奖励为主的一种激励方式，以此鞭策其他推销人员向他们学习。对推销人员进行精神激励，可以增强推销人员的自豪感和使命感。公开表扬、颁发荣誉证书表明组织对推销人员工作成绩的认可，也强化了推销人员对组织的认同。

（1）适度授权。授权激励，简言之，就是让推销人员无须请示，让他说了算。作为企业领导应该明白市场竞争激烈，机会稍纵即逝，任何推销人员都不希望凡事都请示，遇到客户协商价格时，推销员如果不能灵活掌握价格和成交条件，就会贻误商机。适度给推销人员更多的职责和更大的权力，可以使他们获得更强的自尊心和自信心，更利于完成推销业绩。

（2）模范标兵。榜样是推销员的推销行动的"参照物"，作为销售经理应该建立科学合理的"参照物"，即确定标兵。推销人员都渴望成功，先进典型可以使他们看到成功的范例，从而坚定自己努力工作的信心。企业要善于运用成功的范例来激励、引导推销人员，并将优秀销售人员树立为标兵模范，使推销人员具有真实的榜样。

（3）环境激励。环境激励是指企业为推销人员提供一种良好的工作氛围，改善办公条件，提高居住或工作舒适度，使推销人员心情愉快地开展工作。如提供电脑、打印机、空调、食宿等便利条件，可提高推销人员对工作的满足感，大大减少离职率及缺勤率。

（4）职务晋升。任何有能力的推销人员都希望职务晋升，即实现自己的奋斗目标，拥有更多的管理权限。

（5）销售竞赛。销售竞赛是通过竞赛的方式对获胜的队伍或个人予以精神上或物质上的奖励，如发奖状和奖金等。销售竞赛可以激发推销人员求胜的意志，提高推销人员的士气。如销售小组竞赛、新人第一单竞赛、销售状元竞赛、五四青年节竞赛等。使用竞赛激励最好是各小组之间PK，用团队竞争带动单个推销员之间的竞争。竞赛的奖励面应适度放宽，最好让越来越多的推销人员能有得奖的机会。

（6）目标激励。目标激励是一个十分有效且常用的激励方法，它是指确定一个推销人员只需努力就可实现的销售指标，激发推销人员潜能，可以快速提高公司业绩。如销售业绩达到50万元，访问100人，寻找到50名新客户，征员20人，回收货款30万元等。企业确定的目标不宜过高或过低，至少应保证有20%左右的推销人员可以得到奖励，目标激励中的报酬水平应和目标难易程度相匹配。

2. 物质激励

物质激励是指对做出优异成绩的推销人员给予晋级、奖金、奖品和额外报酬等实际利益的激励，以此来调动推销人员的积极性。研究人员在评估各种可行的激励的价值时发现，物质激励对推销人员的激励效果最为直观。大体上包括货币激励、实物激励、带薪休假等方式。

【案例9.4】

马尔代夫之旅

为了庆祝公司成立10周年，总公司下达了奖励计划，当月标保（保险业绩）达到2 000元的奖励银元宝一个，达到6 000元的奖励高级夏凉被一条，达到10 000元的奖励液晶32英寸彩电一台，达到30 000元的奖励华为P50手机一台，达到50 000元的奖励马尔代夫七日游。

晨会上销售经理宣布了公司的奖励计划，资深业务员热血沸腾，都在拿着本子认真做记录，算计自己能承揽多少保费，为马尔代夫旅游做冲刺，经理还顺势把在座左侧的员工命名为龙虎队，右侧的员工命名为神鹰队，让两队PK，看月终哪个队业绩完成得最好。

当月月末统计，本区域很多新人当月得到新人奖奖励，有8人达到晋升条件，有4名员工获得了马尔代夫之旅。其中神鹰队有3名，同时以25.8万元的保费赢得了小组比赛第一，另获分公司奖励400元。

项目九 推销员职业管理

【案例解读】

友谊第一，比赛第二，通过竞赛奖励等方式可以进一步激发推销人员的工作积极性，使个人业绩和公司业绩都得到更大的提升。

复习思考题

1. 企业设计薪酬的原则是什么？
2. 企业为什么要激励员工？

任务实施

【任务情境】

请自行设计情境，招聘推销人员面试过程中，应聘者主动询问公司的薪酬情况及疑问。

【实施目标】

1. 加深理解推销企业薪酬制度的原则。
2. 掌握薪酬的种类。

【实施目标】

1. 组建任务小组，每组5~6人，选出组长。
2. 各组分角色分析情境，讨论表演流程，选择一人负责观察、指导。
3. 进行交叉打分，即选取小组表演后，其他小组各选派一名成员担任评委，负责点评。
4. 课代表要做好记录。

【任务考核】

1. 情境表演真实、合理2分。
2. 小组成员团队合作默契3分。
3. 角色表演到位4分。
4. 道具准备充分1分。
5. 满分10分。

任务三　推销员的绩效考评

任务情境

任务情境

任务思考

1. 绩效考评的原则是什么？
2. 绩效考评的作用是什么？
3. 绩效考评的方式有哪些？
4. 故事中采用绩效考评的方法是什么？

任务学习

一、推销人员绩效考评的含义

绩效考评，是指按照企业设定的销售量、拜访客户量、工作态度、责任心等考核指标，采用适当的考评方法，评定推销人员的工作任务完成情况、工作职责履行程度及推销人员的发展情况，并将上述评定结果反馈给推销人员的一系列过程，绩效考评是绩效考核和评价的总称。

推销人员绩效考评是对前期推销工作状况进行全面的考察、分析与评估，它对于提高推销人员能力、改善推销人员培训方法、提高企业整体的销售业绩有着直接意义，考评结果影响到推销人员的收入、奖金发放、职务升迁，甚至关系到留用或辞退，涉及推销人员的切身利益。没有绩效考评就没有惩罚，没有惩罚就没有控制，没有控制就没有管理，因此绩效考评很重要。

二、推销员绩效考评的原则

（一）公平公正

公平公正就是指考评要以事实为依据，考评政策、方案要对所有推销人员一视同仁，不可厚此薄彼、内外有别，制定的考评标准要充分与推销人员沟通协商，考评工作制度化、透明化、规范化。

（二）赏罚分明

考评结果要有相对应的奖惩制度，考核优秀的员工应给予奖赏，如发红包、奖励物品等，成绩差的推销人员应受到责罚，如扣发部分奖金、取消相应的奖励，不能流于形式。

项目九　推销员职业管理

（三）及时反馈

考评的目的不是责罚推销人员，而是提高他们的工作技能，引导其朝着正确的方向努力。只有将考核结果向员工反馈，推销人员才知道自己的工作出现了哪些偏差，才能有针对性地改善。

（四）指标明确

推销人员绩效考评的最终目的是提高企业的整体销售业绩，因此对推销人员的考评指标要设置权重参数，凸显对销售任务完成量的考核，而不应"眉毛胡子一把抓"，指标设置应贴近岗位职责。

三、推销员考评的方式

根据考评内容不同，考评方法也可采用多种形式。企业采用多种方式进行考评，可以有效减少考评误差，提高考评的准确度。一般常见的考评方法有：

（一）目标考评

对"重要任务"考评采取目标考评方法。在一个考评周期前，考评人与被考评人要共同讨论制定一个双方都能接受的"考评指标"，明确考评内容、数量、质量等详细指标，以此作为考评依据，如本月销售量、本季度销售总数等。

（二）自我评价

自我评价，简称自评，即被考评人对自己的评价，考评结果一般不计入考评成绩，仅作为参考。自评是被考评人对自己工作状态的主观认识，它往往与实际的考评结果有很大差异。通过自评结果，考评者可以了解被考评人的真实想法，为事后沟通做准备。另外，在自评结果中，考评人可能还会发现一些自己忽略的事情，更有利于考评结果的公正。

（三）组员互评

组员互评是推销员小组中相互考评的一种方式。互评适合于主观性评价，比如"工作态度"部分的考评。互评的主要优点在于：员工之间能够比较真实地了解每个人的工作态度，并且由多人同时评价，往往能更加准确地反映客观情况。互评在人数较多的情况下比较适用，比如人数多于5人。另外，在互评时不署名，在公布结果时不公布互评细节，这样可以减少员工之间的猜疑。

（四）上级考评

在上级考评中，考评人是被考评人的管理者，多数情况下是被考评人的直接上级，上级考评适合于考评"重要工作"和"日常工作"部分。表9.1为三清有限公司销售部门考评主要内容。

【案例9.5】

转瞬小张已经在保险公司干了3个月了，面临着转正问题，公司组训给他一张转正申请单，小张看到转正申请表上有5块内容：一、业绩累计完成情况；二、自我评价；三、师傅评价；四、组训评价；五公司意见。其中业绩累计已经填好，3个月共完成了1.8万元的标准保费。

小张的自评：工作积极，虚心请教师傅，认真拜访客户，能保证完成任务。（文字经过概括，下同）

师傅评价：工作态度认真，积极拜访客户，超额完成规定业绩，是个不可多得的保险人才。

组训评价：善于助人，和同事关系融洽，工作态度认真，表现出色。

公司意见：同意转正。落款韩冰（个人私章，公司章）。

【案例解读】

通过多人评价，客观地了解一名推销人员的工作状态，为他今后的发展指明了前行的方向，使其修正缺点，成为一名更优秀的员工。

表9.1　三清食品有限公司销售部门的考评主要内容

销售数额	能否完成公司规定的销售任务
客户关系	能否及时获得客户有价值的信息或保持长久合作
市场发掘和市场预测	能否具有开拓新客户能力和市场变化预测能力
回笼货款	在合同期限内收回销货款的比率，坏账率<5%

资料来源：三清食品销售有限公司内部资料。

四、绩效考评的方法

（一）等级评估法

等级评估法是绩效考评最中常用的一种方法。根据工作分析，将被考评岗位的工作内容划分为彼此独立的几个模块，在每个模块中用明确的语言描述完成该模块工作需要达到的工作标准。将考评标准分为优、良、及格、不及格等等级选项，考评人根据被考评人的实际工作表现，对每个模块的完成情况进行评定，总成绩便为该推销人员的考评成绩。

（二）目标考评法

目标考评法是根据被考评的推销人员完成工作目标的情况来进行考核的一种绩效考评方式。在开始工作之前，考评人和被考评推销人员应该对需要完成的工作内容、时间期限、考评的标准达成一致。在时间期限结束时，考评人根据被考评人的工作状况及原先制定的考评标准来进行考评。

（三）序列比较法

序列比较法是对相同等级推销人员进行考核的一种方法。在考评之前，首先要确定考评的模块，但是不确定要达到的工作标准。将相同等级的所有推销人员在同一考评模块中进行比较，根据他们的工作状况排列顺序，工作较好的排名在前，工作较差的排名在后。最后，将每位推销人员几个模块的排序数字相加，就是该推销人员的考评结果。累计值越小，绩效越好。

（四）相对比较法

与序列比较法相仿，它也是对相同等级推销人员进行考核的一种方法。所不同的是，它是对推销人员进行两两比较，每位推销人员都要和其他推销人员分别进行一次比较。比较之后，工作较好的推销人员记"1"，工作较差的推销人员记"0"。所有的推销人员相互比较完毕后，将每个人的成绩进行相加，累计值越大，绩效越好。与序列比较法相比，相对比较法每次比较的推销人员不宜过多，范围在5~10名即可。

（五）小组评价法

小组评价法是指由2名以上熟悉该推销工作的经理，组成评价小组进行绩效考评的方法。小组评价法的优点是操作简单、省时省力，缺点是容易使评价标准模糊、主观性强。为了提高小组评价的可靠性，在进行小组评价之前，应该向推销人员公布考评的内容、依据和标准。在评价结束后，要向推销人员讲明评价的结果。在使用小组评价法时，最好和推销人员个人评价结合进行。当小组评价和个人评价结果差距较大时，为了防止考评偏差，评价小组成员应该首先了解推销人员的具体工作表现和工作业绩，然后再做出评价决定。

（六）重要事件法

考评人在平时注意收集被考评人的"重要事件"，这里的"重要事件"是指被考评人的优秀表现和不良表现，对这些表现要形成书面记录。对普通的工作行为则不必进行记录。根据这些书面记录进行整理和分析，最终形成考评结果。该考评方法一般不单独使用。

（七）书面评价法

由于每位员工都有不同的特点，而标准化的考评方式则忽略了差异性，将员工等齐划一，不利于考评结果客观性，书面评价法有效地弥补了这个缺陷。书面评价法是指由考评人撰写一段评语来对被考评人员进行评价的一种方法。一般来讲，书面评价应该包括三个方面的内容：肯定员工成绩；指出员工不足；企业对员工的期望。书面评价可以由上级撰写，也可由企业人力资源部门统一撰写。由于该考评方法主观性强，最好不要单独使用。

表9.2为销售人员绩效考核详细指标。

【案例9.6】

每到月末或年终，宏发销售公司都会做一张业绩统计表列出销售完成量、回款金额、综合排名、评定等级，这就是对销售人员绩效考评的一个具体应用。宏发销售公司业务部有35名销售人员，依据工作年限不同设定不同的任务完成量，公司取前25%为优秀。

姓名	销售业绩/元	任务完成量/%	回款额/元	备注	综合排名	评定等级
张强	7 689.6	83.4	7 000.9		8	优秀
马虎	4 567.4	67.3	2 567.7		12	良好
刘枫	3 578.9	48.6	3 578.9		25	及格
李刚	12 356.6	134.6	12 000.6		1	优秀
……						
赵祥	1 456.6	67.3	1 300.8		35	不及格

【案例解读】

员工考评一览表可以清楚地让大家看到自己在公司销售的排名情况，认识到自己的差距，为今后调整目标做努力。说通俗点这个就和我们初、高中时候发布的排名榜比较类似。

表 9.2 销售人员绩效考核详细指标

销售人员绩效考核									
考核岗位						绩效工资单位：元（RMB）			
被考核人		职位级别			绩效薪资		考核结果	绩效系数	
考核人		职位级别			考核监督人			绩效工资	
项目	权重	考核分	小计	考核指标	指标	实际	得分	权重	考核小计	确认
定量	0.50			A 类产品销售量				0.35		
执行	0.20			B 类产品销售量				0.30		
客户	0.20			C 类产品销售量				0.20		
学习	0.10			D 类产品销售量				0.15		
最终考核得分				定量考核合计得分				1.00	

考核项目	自评分	考评分	权重	小计	考核项目	自评分	考评分	权重	小计
销售计划执行			0.15		客户默契度			0.30	
销售总结跟进			0.10		顾客问卷调查			0.20	
品项布局落实			0.15		咨询及退换货处理			0.20	
计划定性任务			0.10		有无客户投诉			0.30	
临时指令任务			0.15		客户项目考核合计			1.00	
专向推广提议			0.10		考核项目	自评分	考评分	权重	小计
政策执行结果			0.15		产品知识的更新			0.40	
纵、横向沟通			0.10		营销技能及执行提高			0.40	
流程制度违规		负项考核（按实际发生扣罚）			信息收集及分析			0.20	
执行项目考核合计得分			1.00		学习项目考核合计得分			1.00	
被考评人意见				考评人评语				审核确认	

资料来源：8020 人才网 http://www.8020rc.com/news/23/22038.html，有修改。

项目九 推销员职业管理

复习思考题

1. 推销人员的招聘与选拔程序是什么？
2. 推销人员薪酬制度包括哪几种类型？
3. 推销人员的方法有哪些？
4. 简述推销人员绩效考评的方法。

任务实施

【任务情境】

一转眼，小张已经在保险公司工作半年以上了，以前是师傅带他，现在他也开始带徒弟了，而且还带了2个，完成了保险公司的标保任务18 000元，如今就要转成主管了。做主管意味着可以拿到管理津贴了，这不又要到总公司进行为期4天的培训，主要是提升管理才能：如何增员，如何做团队管理。到总公司培训后，小张的眼界更宽了，4天住在公司免费提供的四星级酒店，吃着豪华的自助餐，和各市区的保险同行交流，日子真是轻松。主管培训原来在保险公司对应每个职务都有一套系统的培训内容，培训完，主讲的讲师致欢送词说："欢迎在下一次主任的培训班上能再一次看到大家。"

小张回到公司后，又投入紧张、充满挑战性的工作中，每天参加早会，指导徒弟，带徒弟开展展业活动，而且还要不停地增员，即增加团队的人力，要知道保险公司就是靠人脉来发展壮大的。

这一天，小张在某快餐店吃午餐的时候，看见对面桌有个背包的年轻人，小张打眼一看估计对方是正找工作的大学生，于是就和对方闲聊起来。

小张："朋友，你的衣服很'酷'啊，我也一直想买你这样的衣服一直没买到。你穿着显得人帅呆了。"

大学生："哦。谢谢。"不好意思地低下了头。

小张心想，嗯，属于腼腆型的，和我大学寝室的老六很像。

"今年大三还是刚毕业啊？你长得很像我大学的室友。"

大学生：（看了眼小张）"嗯，才毕业。"

小张："嗯，我其实也毕业时间不长，不过，刚毕业那会儿，工作确实难找，不是工作累，就是工资低，我那时都头疼死了，当初都后悔上大学了。"

大学生：（像见到知音的样子，眼中流露出亮光）"就是，我今天都跑了三个企业了，结果都没成，真的不想再找了。"

小张："哥们儿，你学什么专业的？想找什么样的工作啊？"

大学生："工商管理，找份自由点、收入差不多的就成，主要是工作得开心。"

小张："这是我名片，你要是愿意就跟我做保险得了。"

大学生："啥，卖保险啊？我不去，听上去就不好听，保险谁要啊！"

小张："兄弟，其实我当初和你想的一样，但是我真正去了保险公司发现，这里确实可以锻炼人，而且工作自由轻松，没有谁规定你做什么，比如早8点开晨会到公司报个到，9点后就都属于自己的时间了，愿意去拜访客户就拜访客户，不愿意自己转转都可以，只是完成规定的任务就OK，保险公司有各种激励措施，而且还有正规的培训，真的很不错了，你看我才干半年就月收入7 000多元了，要是在企业估计得5年以上我才能拿到7 000元吧。"

大学生："7 000元一个月，真的假的？"

小张："你看，我这工资条还在这儿呢，我们公司保险业务员的薪金是这样组成的：基本工资1 200元+佣金10%~25%+出勤奖50元+各种补贴。估计你完成一单就能拿到1 800元的工资。你跟着我干，我会慢慢带你的。"

大学生：（看了工资条）"行，那我就跟你试试。"

就这样小张又增了一个新人，可以得到公司增员奖励500元，小张也够意思，从500元中分出了200元给这个叫王虎的大学生买了一套展业工具，又送他一件白衬衫，一点一滴地带着他做业务。别说，年轻人学得也快，一个月不到，王虎就卖出了一份标保1 200元的保险，获得公司的新人奖励。

转眼一年快过去了，小张和王虎都适应了保险公司的工作，尤其让他们觉得满意的不单是保险公司的系统性培训，还有那一套考评体系，很人性化。

保险公司对推销人员的绩效考评不单与取得推销业绩有关，还和员工的工作状态、服务质量有关，还有考核保护续签率，如果保护续签率低于85%，就意味着当月的管理津贴扣没了，还有客户的投诉，有一次投诉扣绩效总分的3%，这些都和业务人员的收入直接挂钩。

公司的综合服务部对小张的绩效考评询问了以下几个人，让我们看看都问了什么。

服务部："蒋主任啊，小张是你原来一手带大的，这月考评，我们想听听你的意见。"

蒋："小张工作表现很好，不迟到、不早退、为人谦虚、低调，年轻有魄力，头脑灵活，很适合做保险，增员也屡屡奏效，你看他新招的王虎就是个例子，我是给他打95分的。"

服务部："小张啊，你对你这月的工作怎么评价的，公司想先了解下你的想法。"

小张："哦，这个，我还算可以的吧，这月标保做了一单，总额是8 000元，本来能做两单的，可是中途客户出了点小事故，告诉我下个月再考虑，反正我就是多努力向老师傅学习，带好我的徒弟，最好再能多增几个人，像马姐那样，她都有6个新徒弟了，我才有4个，我还得努力。"

服务部："王虎啊，你看你刚到我们公司不久，就顺利出单了，恭喜你啊，我们这次找你呢，是涉及每月的员工绩效考核，先听听你对你师傅小张的评价。"

王虎："张哥是个很优秀大方的人，我有不会的地方，他都耐心教我，在很多方面都帮助我，我对他一百个佩服，我也想做个像他那么优秀的业务员。"

服务部按照等级评估法，小张是优秀员工，按照等级序列比较法小张的得分最低，按照相对比较法，小张的得分又是最高。综合上述因素，小张被评为当月的营销标兵，获得了200元的奖励。

【实施目标】

1. 掌握绩效考评的方法。
2. 熟悉推销人员薪酬结构。
3. 熟悉推销人员的激励方法。

【实施要求】

1. 组建任务小组，每组5~6人，选出组长。

项目九 推销员职业管理

2. 各组分角色分析情境，讨论表演流程，选择一人负责观察、指导。
3. 进行交叉打分，即选取小组表演后，其他小组各选派一名成员担任评委，负责点评。
4. 课代表要做好记录。

【任务考核】

1. 情境表演真实、合理 2 分。
2. 小组成员团队合作默契 3 分。
3. 角色表演到位 4 分。
4. 道具准备充分 1 分。
5. 满分 10 分。

任务四 推销员的职业发展

任务情境

任务情境

任务思考

1. 张强为何要换岗？
2. 吴总怎样从推销逃兵变为销售精英的？
3. 吴总属于哪一层次的推销员？
4. 你觉得张强的推销职业发展最有可能的发展方向是什么？

任务学习

一、推销员自我管理的意义

推销员作为市场营销体系的重要组成部分，其自身能力的高低不仅决定着自身的价值，更关系着企业营销部门的经济效益。推销员具备较强的自我管理能力，不仅有利于实现个人价值，也能够为企业带来更多的效益。

（一）明确目标

每一个优秀的推销员都会根据自己的能力素质，设计好自己将要为之奋斗的目标，然后再通过一步一步的努力朝着那个方向前进，最终实现自己的人生理想。我国明代军事家王守仁说过："志不立，如无舵之舟，无衔之马，飘荡奔逸，终亦何所底乎？"

（二）开发潜能

进行自我管理能使推销员更深入、更全面地认识自己，包括性格、兴趣、气质、职业能力、职业价值观等，重新对自己的价值进行定位并保持持续增值。进行科学的自我管理，能不断增强自己的职业竞争力，使自我潜在的资源优势得到有效积累与发挥，更快地实现奋斗目标。

（三）提升综合素质

自我管理有助于推销员对个人内心世界和行为特征进行剖析以及对职业环境进行全方位分析，帮助推销员辨识自己的优劣和潜质，扬长避短，选择适合自己并且能够实现人生价值的岗位，不断努力，鞭策自己，提升自己。

成语典故

扬长避短（yáng cháng bì duǎn）：意思是发挥或发扬优点或有利条件，克服或回避缺

项目九 推销员职业管理

点或不利条件。

出处：《萧山农工商联合企业显示优越性》："因地制宜，扬长避短。"

样例：夏衍《应该重视电视这一传播工具》："我们应该扬长避短，发扬富于群众性的优点，避掉政治、艺术上还存在的缺点。"

（四）提升职业品质

职业品质是推销人员胜任自己岗位所具备的基本品质，是职业成功的立足点。当今社会处在变革的时代，到处充满激烈的竞争。要想在这激烈的竞争中脱颖而出并立于不败之地，需要合理地自我管理，有效整合自己的优势，做到心中有数、有的放矢。

成语典故：有的放矢

【案例9.7】

泰康人寿丽水养老社区保险开拓第一人——吴世贤

吴世贤是就职于泰康人寿浙江丽水中心支公司的处经理，2010年，该公司首推养老社区险种，年交保费20万元，缴满10年后可以入住该公司旗下的全国各地的养老社区。

丽水是浙江经济条件相对比较差的城市，山多地少，人均年收入在浙江始终排名倒数，因此相对其他城市来讲，愿意掏出20万元交保费的人其实并不是很多。险种开出后，始终没有人购买。

如今做保险的前提得有有足够购买能力的客户，而且对产品还得具有一定的需求，如何开拓优质客户，是每一个寿险业务员的主要工作之一。吴世贤的一个朋友胡×明在电力部门工作，有一个关系不远也不近的同事方×良。

"兄弟，这个同事经济条件不错，但能否购买我也帮不了你太多，毕竟20万元保费也不是小数字……"胡×明向吴世贤介绍说。

"方大哥您好，我是吴世贤，泰康人寿保险公司的处经理，胡×明是我的一个多年的好朋友，是他介绍我来找您的，他说您对保险很感兴趣。"

……

一周后，丽水第一份养老社区保险正式开单，实现了丽水地区零的突破。

几年后在一次泰康产说会的酒会上，作为应邀参加的胡×明，私下问了方×良："兄弟，你为何接连买了两份养老社区保险，而且还是吴世贤当面向你介绍险种后马上就下了单？"

方×良轻描淡写地说："第一，我有这个需求，毕竟人总有老的那一天，险种确实不错；第二，我看重了吴世贤的人品，讲解到位，不卑不亢，见面会客礼仪丝毫没有让我觉得半点不舒服，所以我愿意在他那里买保险；第三，我知道你和他也是多年的朋友，吴世贤说你也买了社区养老保险，估计你和我一样看重的肯定不是交情，而是对他敬业服务和待人真诚的品质。我现在每年大约要交75万元的保险费，在他那买保险我感到放心和舒心。"

【案例解读】

职业品质是决定推销员成败的关键因素，越是优秀的人品质越高，他们的业绩也就越好。

（五）实现人生价值

推销员自我管理不仅是岗位的基本要求，还是实现人生价值的必要条件。美国社会心理学家、人格理论家和比较心理学家亚伯拉罕·马斯洛（Abraham Harold Maslow，1908—1970）提出著名的需求理论，该理论把人的需求分成生理需求、安全需求、归属与爱的需求、尊重需求和自我实现需求五类，依次由较低层次到较高层次排列，如图9.2所示。推销员只有加强自我管理，才能不断提高自己的推销管理能力，从而实现自己的人生价值。

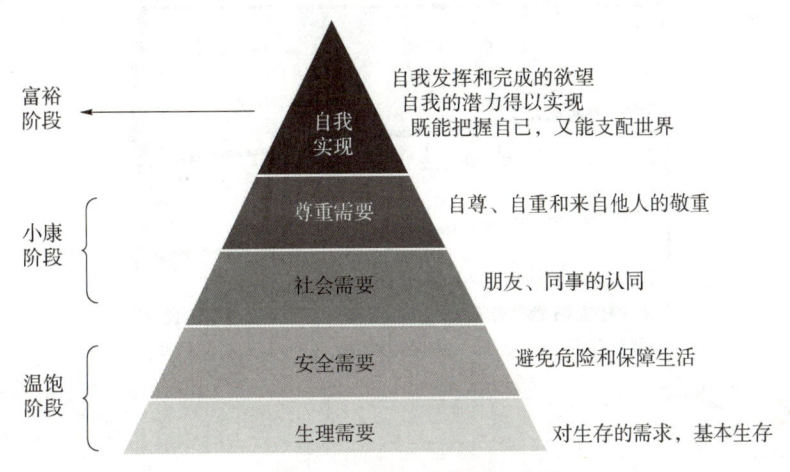

图9.2 马斯洛需求理论层次图

二、推销人员的分类

（一）基层推销员

作为新入职推销行业的员工，往往从事企业最基层的推销工作，如业务员、销售代表，他们人数众多，一般接受直接上级的管理，只需完成自己的销售任务即可，工作内容相对简单，每天只需拜访客户、洽谈客户、签订合同等，简单来说，就是听从主管安排，自己管理、督促自己，因为工作内容简单，总体收入不算高。

（二）中层推销员

随着个人能力的不断加强，少数基层推销人员渐渐脱颖而出，不但能出色完成销售业绩，还积攒了很多人脉，与同事相处融洽，保质保量完成上级布置的各项任务，成长为拥有管理权限的推销主管或推销经理，他们的工作任务不再是只管理好自己，还要管理好自己的推销团队，公司对他们的考核不再局限于其个人的业绩，而是重点考核其所带推销团队的总体业绩。

推销主管或推销经理的收入也比当初做基层推销员多了很多，他们每天要拿出大部分时间管理自己的团队，注重每一个下属的推销业绩，及时辅导业绩相对较差的基层推销员。如何打造好推销团队，巩固团队成员数量，争取不让一个推销员掉队，是他们日常工作的重要内容。如果说基层推销员的工作重点是维护好客户，那么中层推销员工作重点是维护好团队成员。

（三）高层推销员

少数表现优异的中层推销员，随着销售业绩大幅增加、带领的团队成员数量增多，具备了更为优秀的管理能力，陆续走上高层推销员的岗位，如副总经理，甚至总经理。因为所带推销团队过于庞大，高层推销员工作内容将不再管理基层推销员，而是只负责管理中层推销员，每月关注重点是手下的中层推销员的团队业绩。由于他们能力非常强，管理权限也较大，整体收入也比较高，如2019年浙江某皮革厂销售副总全年销售额1.7亿元，占公司总销售额的78%，个人当年收入400万元，而销售经理平均年收入才30万元，业务员平均年收入才15万元。推销员技能比重如图9.3所示。

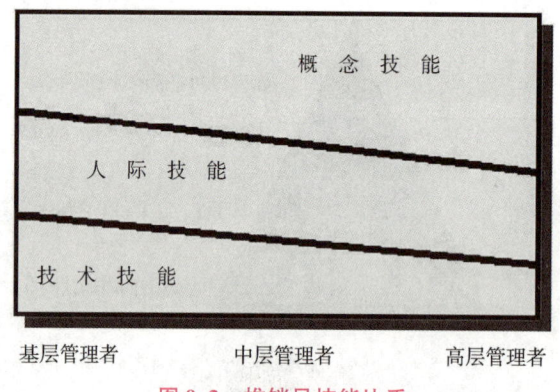

图9.3 推销员技能比重

【案例9.8】

一个保险业务员的成长历程

2008年，专科院校毕业的吴世贤误打误撞进入了某保险公司做业务员，刚开始他什么都不懂，认真跟着师傅学到很多推销诀窍。他每天不断地告诫自己一定要努力，刮风下雨从来没有阻挡住他拜访客户，他一步一个脚印踏踏实实地工作。

2010年秋，表现优秀的他被挖进另一家保险公司做营销主管，他抓住组织发展的机会，招募了一大批志同道合的朋友，一起共创保险事业。他早出晚归，工作认真负责、干劲十足，不到半年就晋升为处经理，直接管理整个续保部，作为分公司最年轻的中层管理人员，发展前景一片光明。

他做事认真，工作有热情，无论是客户还是团队成员都对他赞赏有加，本人长得又帅，做组训外出培训的时候，被学员戏称为全丽水最帅的组训老师，还被省公司评为金牌讲师，无论个人业务拓展还是团队管理都做得风生水起。

截至2022年年底，吴世贤推销团队成员已达200多人，主管就有24人，他专注团队业务员管理，团队越来越大也越来越稳，很多他带领的业务员都已经成为公司骨干。

【案例解读】

推销好做不好做完全取决于自己，有的推销人员知难而退，遇到一点挫折失败就改行，相反一些优秀的推销人员知道自己的长处短处，在推销职场上不断磨炼自己，在他们面前看不到"黑暗"，即使路再难，他们也想办法突破，这就是打造推销精英的唯一路径。

三、推销员的职业出路

（一）高级销售经理

大学生就业成为推销员后，在这个行业纵向发展，就可以一直做到高级销售经理职务，如销售总监、销售总经理等，但是能达到这一目标的推销人员优中选优，几乎是凤毛麟角。

（二）其他管理类岗位

推销工作做久了可能会产生疲劳感，每天东奔西跑难以照顾家庭，为此有一大部分推销员会横向发展，转换到其他管理岗位，如行政主管、后勤主管等。他们在这样的工作岗位上一样可以发挥作用，如果说销售是前沿，那么其他管理岗位就是后方，相对而言，室内办公居多。

成语典故：凤毛麟角

（三）自创公司

"宁做鸡头，不做凤尾"，一些眼光长远的推销员工作几年后会找准时机自创公司，成就属于自己的一份事业，他们不甘心只为别人打工，觉得应该要承受更大的风险，去做更好的尝试。"不经历风雨怎能见彩虹"，只有勇敢尝试才有可能成功。

【案例9.9】

蒙牛的诞生与崛起

伊利和蒙牛，都是中国乳制品行业的巨头（见图9.4），但两家的关系多年来不太融洽。如果追根溯源的话，蒙牛创始人牛根生出自伊利，两家企业之间曾经有过许多恩怨。

图9.4 蒙牛和伊利牛奶

一、互相欣赏

蒙牛的创始人叫牛根生，伊利的创始人叫郑俊怀。郑俊怀和牛根生的关系，可以称得上是一段奇谈。

1950年出生在内蒙古的郑俊怀，是个苦孩子，他父亲早亡，全靠母亲做针线活把他养大。贫寒的家境让他从小发奋学习，成绩优异，1972年他考上内蒙古师范大学。毕业后，进入呼市农业局，成了一名农垦干部，不久又在上级的安排下，当上国营畜禽场党委副书记、厂长。

如果郑俊怀是一个安分守己的人，他或许会在这个岗位上兢兢业业干到退休，但他的野心让他不满足于此。

在国营畜禽场干了4年，郑俊怀发现，他始终无法得到领导信任在岗位上更进一步，于是决定离开这个伤心之地。

几经辗转，1983年1月，郑俊怀被调到呼市回民奶食品厂（伊利的前身）当厂长——这是郑俊怀命运的巨大转折，也成了后续所有故事的起点。

呼和浩特市回民奶食品厂是一家连年亏损、濒临倒闭的小企业。

那年郑俊怀33岁，正是奋发有为的年纪。为了让这家小厂脱胎换骨，上任后，郑俊怀干的第一件事就是招收了一批青年进厂，然后进行全厂总动员演讲。

一番激情演讲后，台下一个粗犷的年轻人高声叫好。这个人正是牛根生，24岁，当时他是洗瓶车间的洗瓶工，给郑俊怀留下了深刻印象。

这是牛根生与郑俊怀的第一次相遇。

郑俊怀记住了这个粗犷的年轻人，不久后，这个年轻人救他一条命。

二、一起打拼

牛根生虽然身份低微，但脑子活，干劲足，厂里实行承包责任制后，他积极响应，承包下一个车间，很快干出了名堂。

彼时的郑俊怀，工作也是辛劳无比，他每天工作到深夜，早上5点起床，从来没有节假日，一年有半年睡在厂里。

1992年，郑俊怀为了一个项目，一连40天住在工地，累到身体不行，但天有不测风云，就在工程快竣工时，因为施工方的一个失误，冷库起了火，把辛苦的成果化成了灰烬。

看着一地狼藉，郑俊怀心痛无比，精神都变得有些恍惚，他一头冲进火中欲同归于尽。多亏了牛根生，他将郑死死拉住说："郑大哥，难道你忘记了你娘对你说越艰难越要坚持吗？"

郑俊怀这才惊醒，他紧紧握住牛根生的手，一句"好兄弟"就再也说不出话来了。自此郑俊怀对这个年轻人刮目相看，并委以重任，到1993年奶食品厂改制成伊利时，牛根生已升任副总经理，主管冰激凌、雪糕生产。

这是牛根生与郑俊怀关系最好的时期，他们成了无话不谈的兄弟，为了共同的事业在一起奋斗。

三、友谊撕裂

牛根生与郑俊怀，他们的兄弟情在利益面前，很快就被无情地撕碎。

1996年，牛根生从品尝咖啡中找到灵感，鼓捣出"伊利苦咖啡"，随即发起一场冬天里的雪糕攻势，单品销量创纪录突破3个亿。

苦咖啡成为伊利发展史上一个重要转折点，牛根生被誉为"中国冰激凌大王"。随即，他成为公司副总裁。

1998年，伊利80%营业额都是来自牛根生主管的部门，这不得不让郑俊怀开始警惕起来。

这要是再让他发展下去，伊利姓"郑"还是姓"牛"呢？于是不久后，他就给牛根生玩了一出"释兵权"的游戏。1998年年底，郑俊怀安排牛根生去北大学习，每天特批住宿费240元。

1998年的240元，换算成现在的物价有2 000元，这笔钱在今天的北大，住边上五星级酒店的豪华商务套间,绰绰有余。

但牛根生不想去住豪华套间,他不傻。郑只好托人给牛传话:不去学习,就交出车子和手机。

辛苦打拼的江山,怎么能轻易放弃呢?但牛根生也不好直接与郑俊怀撕破脸皮,于是他假意向郑俊怀打了辞呈报告,郑也"劝留"了两次。

后来在一次董事会上,牛根生又故技重施,递交了一次辞职报告,而郑俊怀当着所有人的面表态,"没有要赶牛根生走的意思"。不过牛根生伸手准备拿回自己的辞职报告时,却发现报告被郑用手紧紧按住了……

牛根生算是意识到了,郑俊怀是铁了心要让自己走。

"走就走!"气不过的牛根生,1999年正式出走伊利,他召集伊利旧部,创立了蒙牛品牌。

蒙牛乳业虽然是后起之秀,但势头很猛。2004年6月10日,蒙牛在香港联交所挂牌上市,牛根生以1.35亿美元的身家进入那一年的福布斯中国富豪榜。2007年,蒙牛营收首次超越伊利。

【案例解读】

"塞翁失马,焉知非福",有人的地方就有江湖,我们抛开蒙牛和伊利的江湖故事,从牛根生离职创业可见,有能力的推销员的确是当得了老板的,而且还可能是一个好老板。当然能力是前提,任何推销员只要肯吃苦、学本事、学技能、攒人脉都可能会当老板的。

成语典故:塞翁失马,焉知非福

案例来源:https://www.163.com/dy/article/F1C5ST6Q05129FRD.html 2023.0110,有修改。
https://www.meipian.cn/2bfkvl4b 2023.0110,有修改。

(四)管理咨询或培训

推销员是高收入职业,但是能成为销售精英,成为高级推销人员也不是那么容易,推销人员之间的竞争也是非常激烈的。一部分推销人才希望从紧张忙碌的推销工作当中解脱出来,将自己以往的工作经验结合推销理论进行升华,转而成为培训机构的咨询人员或者专职培训讲师,利用自己所长为其他企业的推销人员授课或培训,甚至创建自己的培训公司,借助在业界的影响实现自己的人生价值。

他们往往从"术"向"道"发展,进一步提升和转换职位角色。转换工作的这类推销人员不断提高系统分析能力,靠着精湛的理论知识,从企业战略高度思考推销任务,捕捉行业信息,进行创造性加工,最终成为高层决策的战略顾问或智囊团成员,实现推销职业的另一种辉煌。

四、推销员职业的流动方向

(一)向上流动

如果推销人员有在大公司或集团分支机构、片区或分公司做销售管理的工作经历,当积累了一定的销售经验后,优秀的推销人员可以选择合适的机会,向上流动发展,到上一级或公司总部做销售部门管理工作,或者可以带领更大的销售团队,管理更大的市场范围。在处于成长期的快速消费品行业,许多销售人员都是通过上行流动而闯出自己职业发展的新天地的。如从业务员到业务主管，再从业务主管到片区经理，再到区域经理等，一路上升。

（二）向下流动

如果在公司总部销售部门工作积累了一定的经验，可以根据市场发展的规模和速度，选择合适的机会，向下流动发展，到下一级或多级的分支机构去工作，通常是带销售团队，管理薄弱的销售市场，或是到某个细分市场开辟新的业务。这类推销人员可以将在总公司的先进销售管理理念和操作手段与实际的市场结合，在继续锻炼一定时间后往往成为企业的未来领军人物或高级经理人。

【案例9.10】

刘彤是浙江某快速消费品公司的市场主管，工作一直兢兢业业，深受上司的好评。2021年年初，为了进一步扩大产品销售量，决定在浙江L市下的县城开发一块市场，借此削弱竞争对手的市场占有率，于是总公司派其去组建新的销售团队。作为一名有着多年推销经验的营销精英，他快速组建了自己的销售团队，在短短五个月就给公司带来可观的销量，其公司的产品陆续被L市顾客认可。

【案例解读】

推销人员向下流动还是向上流动，不仅取决于机遇，还取决于能力，只要有坚韧的意志，看清市场发展方向，踏实做事，都会走向成功。无论向上还是向下，是人才总会脱颖而出。

任务实施

【任务情境】

某大公司销售副总因突发疾病去世了，公司通过猎头公司也未能招到合适人选，几个总经理商议后决定从内部提升，候选人有销售经理张红丹、市场经理马志强、运营经理胡军勇三人，可究竟谁最合适，几个老总意见不统一。

"张红丹不错，在公司从基层业务员做起，一路摸爬滚打，如今团队销售业绩非常好。"

"张红丹学历不够，只是个中专生，干业务行，理论知识太差了，连工作汇报都写不好，这样的人怎么能当副总？我看马志强不错，小伙子清华大学毕业，理论知识扎实，业务培训是把好手。"

"我还是看好胡军勇，他是老马一手提拔起来的，跟着老马开拓了华中市场，销售能力过硬，又是研究生学历，公司区域运营都靠他了。小马虽然理论很扎实，但是带销售团队的能力相对弱些，我还听说他准备考研，似乎做培训更适合他。"

【实施目标】

1. 加深理解推销员自我管理的意义。
2. 熟悉推销人员职业发展路径。
3. 理解推销人员发展方向。

【实施目标】

1. 组建任务小组，每组5~6人，选出组长。
2. 各组分角色分析情境，讨论表演流程，选择一人负责观察、指导。

3. 进行交叉打分,即选取小组表演后,其他小组各选派一名成员担任评委,负责点评。
4. 课代表要做好记录。

【任务考核】
1. 情境表演真实、合理 2 分。
2. 小组成员团队合作默契 3 分。
3. 角色表演到位 4 分。
4. 道具准备充分 1 分。
5. 满分 10 分。

任务五 推销员的职业生涯设计

任务情境

任务情境

任务思考

1. 什么叫职业生涯？
2. 职业生涯的基本内容有哪些？
3. 推销人员的职业生涯可以分几个阶段？
4. 为什么小李觉得小张把职业中前期年龄界限定在25岁有点超前？

任务学习

一、推销职业生涯

推销工作是一个实践性非常强的职业，干好干坏大家全凭业绩说话，业绩也比较容易衡量，理论再好业绩不佳也没用，任何企业都不会雇用只会纸上谈兵的销售人员。推销员工作的显著特点是稳定性差、压力大、出差应酬是常态，特别是直接面向市场的基层业务人员，虽然工作时间相对比较自由，但为了完成销售指标不得不东奔西跑，很难顾得上亲情和友情，甚至能和家人吃顿饭都是一种奢望。当然，销售人员也是无冕之王，他可以把商品卖给任何一个他想卖的人，没有人能阻挡他的推销动力。作为付出的一种回报，优秀推销人员的收入也是很高的，很多企业为了激励销售精英，给他们足够多的薪水，只要完成任务多，收入上不封顶。在很多企业除了最高决策层总经理外，最容易产生高薪的职位便是销售总监。和同级别的财务总监、人力资源总监相比，销售总监、销售经理的收入普遍高出很多，因为没有销售就没有一切。

没有目标就没有方向，没有方向就不会成功。随着年龄的增长，年轻的冲劲和激情逐渐退去，对家庭的责任和对稳定生活的追求，令众多年轻的基层销售人员开始规划自己的职业方向，这就需要做好职业生涯规划。

推销职业生涯就是一个人从事推销职业的工作历程。我们把推销职业生涯周期分为4个阶段：推销职业生涯早期，推销职业生涯中前期，推销职业生涯中后期和推销职业生涯后期。每个时期有不同的特点，我们在每个时期的任务也不一样。

（一）推销职业生涯早期

大学生毕业后从事基层推销工作，即从22岁到30岁这个阶段，属于推销职业生涯早期阶段，又可以称为推销职业生涯第一青春期。这个阶段的主要任务是学习、了解岗位知识、产品知识，锻炼自己，提高推销技能，摸索尝试在一个新入行的企业中打拼。这个阶段还处于未成熟期，应更多地向老一辈请教，向师傅学习，拓展自己的人脉，使自己成熟起来，实现从大学生向职场人士的完美转变。作为一名职场新人，要沉得住气，要坚持职业操守，不要遇到挫折就跳槽。

（二）推销职业生涯中前期

经过近10年的打拼、磨炼后，推销人员30岁到40岁这个阶段就迈进了职业生涯中前期，即职业生涯成长期。在这个阶段主要任务是争取进行职务轮换，抓住各种锻炼才干的机会，寻找最佳贡献区，也就是争取找到职业锚。经过前期的一些积累，推销员基本上已经成为业内精英，在工作上可以独当一面，在单位已经成为业务骨干，或者已经开始挖掘人生的第一桶金，进行自我创业。这个时候推销人员思维日趋成熟，在业界有一定口碑，也被一些猎头公司注意到，可以根据自己发展需要进行适当的岗位调整或进入更适合自身发展的公司，实现人生最大的价值。一般处于这个阶段的推销人员基本上已经建立了家庭，要兼顾好工作和家庭的关系，不要让家庭拖工作的后腿，争取做到家庭和工作兼顾。

（三）推销职业生涯中后期

再经历过10~20年的职场磨炼，推销人员40岁到60岁跨入职业生涯的中后期，即职业生涯成熟期，又可以称为职业生涯的第二青春期。与职业生涯中前期不同的是，这个阶段的主要任务是创新发展，成就辉煌，一般做到了公司的营销总监、销售副总或者已经成为公司的董事长，在业界具有举足轻重的地位，公司发展越来越大，不仅为社会创造财富也为社会承担责任。作为自有公司的老总，有的已经成为市、区的人大代表、政协委员，成为地区纳税大户，为更多的大学生提供工作岗位。

（四）推销职业生涯后期

又经历10~20年的市场打拼，推销人员60岁到70岁就到了推销职业生涯的后期，又称为职业生涯回味期。这一阶段的主要任务是反思、总结，回顾职场历程，传授经验、教训。这一阶段的推销人员大部分已经从管理岗位上退下来，或颐养天年享受天伦之乐，或作为公司的销售顾问发挥余热，或作为公司的智囊团为公司解决一些疑难问题。他们大部分精力放在修身养性上，对自己一生的推销生涯回味和反思，为下一代新生力量做好培育工作。

二、推销内、外职业生涯

（一）内职业生涯

内职业生涯是指从事推销职业时的知识、观念、经验、能力、心理素质、内心感受等因素的组合及其变化过程。内职业生涯各项因素的获得，需要推销人员不断地通过学习、研究等方式加以完善。内职业生涯各因素是推销人员职业生涯发展的原动力。简单来说，内职业生涯，是推销人员对自我的认识了解、目标设计、愿望如何达成的全部心理过程，即"我是谁""我有哪些优点和缺点""我能做什么""我将要成为什么角色""我要怎么做""我需要什么资源"。内职业生涯是推销人员人生初探时全部问题的自我解答过程，如果能够深入分析自我、认识自我，并在此过程中让自我不断明确、肯定、满足，那么，内职业生涯的确立已经开始。我国的儒家经典《论语·学而》所述"曾子曰：吾日三省吾身"，"三"即为众，不仅代表多次，更是从意识、行为及人生态度上的不断反省，这可以看作是早期内职业生涯的最基本的模式。

(二) 外职业生涯

外职业生涯是指从事推销职业时的工作单位、工作时间、工作地点、工作内容、工作职务与职称、工作环境、工资待遇等因素的组合及其变化过程。外职业生涯着重强调外部环境和外部条件，其构成因素通常会随着外在条件的变化而变化。外职业生涯的稳定以内职业生涯的发展为前提。良好的外职业条件还可提升个人对内职业生涯的认知，相互促进，相互协调。外职业生涯因素通常由他人给予和认可，因受到外界干扰或控制也容易被他人剥夺。比如，一个推销员到一家公司应聘销售经理时，这个公司提供的薪水并不是他能决定的，即使他在进入公司之初的薪水很高，如果不能给公司带来业绩，公司可以随时撤掉他的职位或降低他的薪水，这些都不是他能左右的。

(三) 内、外职业生涯的关系

内职业生涯是外生涯发展的前提，内职业生涯的发展是以外职业生涯的发展或成果来展示的。内职业生涯的匮乏以外职业生涯的停滞或失败呈现。

内职业生涯因素主要是靠推销人员自己的不断探索而获得，不随外职业生涯的获得而自动具备，也不会由于外职业生涯的失去而自动丧失。例如今天你被公司任命为推销主管，这只是你获得外职业生涯的一个职务，至于你能否干好，该职务应该具备的知识、经验、能力、心理素质等，并不是你在被任命的时候就自动具备了，需要你在工作实践中探索、思考，才能逐渐获得。而一旦获得，即使公司把你撤职了，你的知识、经验、能力和心理素质并不会消失，你的还是你的，只要具备这些能力，你完全可以去另一家公司获得主管或更高的职位。由此可见，内职业生涯是基础的基础。只有内、外职业生涯同时发展，职业生涯之旅才能一帆风顺。推销人员必须用内职业生涯的发展，带动外职业生涯的发展。另一方面，外职业生涯发展顺利，还可以促进内职业生涯的发展。如果推销人员的眼光只盯着外职业生涯的各种因素，如薪水多少、工作环境好坏、福利待遇高低等，往往会使职业生涯发展方向发生偏差，从而误入歧途。

三、职业生涯规划书

一份完整的职业生涯规划包括标题、引言、自我分析、环境分析、职业定位、计划实施、评估修正、结束语等几个部分，具体内容和要求如下：

(一) 标题

标题包括推销人员的姓名、规划年限、规划起止时间。规划年限可自主设定，如1年、3年、5年，甚至是10年，视推销人员的具体情况而定，只要适用即可。

(二) 引言

引言是推销人员对其职业生涯规划的总体认识，是对规划设计书整体内容的概述。

(三) 自我分析

结合推销人员实际情况，借助职业测评的结果，叙述分析自身的职业兴趣（喜欢做什么）、职业能力（能够做什么）、个性特质（适合做什么）、职业价值观（最看重什么）、胜任能力（优缺点是什么）。

(四) 环境分析

分析自己所处的环境，包括家庭环境、企业环境、社会环境、职业环境等，即明确环境容许你做什么。

（五）职业定位

根据自我分析和职业分析，对自己的推销职业目标进行定位，并从优势、劣势、机会、威胁四方面进行分析整理，以进行决策。职业目标可确定阶段目标和总体目标，阶段目标是规划时间段短期内所能达到的目标，总体目标是可预计的最长远目标，即最终所希望达到的目标。制定总体目标要具有可操作性，如果定得太高就缺乏指导意义，如果定得太低又阻碍前进方向。

（六）方案实施

通过能做什么，到环境容许你做什么，到自己最终想做什么的层层转换，制订计划实施一览表，弥补自身的不足和缺陷，得以实现各阶段的目标。

（七）评估修正

计划实施不会一帆风顺的，也不是一劳永逸的，需要结合自身能力适应环境的发展所带来的变化，当预期目标未能实现的时候，要及时对职业生涯规划方案进行评估与修正。

（八）结束语

这部分是职业生涯规划的收尾部分，即对职业生涯规划方案的总结，对自身职业发展的展望，等等。

复习思考题

1. 为什么说做好职业生涯规划，对推销员职业发展意义重大？
2. 推销职业生涯分几个时期，你认为哪个时期更重要，请说出你的理由。
3. 简述内、外职业生涯的关系并举例说明。

任务实施

【任务情境】

黄世明22岁毕业于浙江省某职业技术学院的市场营销专业，他非常热爱推销工作，打算成为一名业界销售精英，三个月前参加某公司面试后有幸被录用为业务代表。请为他写一份职业生涯规划书。

【实施目标】

1. 加深理解推销人员职业生涯的各个发展阶段。
2. 知晓推销内、外职业生涯的关系。
3. 能够撰写个人职业生涯规划设计书。

【实施目标】

1. 组建任务小组，每组5~6人，选出组长。
2. 各组根据情境分析任务，选择一人负责观察、拍照。
3. 进行交叉打分，即选取小组表演后，其他小组各选派一名成员担任评委，负责点评。
4. 课代表要做好记录。

【任务考核】

1. 情境表演真实、合理2分。
2. 小组成员团队合作默契3分。
3. 角色表演到位4分。
4. 道具准备充分10分。

5. 满分100分。

知识点概要

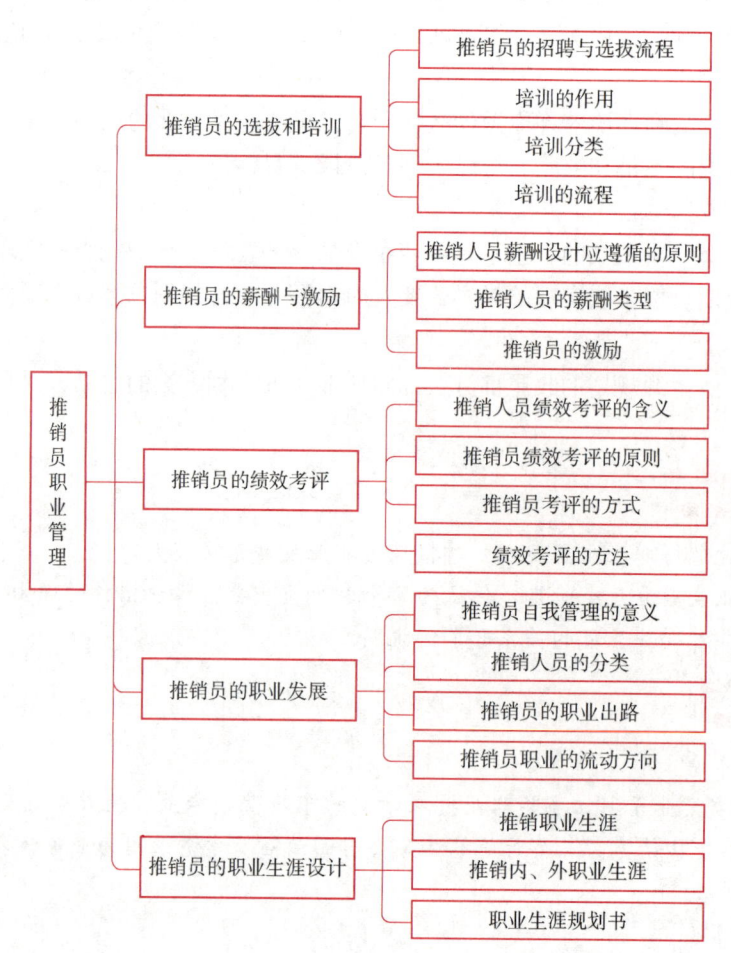

推销员职业管理
- 推销员的选拔和培训
  - 推销员的招聘与选拔流程
  - 培训的作用
  - 培训分类
  - 培训的流程
- 推销员的薪酬与激励
  - 推销人员薪酬设计应遵循的原则
  - 推销人员的薪酬类型
  - 推销员的激励
- 推销员的绩效考评
  - 推销人员绩效考评的含义
  - 推销员绩效考评的原则
  - 推销员考评的方式
  - 绩效考评的方法
- 推销员的职业发展
  - 推销员自我管理的意义
  - 推销人员的分类
  - 推销员的职业出路
  - 推销员职业的流动方向
- 推销员的职业生涯设计
  - 推销职业生涯
  - 推销内、外职业生涯
  - 职业生涯规划书

※重要概念※

岗前培训　在职培训　专题培训　培训需求　推销职业生涯　内职业生涯　外职业生涯

※重要理论※

1. 推销人员选拔流程。
2. 培训的作用。
3. 推销人员自我管理的意义。
4. 推销人员职业生涯的阶段。

客观题自测

一、单选题

1. （　　）是培训效果的检验依据，关系到企业培训的成效，它对企业培训工作的作用非常重要，企业可以通过以下方法收集培训信息，确定培训需求。
　　A. 培训需求分析　　　　　　　　B. 培训效果分析
　　C. 培训计划　　　　　　　　　　D. 培训内容
　2. （　　）是针对推销工作中某一特定的内容、事件而进行的培训，一般公司推出新产品或要进行某一特定活动时，召集大家进行探讨，提高大家对其重要程度的认识。
　　A. 岗前培训　　B. 在职培训　　C. 专题培训　　D. 脱产培训
　3. 推销职业生涯早期阶段的年龄界限是（　　）。
　　A. 22~30岁　　B. 31~40岁　　C. 41~50岁　　D. 25~35岁
　4. 推销人员从基层做起一直做到营销总监，其流动方向是（　　）。
　　A. 向下　　　　B. 向前　　　　C. 向上　　　　D. 平行
　5. 工作单位、工作时间、工作地点、工作内容、工作环境、工资待遇等因素属于（　　）。
　　A. 职业生涯早期　B. 内职业生涯　C. 外职业生涯　D. 中职业生涯

二、多选题

　1. 推销职业生涯可以分解为那几个阶段？（　　）
　　A. 早期　　　　B. 中前期　　　C. 中后期　　　D. 后期
　2. 下列属于推销人员甄选的有（　　）。
　　A. 发布招聘信息　　　　　　　　B. 筛选求职者简历
　　C. 组织面试　　　　　　　　　　D. 进行业务能力测试
　3. 培训的作用是（　　）。
　　A. 树立信心　　　　　　　　　　B. 提高技能
　　C. 提高销售业绩　　　　　　　　D. 稳定推销队伍
　4. 培训的分类有（　　）。
　　A. 岗前培训　　B. 在职培训　　C. 准提培训　　D. 脱产培训
　5. 下列哪些项目属于职业生涯规划书应包括的内容？（　　）
　　A. 标题　　　　B. 引言　　　　C. 动漫　　　　D. 环境分析

项目综合验收

【任务情境】

　　张明霞是一个工作近10年的老业务员了，虽然收入比刚入职的时候增加了不少，可职位还是原地踏步，看着和自己当年一批进来的大学同学如今已经变成自己的领导，她心里非常不是滋味。她掏出手机看了看，时间已经快到3点50分了，宝贝儿子放学的时间就要到了，可王主管还在办公室里和新来的业务员谈话呢，她想早走的机会恐怕没了。她灵机一动，转身去材料柜拿了一本产品资料："主任，我那边有个客户想要我们的产品报价单，我现在就给她送过去吧。"主任看了她一眼，心想这已经是她这个月第八次给客户送报价单了："嗯，张姐那你快去吧！"
　　王主管看着这个比自己年长七八岁的业务员远去的背影，翻了翻手上的业务完成报表，无奈地摇摇了头：一个如此顾家、分不清轻重缓急的员工可能真的看不到自身存在的问题，想当初她还是自己的师傅呢，可为何越来越多的年轻人业绩超过了她？难道她真的愿意一辈子只做基层业务员吗？

【任务要求】

请为张明霞设计一份职业生涯规划书，演绎第二天王主管找张明霞谈话的情景。

【任务实施】

1. 分别组建一支销售团队，每组5~6人，选出组长。
2. 每组集体讨论台词的撰写和加工过程，各安排一人做好拍摄任务。
3. 两组各选出2~3名成员进行角色扮演，通过角色表演PK的形式来确定各组的输赢。
4. 其他销售团队各派出一名代表担任评委，并负责点评。
5. 教师做好验收点评，并提出待提高的地方。
6. 课代表做好点评记录并登记各组成员的成绩。

【任务验收】

综合验收考核表

考评指标	考核标准	分值（100）	考核成绩	权重/%
理论知识	基本概念清晰	15		40
	基本理论理解准确	25		
	了解推销前沿知识	20		
	基本理论系统、全面	40		
推销技能	分析条理性	15		40
	剧本设计可操作性	25		
	台词熟练度	10		
	表情自然，充满自信	10		
	推销节奏把握程度	40		
职业道德	团队分工与合作能力	30		20
	团队纪律	15		
	自我学习与管理能力	25		
	团队管理与创新能力	30		
	最终成绩			
	备注			

参 考 文 献

[1] GOLDMANN H M. How to win customers［M］. London：Staples p，1958.
[2] 百科文化事业公司编辑部. 推销员与促销活动［M］. 百科文化事业股份有限公司，1980.
[3] ［美］H. M. 戈德曼. 推销技巧：怎样赢得顾客［M］. 谢毅斌，译. 北京：农业机械出版社，1984.
[4] ［美］小 H. N. 鲁赛尔. 销售工程［M］张万贤，洪晋宝，译. 北京：机械工业出版社，1985.
[5] ［日］原一平. 撼动人心的推销法［M］. 宋霞珍，译. 福州：福建科学技术出版社，1985.
[6] ［日］佐藤久三郎. 推销商品的秘诀——销售心理窥测［M］. 褚伯良，孙再吉，译. 南昌：江西人民出版社，1986.
[7] 黄恒学. 现代高级推销技术［M］. 武汉：湖北科学技术出版社. 1987.
[8] 杨凯东，王建平，杨世东，等. 实用销售心理学［M］. 北京：中国展望出版社，1987.
[9] 庄国强，刘粤荣. 推销学［M］. 广州：中山大学出版社，1988.
[10] 薛春梅. 推销策略与技巧［M］. 北京：中国经济出版社，1989.
[11] 廖为建. 公共关系学简明教程［M］. 广州：中山大学出版社，1989.
[12] 胡岳岷. 推销术［M］. 延吉：延边大学出版社，1989.
[13] 李长禄. 现代推销行为导引［M］. 哈尔滨：黑龙江科学技术出版社，1989.
[14] 商达. 购销人际交往［M］. 北京：中国经济出版社，1989.
[15] 林庆玲. 冠军推销员——销售额倍增的推销技巧［M］. 北京：书泉出版社，1990.
[16] ［日］二见道夫. 推销秘诀101招［M］. 叶子明，译. 北京：书泉出版社，1990.
[17] 李小平，钟阳. 实用商业心理学［M］. 北京：中国商业出版社，1990.
[18] ［美］YOUNG R. 从容应付［M］. 徐永胜，刘波，李玮，译. 上海：复旦大学出版社，1990.
[19] 李敏慎，周俊卿. 公共关系学简明教程［M］. 西安：陕西旅游出版社，1990.
[20] ［美］格哈特·格施万施纳. 推销艺术［M］刘亚东，译. 北京：中国工人出版社，1991.
[21] 周宜人，宋晓伶，等. 实用销售经商术［M］. 北京：中国广播电视出版社，1991.
[22] ［美］马克·H. 麦克科迈克. 哈佛学不到［M］. 周莉，张谦，周红，等译. 北京：中国审计出版社，1992.
[23] 陶婷芳，邓永成，陶竹安. 实用推销术［M］. 北京：中国对外经济贸易出版社，1992.
[24] ［美］吉姆·史耐德. 最棒的推销术［M］. 王殿松，杨军，段安，等译. 北京：中国经济出版社，1992.
[25] 万后芬，卫平，欧阳桌飞. 现代推销学［M］. 北京：经济科学出版社，1992.
[26] 胡正明. 推销技术学［M］. 北京：高等教育出版社，1993.

[27] 冯东升. 推销技巧与方法［M］. 北京：北京出版社，1993.
[28] 李桂荣. 现代推销学［M］. 广州：中山大学出版社，1993.
[29] 李桂荣. 现代推销学［M］. 2版. 广州：中山大学出版社，1994.
[30] 张照禄，曾国安. 谈判与推销技巧［M］. 成都：西南财经大学出版社，1994.
[31] ［美］奥格·曼狄仁诺. 世界上最伟大的推销员［M］. 深圳：海天出版社，1996.
[32] 张雍，见明. 推销胜算166［M］. 北京：中国经济出版社，1997.
[33] 沈小静. 销售费用管理［M］. 北京：经济出版社，1998.
[34] ［美］威廉姆·J.斯坦顿，罗珊·斯潘茹. 销售队伍管理［M］. 北京：北京大学出版社，2002.
[35] ［英］朱利安·柯明斯. 促销［M］. 陈然，译. 北京：北京大学出版社，2003.
[36] ［美］菲利普·科特勒. 营销管理［M］. 梅清豪，译. 上海：上海人民出版社，2003.
[37] 孙奇. 推销学全书［M］. 北京：中国长安出版社，2003.
[38] 李桂荣. 现代推销学［M］. 3版. 北京：中国人民大学出版社，2003.
[39] 一分钟情景销售技巧中心. 电话销售［M］. 北京：中华工商联合出版社，2004.
[40] 王红，陈新武. 现代推销技巧［M］. 武汉：武汉大学出版社，2004.
[41] ［美］理·博安. 成功的电话推销［M］. 张燕，译. 北京：中国商业出版社，2005.
[42] 王克勤，姚月娟. 人力资源管理［M］. 大连：东北财经大学出版社，2006.
[43] 金正昆. 经理人礼仪［M］. 北京：中国人民大学出版社，2006.
[44] 杨东辉，肖传亮. 企业人力资源开发与管理［M］. 大连：大连理工大学出版社，2006.
[45] 于虹. 企业培训［M］. 北京：中国发展出版社，2006.
[46] 刘顺利. 枕边励志书［M］. 乌鲁木齐：远方出版社，2007.
[47] 孙路弘. 看电影学销售［M］. 北京：中国人民大学出版社，2007.
[48] 张晓青，高红梅. 推销实务［M］. 大连：大连理工大学出版社，2007.
[49] 李桂荣. 现代推销学［M］. 4版. 北京：中国人民大学出版社，2008.
[50] 李文国. 推销实训［M］. 大连：东北财经大学出版社，2008.
[51] 王淑荣，李晓燕. 推销技能训练［M］. 北京：科学出版社，2008.
[52] 万锦虹，李英. 商务与社交礼仪［M］. 北京：北京师范大学出版社，2008.
[53] 龙平. 企业新近销售员工的十大军规［M］. 北京：机械工业出版社，2009.
[54] 李世宗. 现代推销技术［M］. 北京：北京师范大学出版社，2009.
[55] 曲孝民，郄亚坤. 员工培训与开发［M］. 大连：东北财经大学出版社，2009.
[56] 王红等. 现代推销技巧［M］. 武汉：武汉大学出版社，2009.
[57] 谢宗云. 销售业务实务［M］. 大连：东北财经大学出版社，2009.
[58] 钟立群. 现代推销技术［M］. 北京：电子工业出版社，2009.
[59] 金延平. 人员培训与开发［M］. 大连：东北财经大学出版社，2010.
[60] 冯学东，等. 简明销售学［M］. 北京：中国人民大学出版社，2010.
[61] 平怡. 推销理论与实务［M］. 北京：北京理工出版社，2010.
[62] 梁红波. 现代推销实务［M］. 北京：人民邮电出版社，2010.
[63] 孔祥法. 现代推销实务［M］. 北京：北京师范大学出版集团，2010.
[64] 高红梅. 推销实训教程［M］. 北京：清华大学出版社，2010.

[65] 潘琦华. 人力资源管理新教程［M］. 北京：北京师范大学出版社，2010.

[66] 王富祥. 推销理论与实务［M］. 大连：大连理工大学出版社，2010.

[67] 葛玉辉. 员工培训与开发［M］. 北京：清华大学出版社，2010.

[68] 刘敏. 薪酬与激励［M］. 北京：企业管理出版社，2010.

[69] 张津平. 金牌推销员实战训练营［M］. 北京：北京工业大学出版社，2011.

[70] 杨捷，陈瑛. 推销与谈判技巧［M］. 北京：科学出版社，2011.

[71] 赵敬明. 连锁门店促销技巧［M］. 大连：大连理工大学出版社，2011.

[72] 赵欣然，王霖琳. 推销原理与技巧［M］. 北京：北京大学出版社，2011.

[73] 田玉来. 现代推销技术［M］. 北京：人民邮电出版社，2011.

[74] 蔡瑞林. 销售管理实务［M］. 北京：人民邮电出版社，2011

[75] 李俊杰，蔡涛涛. 销售管理［M］. 北京：企业管理出版社，2011.

[76] 导购员培训手册. 香港富士保健有限公司内部资料

[77] 岗前培训教程. 嘉禾人寿保险股份有限公司内部资料

[78] 李冬芹，张幸花. 推销与商务谈判［M］. 大连：大连理工大学出版社，2010.

[79] 罗小东，王金辉. 推销实务［M］. 大连：大连理工大学出版社，2010.

[80] 肖凭. 新媒体营销实务［M］. 北京：中国人民大学出版社，2018.

[81] 王金泽. 微信营销完全攻略［M］. 北京：人民邮电出版，2014.

[82] 王易. 微信营销与运营［M］. 北京：机械工业出版社，2015.

[83] 金易. 网红经济——互联网+时代新型商业模式［M］. 广州：广东经济出版社，2017.

附 录

《商训》　　　　　《客商一览醒迷》　　　　　《史记·货殖列传》